U0923776

公路隧道洞口
美学及典型景观设计案例分析

Case Analysis of Aesthetics and Typical Landscape Design of Highway Tunnel Entrance

李国锋 叶 飞 著

人民交通出版社股份有限公司
China Communications Press Co.,Ltd.

图书在版编目（CIP）数据

公路隧道洞口美学及典型景观设计案例分析 / 李国锋，叶飞著．-- 北京：人民交通出版社股份有限公司，2017.12

ISBN 978-7-114-13837-9

Ⅰ．①公… Ⅱ．①李… ②叶… Ⅲ．①公路隧道－隧道口－景观设计－案例 Ⅳ．① U453.1

中国版本图书馆 CIP 数据核字 (2017) 第 114107 号

公路隧道洞口美学及典型景观设计案例分析

著 作 者：李国锋　叶　飞
责任编辑：李　瑞
排　　版：北京楚泰文化传播有限公司
出版发行：人民交通出版社股份有限公司
地　　址：（100011）北京市朝阳区安定门外外馆斜街3号
网　　址：http：//www.ccpress.com.cn
销售电话：（010）59757973
总 经 销：人民交通出版社股份有限公司发行部
经　　销：各地新华书店
印　　刷：北京盛通印刷股份有限公司

字　　数：210 千　　开　　本：720×960　1/16　　印　　张：18.5
版　　次：2017年 12 月　第 1 版
印　　次：2017年 12 月　第 1 次印刷
书　　号：ISBN 978-7-114-13837-9
定　　价：68.00元

版权所有·侵权必究

（有印刷、装订质量问题的图书由本公司负责调换）

Preface 前言

隧道，穿梭于山林、水下、城市之间，宛若一条条血脉，又似蜿蜒潜伏于地球内部的一条条长龙，不仅给人们带来极大的交通便利，也常常引起人们的无尽遐想！历史上流传过大量关于地下隧道的神秘故事，如阿加尔塔地下长廊、缅甸森林洞内城市、阿尔泰山地下长廊、玛雅古隧道、古埃及金字塔下神秘隧道等。人类原本从洞穴中走来，是否挣脱不了历史轮回的宿命，再次回归于洞穴，回归于地下？面对当今不断拓展的地下空间，面对快速发展、纵横交错的地下隧道，我们除了兴奋、好奇、感慨之外，理应做更多的探索和思考。

人类很早就开始了对地下空间的开发和利用，如我国最早有文字记载的地下人工建筑物出现在东周初期，《左传—郑伯克段于鄢》中“阙（同掘）地及泉，隧而相见……”就是佐证。位于汉中市褒斜古栈道的石门隧道是我国发现的最早的人工交通隧道，始凿于战国时期，开通于东汉永平年间，受技术水平所限，为避免修筑衬砌结构，古代的隧道大都修建在坚硬的岩层中，洞口多为自然结构形式。随着当前经济、社会的快速发展。一方面，人们对便捷交通的需求不断提升，促使各种围岩环境下各种结构形式和功能的隧道工程不断涌现；另一方面，随着人们物质生活水平的稳步提高，其精神需求，尤其是环境与审美的要求也越来越强烈，人们开始不满足于交通设施单纯的通行功能，对其舒适性、美观性，以及与周边环境的协调性等要求也达到前所未有的高度，隧道工程的美学问题开始逐渐进入人们的视野。

工程与美学、工程与景观文化设计的有机结合成为当前工程设计领域的必然趋势。工程美学作为应用美学的分支，经过数十年的发展，已经在一定程度上解答了建筑、公路、桥梁等领域的审美问题，并出现了一些专业指导书籍，如由刘先觉翻译罗杰·斯克鲁斯先生的《建筑美学》、陈望衡先生的《科技美学原理》、唐寰澄先生的《桥梁美的哲学》、和丕壮老师的《桥梁美学》、熊广忠先生的《公路美学概论》、张阳女士的《公路景观学》等，这些著作的出现极大地促进了工程建设及设计领域的美学及景观问题研究。

隧道工程受其自身隐蔽性的限制，其美学问题研究发展相对其他工程较为滞后。不过令人欣慰的是，近些年该问题已经引起了隧道领域相关研究及设计人员的注意，并开始付诸行动。如今在隧道工程方案的招投标工作中，大多对洞口构筑物的美观性都有所关注，并要求设计方提供洞口景观效果图，是否考虑工程美学也已成为一个设计方案能否被选中的重要影响因素。

目前，国内外已经涌现了大量形式多样、造型多变的洞口景观，其中不乏极具特色的案例，隧道洞口景观设计的多样化发展必然会更多引起人们对于洞口美学问题的关注，但同时，若无专业的指导理论，设计人员则可能会一味追求标新立异，进而出现造型不尽合理、尺度过分夸张甚至威胁驾驶人行车安全的洞口景观。因而，科学的、以人为本的隧道洞口景观设计指导标准和评价体系便成为摆在隧道从业人员面前的两大问题。

尽管目前围绕隧道洞口景观美学问题的研究已有所触及，但总体来看，国内外公路隧道洞口美学的研究仍处于起步阶段，迄今为止尚无针对该问题的指导性专著出现。本书即在此背景下整理而成，书中内容共分为五章，主要从对美学的认识、驾驶员的感官体验和视觉特性、洞口景观评价方法、典型案例分析、洞口景观设计方法的角度对隧道洞口景观的相关问题进行了阐述。

本书的出版不求统一研究及设计人员对洞口景观设计的思想，但求能够抛砖引玉，吸引更多学者和工程人员关注于此，使人们对隧道洞口景观美学有更为深刻的了解，从而促进隧道洞口景观美学的发展。作者期待本书能够借公路隧道洞口美学研究的翅膀，为我国隧道工程的发展以及美丽公路、美丽中国的建设贡献一份绵薄之力。

受作者水平所限，书中内容难免存在谬误疏漏之处，恳求读者批评指正。

2017.4

Contents 目录

第 1 章
THE FIRST CHAPTER

第 2 章
THE SECOND CHAPTER

第 3 章
THE THIRD CHAPTER

第 4 章
THE FOURTH CHAPTER

第 5 章
THE FIFTH CHAPTER

象如日，创化万物，明朗万物！

——宗白华

美学认知

在介绍公路隧道洞口美学之前，须先思考两个问题——美学研究的对象是什么？为什么要从美学角度去认知人在公路隧道洞口的审美活动？这能让我们从新的视角看待隧道这一构筑物，也让我们的理解更加深刻，思维更加开阔。

1.1 美学研究的对象

关于美学研究的对象，在西方美学史上有不同的看法，在我国美学界也有不同的看法。了解这些看法的不同有助于更好地理解美学研究的对象与本书所讨论内容之间的关系。

归纳起来，主要有以下六种看法：①美学研究的对象是美（美的本质，美的规律）；②美学研究的对象是艺术；③美学研究的对象是美和艺术；④美学研究的对象是审美关系；⑤美学研究的对象是审美经验；⑥美学研究的对象是审美活动。

把美学研究的对象设定为美，此处所定义的“美”是指存在一种不受人的思想左右的外在于人的、实体化的“美”。但按照现在的研究看法，实际并不存在这样一种美，“美”是“呈于吾心而见诸外物”的审美意象，“美”只能存在于审美活动之中，因此把美学研究的对象设定为“美”在理论上并不妥当。

把美学研究的对象设定为艺术（含文学），一则失之过窄，二则又失之过宽。艺术（创作和欣赏）活动是审美活动，但审美活动不限于艺术活动。审美活动的领域除了艺术美，还有自然美、社会美、科学美和技术美，如果说艺术美无所不在，那么其他四种美也随处可见，因此把美学研究的对象设定为艺术失之过窄。艺术包含许多层面，除了审美的层面（本体的层面），还有知识级层面、物质载体级层面、经济级层面、技术级层面等。美学只限于研究它的审美层面，因此把美学研究的对象设定为艺术，又失之过宽。

把美学研究的对象设定为审美活动反映了这样一种认知：审美活动是人类一项不可或缺的精神文化活动，是人类的一种基本的生存活动，是人性的一项基本的价值需求。前文提到的“审美关系”和“审美经验”两种设定都可以纳入“审美活动”中。因为“审美关系”是在“审美活动”中生成的，若脱离审美活动，“审美关系”就成了一个抽象的、空虚的概念。“审美经验”是侧重从主体心理的角度表述审美活动（即我们平常说的“美感”），脱离审美活动。“审美经验”的研究可能局限于主体的审美心理和审美趣味，美学研究有可能变成纯粹的心理学研究，美学就不再是美学（美学与心理学有密切关系，但不能等同，因为美学属于哲学，其与人文学科、艺术学、语言学、人类学、神话学、社会学、文化史等密切相关）。

综上所述，将美学研究的对象设定为审美活动则恰如其分（这是国内美学界多数人都赞同的），既然如此，那么就需要明确：什么是审美活动？人为什么需要审美活动？而这两个问题构成了美学领域丰富内容的核心。

（1）审美活动是人类的一种精神活动，它是人性的价值需求。没有审美活动，人就不是真正意义上的人。

为什么这么说呢？审美活动并不是满足人的物质需求（衣食住行等），而是满足人的精神需求。审美活动使人回到人和世界最原始的、最直接的、最亲近的生存关系，这种回归，是人的精神需求，是人性的需求。杜夫海纳说：“他需要美，是因为他需要感到他自己存在于这个世界。”人存于世，而融于世（即中国古代“天人合一”的哲学观念），这是一个充满意味和情趣的世界，这就是海德格尔说的“人诗意地栖居”。但世俗的、实用功利的世界（陶渊明谓之为“尘网”“樊笼”）遮蔽了这个原始的、充满诗意的、乐的境界，这就使人产生了审美的需求，“因为人需要感到自己存在于世界”，用陶渊明的话说就是“羁鸟恋旧林，池鱼思故渊”。通过审美活动，返回“自然”，从而确证自己存在于这个世界。换言之，如果没有审美活动，人就不能确证自己的存在，人就不是真正意义上的人。

（2）审美活动是人的一种以意象世界为对象的人生体验活动，这个意象世界照亮一个本然的生活世界。在这个以意象世界为对象的体验活动中，人获得心灵的自由，真、善、美得到统一。

（3）审美活动是人类的一种文化活动，它在人类历史上发生、发展，它受人类文化环境的影响和制约，因而审美活动具有社会性、历史性。

任何人都是社会的、历史的存在，因而他的审美意识必然受到时代、民族、阶级、社会经济、政治制度、文化传统、风俗习惯等因素的影响。正因为如此，审美活动一方面是个体的精神活动，另一方面又是人类的一种文化活动，它受到社会文化环境的影响和制约。这种影响和制约，在每个人身上体现为不同的审美趣味和审美格调，放大到整个社会，则体现为不同的审美风尚和时代风貌。这就是审美活动（美和美感）的社会性、历史性。

总而言之，审美活动是人的一种精神文化活动，它的核心是以审美意象为对象的人生体验。在这种体验中，人的精神超越了“自我”的局限性，得到自由和释放，回归精神家园，从而确证自己的存在。

1.2　从美学角度认知公路隧道洞口审美活动的必要性

研究人在公路隧道洞口的审美活动，我们常用的方法是心理学实验或经验法。毋庸置疑的是，审美心理学的研究成果对认知人在公路隧道洞口的审美活动的推进是有益的，但这种作用不能过于夸大。因为对审美经验的心理学描述无论怎样细微，也不可能揭示审美活动作为人生体验的本性。不能回答人的意义世界和价值世界的问题。正如维特根斯坦所说："美学问题和心理实验毫不相干，它完全是按照另一种方式回答问题的。"回答人生体验的本性问题，回答人的意义世界和价值世界的问题，只有靠哲学，哲学所讲者，是对于宇宙人生的了解。

亚里士多德说过："人类求知是出自本性。"就是强调，人对理论的兴趣是出自人的自然本性，而不仅仅是为了现实生活的需要。当代解释学大师伽达默尔也说："人类最高的幸福就在于'纯理论'。"同样地，作为隧道规划师或设计师，如果缺乏对这种哲学纯理论的兴趣和知识，那么其思维方式和知识结构就是不完整的，甚至是有重大缺陷的，换言之，他只是具有实际设计和规划的知识，而无设计和规划的智慧。

不论是驾乘人员经过隧道，旅游者驻足，还是附近居民的长时间停留，不论是转瞬即逝的感觉，还是铭记于心的印象，我们都有必要从哲学和美学的角度，从人的本性的角度对隧道洞口景观的认知进行分析。

1.3 美学溯源

1.3.1 西方美学理论

西方美学缘起古希腊，美学思想历经古希腊、中世纪、文艺复兴， 现近代的发展，著名的美学家、著作和流派众多，影响遍及世界。诸多学者认为，柏拉图美学是西方美学的开端，因为他是第一个从哲学角度研究美学问题的哲学家。

（1）柏拉图美学理论

柏拉图对“美本身”和美的具体事物作了区别，他认为美的本质与具有美的具体事物是有根本区别的，美的具体事物（感性存在）在“美的理念”中（存在）才是美的本质。在柏拉图看来，“美的理念”是脱离具体事物而独立存在的美本身，一件事物分享了美本身才具有了美，美与和谐、实用主义、感官主义和道德伦理有着千丝万缕的联系。柏拉图美学理论是西方美学思想发展史上的重要部分，此后许多重要美学思潮均源于此。

（2）黑格尔美学理论

黑格尔认为，美学对象是研究美的艺术。他说：“（美学的）对象就是广大的美的领域，说得更精确一点，它的范围就是艺术，或者说，就是美的艺术。”他所说的美并非一般的现实美，而是艺术美。他认为美学的正当名称是“艺术哲学”，更确切地说是“美的艺术哲学”，据此应把自然美排除在美学研究的领域之外。但黑格尔也研究自然美，他之所以研究自然美，是因为自然美是心灵美即艺术美的反映形态。

（3）康德美学理论

康德认为美具有一种纯粹直观的性质，首先要和生活的实践分开，这是美的本质根源的一种学说，它以主观唯心主义哲学为基础，从人的内心世界寻找美的根源。康德认为美不是客观世界对象本身的属性，而是人类意识和心灵活动的产物，物质世界中的美都是人的情感观念赋予的，是主观联想活动的结果。他强调美是纯形式的观念，美的纯形式是主观的产物。

（4）马克思主义美学理论及其他理论

马克思主义美学在充分肯定审美主体的主体性的同时，又不忽视作为审美创造材料的客观事物的规律性；在肯定美的客观性的同时，提出审美主体的能动性，认为人类改造自然实现生存目标的社会实践是认识美、创造美和发展美的根源，全面地提出美的本质特征。

除以上理论外，还有“美的愉快说”（认为美的事物引起人生理和心理上的快感是美的真正本质）、“典型说”（认为审美对象的艺术美应该正确反映出事物的典型性，典型程度越高就越美）及“摹仿说”（强调艺术美的现实基础，反映事物所包含的生活内容）等。

1.3.2 中国美学理论

在中国历史上，审美意识古已有之，如中国新石器时代的陶器，很明显体现了当时人的审美意识。先秦时期是中国古典美学发展的一个黄金时代，《易经》、老子、孔子、庄子的美学思想奠定了中国古典美学的发展方向，中国美学的真正起点可以说是老子，老子的思想对中国古典美学产生了极为重大的影响。

（1）中国古典美学理论

《周易》以高度抽象的卦象的形式，表征各种事物间普遍存在的关系，以及可能发生的各种各样的变化，即“易”，对中国文化产生了巨大的影响，是中华文明的“活水源头”。李泽厚说：“《周易》对中国美学的影响，首先不在于它所提出的个别直接具有美学意义的概念、范畴，而在它的整个思想体系。”《周易》之易，是日月之变体，象征阴阳，强调的是阴阳的相互转换，蕴含事物不同运动态势的变动之美，是从自然万物的运动中总结出规律，并做出分析。《周易》主张“天地之大德曰生，生生之谓易”，宇宙处在一种“变动不居”的状态，万物的美是运动的美，《周易》的六十四卦，正是事物发展在不同阶段的一种象征，循环往复，生生不息。

老子发展了《周易》的思想，对自然规律进行提炼、升华，以“道”概括。《道德经》中，老子认为“万物负阴而抱阳，冲气以为和”，老子提出和阐发的一系列概念，如“道”“气”“象”“有”“无”“虚”“实”“味”“妙”“虚静”“自然”等，对于中国古典美学的体系和特点，产生了极为重大的影响。“道”尽管给人玄之又玄的感觉，却不是绝对的虚无，道“可以为天下母”，是宇宙万物的本原，是万物存在的根据。《道德经》第一章有言：“道可道非，非常道；名可名，非常名。无，名天地之始；有，名万物之母。”作为万物本体的“道”，是虚与实的统一，现世的天地万物与本体的“道”一样，也是虚与实的统一，这是在两个不同层次的统一。魏晋以后，虚实成了中国古典美学的重要原则，概括了中国古典艺术的重要的美学特点，其认为艺术形象必须虚实结合，才能真实地反映有生命的世界。同时老子提倡的是向天的回归，在审美方式上要人们超越现实的存在去领悟天地之大美，体验天地境界之美。可以说，中国古典美学的元气论、意象说、意境说以及关于审美心胸的理论等都追溯于老子的哲学和美学。

庄子继承了老子“道法自然”的观点，把自然视为审美的最高境界。庄子认为，美的本源在于自然本性，自然之美在于事物朴素、率真的情态。“天地有大美而不言”这句话集中体现了庄子对美的理解，认为真正的美是“大美”，这种“大美”是与“真”的统一，他主张“法天贵真”，具体表现为朴素自然，大巧若拙。庄子认为，高超的艺术应当“既雕既琢，复归于朴”，雕琢的最终目的是要重新展现自然之美。在庄子美学中，自然的东西和审美的东西是相通的，外部世界与内部世界不是分离的，而是一个统一体的两个侧面。

孔子创立了儒家美学体系。其美学思想的基础是“仁”，“仁”是孔子的一种道德哲学，是孔子道德伦理思想的核心。孔子谈审美和文艺，出发点是“仁”，归宿也在于“仁”。他之所以重视审美和文艺，是因为他认为审美和文艺在人们为达到“仁”的精神境界而进行的道德自我修养中发挥着特殊作用。孔子把美同人的社会实践活动紧密联系起来，肯定了人的社会政治和伦理道德活动之中的美。孔子认为美与人生理想和道德要求是相统一的，从这方面看，“美”就是“善”，而最高的美的境界也即是“仁”的境界。

在唐、五代和宋元以及清代之前，中国古典美学不断得到发展，下面重点介绍一下禅宗的影响。

在儒家美学和道家美学这两条路线之外，佛家的禅宗对中国古典美学也产生了重大影响。禅宗六祖慧能强调“心物不二”，慧能所说的“心”指的是人们当下念念不住的凡心，这种当下现实之心不是实体，不是对象，因此是“无心”“无念”。这种无心之心、无念之念本身是无从把握的，只有通过在此心此念上显现的宇宙万物呈现。反之，世界万物在这个自由活泼的心灵上刹那间显现的样子也就是事物本来的样子，慧能将现象世界从空寂状态中解救出来，恢复了现象世界的生动活泼、万紫千红的本来面目。禅宗这种刹那真实的理论启示人们去体验审美的世界，这个世界就是在人的瞬间直觉中生成的意象世界，这个意象世界是显现世界万物本来面目的真实世界。

从《易经》、老子、孔子、庄子，一直到王夫之、石涛等，中国古代思想家贡献了极其丰富并极具原创性的美学思想。中国美学的理论遗产是21世纪我们构建真正具有国际新视野的现代美学体系的宝贵思想资料。

（2）中国近现代美学理论

近现代美学理论研究的代表性人物有近代的梁启超、王国维、蔡元培，现代的朱光潜、宗白华、李泽厚等。下文主要介绍王国维、朱光潜和李泽厚三人关于美学的核心理念。

王国维从哲学思辨的高度反思审美经验和艺术的特征，指出中国传统美学在思维方法上的一些不足，在中国美学中确立现代哲学形而上品格的同时，给中国美学赋予了现代人本主义的精神。王国维利用康德、叔本华等西方现代哲人的“审美无利害性”理论，阐述他的“美是形式说”和“艺术独立论”，其深层意义在于突出美、审美和艺术的独立性这个现代美学命题，从而使他的美学研究突破经验归纳和即兴感悟的传统套路，具有现代哲学的理性思辨特征。王国维主张审美和艺术的价值在于使人的情感得到满足和升华，从而拯救人生，这是他主张审美和艺术独立，强调审美和艺术的形而上意义的本意所在。

朱光潜把美学定位在“形而上”和“形而下”之间。他认为美是主客观的统一，他提出的美既不在心，也不在物，而是心物契合。在物为刺激，在心为感受，借物的形象来表现情趣。世间并没有天生自在、俯拾即是的美，凡是美都要经过心灵的创造。他认为美也是一种“境界”，这种“境界”是“情趣意象化和意象情趣化”恰到好处的“契合”；美也是一种创造（直觉），这种创造（直觉）要“恰好”（不即不离）使意象和情趣合而为一。关于美感起因，朱光潜认为，美感是直觉，审美无须功利考虑，主观情趣表现于意象从而得到美感。

李泽厚认为，作为个体的人之所以能够从审美的角度欣赏自然，是因为作为人的“实践”改变了自然与人之间的关系，使本来与人对立的自然变成了某种程度上的人为自然，即所谓的“人化的自然”。探求美的本质，不能依据个体心理意识层面的所谓反映，而应依据群体人类物质实践层面的创造。正是在劳动实践中，人类的本质力量得以对象化，而对象也得以人化、质化，他认为，人类的劳动实践才是美得以产生的根源。在美的发展问题上，李泽厚提出了“积淀说”，即将美的形成和发展看成是自然人化的历史积淀过程。

可见，随着人类社会的发展进步，以生产力为轴心的社会历史条件及其派生出的思想文化决定了人类不同历史时期的美的观念，美体现着人的主观意识同客观世界在历史变化过程中的一种情感关系。美不但具有历史的相对性，还具有极其复杂的多样性、自相矛盾的变异性、个体感受的自由性及愈益与人类日常生活紧密结合的无限延伸性。

（3）当代中国人的审美观

提到当代，不得不论及两个概念，即“审美风尚”和“时代风貌”。审美风尚是一个社会在一定时期中流行的审美趣味，时代风貌则是一个社会在一个较长时期所显示的相对比较稳定的审美风貌。

审美风尚又称时尚，是在某个时期为社会上多数人追求的审美趣味，表现在社会生活的各个方面，如建筑、景观等。在某种程度上，时尚体现了一个时期社会上多数人的生活追求和生活方式，并且形成整个社会的一种精神气氛。

时尚有几个特点：一是影响面广，往往不分社会地位和阶层，也不分男女老幼。二是渗透力和扩张力强，例如西方时尚服装传入中国的速度之快、范围之广、影响之深。需要说明的是，由于当代社会普遍存在着中层资产阶层人数扩大的趋势，因此，由处于社会中层同时又占社会多数的大众掀起的追随时髦的运动，越来越影响整个社会的审美趣味和生活风气。三是时尚的流行是有时间性的，有的时尚持续很长时间，有的时尚则很快就销声匿迹。

时代风貌指的是某个时期的社会美和艺术美，同时包括自然美和工程美等所显现的时代特色。以唐朝为例，盛唐时期是名副其实的青春盛世，展示了一个雄浑博大、五彩缤纷的意象世界，即学者提的“盛唐气象”，这个概念是对盛唐时代审美风貌极好的概括。如乾陵，陵墓的整体布局开阔、宏大、莽莽苍苍，显示出大唐帝国前期的雄浑气象。乾陵方城四门均有蹲狮一对，朱雀门外有《述圣记》碑和无字碑，神道两侧排列着两行石雕（蹲狮一对，六十一个身着胡服的番臣雕像，文武侍臣十对，鞍马和御马人各五对，鸵鸟、翼鸟各一对，华表一对），构成一个巨大的石雕群。正如叶朗所说，“乾陵的石雕群和整个乾陵的山势融为一体，有种天人合一的苍茫感。它展现了大唐帝国向整个世界开放的博大气势和广阔胸怀。对后人来说，看到的不仅是几座雕像，而是一个历史时代。如果在日出、日落时分来到这里，你会感受到一种浓厚的带有胡笳意味的历史氛围。在你面前会展现出一个沉郁、苍凉的意象世界。‘大漠风尘日色昏’‘明笳吹动天上月’的悲壮画面，‘葡萄美酒夜光杯’‘纵死犹闻侠骨香’的英雄主义，都会一齐涌上你的心头，使你感受到一种深刻的人生感和历史感，引发无限的遐想。”

古人对美的认识，除来自形式所产生的自然美、艺术美等直接感受外，更注重感官之外的深层内涵，强调伦理美、臆想美、意象美和韵味美；追求一种“象外之象”“景外之景”。他们讲究含蓄、朦胧、模糊、虚、空、静、深，在欣赏中超脱生活中的原我，从意象、精神、超然之境去领悟外界的形象，即所谓的“心由境生”和“境由心生”，以及“有我之境”和“无我之境”等相当玄妙的意境。在此心境下观赏环境，一切景物也都脱离了自然原型，进入人格化和生命体的层次。

当代中国人的审美观一方面建立在传统文化心态与文化熏陶的基础之上，带有东方文化特色的审美意识，深受儒、释、道的美学思想影响，另一方面深受西方审美“观”甚至审美习性的影响。东西方的文化差异，随着开放的深入，已经深度渗透和融合。正如宗白华所说：“我到了西方，在西方文化的照射下，更加认识到中国文化的独特的价值和光彩，更加认识到中国文化中实在有伟大优美的，万不可消灭。虽然我非常尊崇西方学术文化，但不能用模仿代替自己的创造。”参差不齐，文化理解角度亦是大相径庭，大部分人的审美观是基于日常的生活体验，首先是与生活真实相对照，主要依靠生活原型作为参考。

现代环境更注重雅俗共赏，喜闻乐见，以群众的基本欣赏水平为基调，向纵深方向提高与升华。同时，人们的美育也靠宣传教育和传媒介质的诱导，完全立足于当前，但其时效是短暂的，不能适应未来的发展。

1.4 工程之美

在日常生活中，美的形态丰富多彩，纷繁复杂的社会生活中蕴藏着形形色色的美。自人类出现起，工程就伴随着人类的生产和生活而发展，与此同时，美学也逐渐成长，工程美学的出现是历史发展的必然。如果说人类工程史与人类文明史一样古老，那么纵观人类工程史，美学与其是相伴相随的。

历史上很多著名的哲学家，如亚里士多德、笛卡尔、康德、尼采、维特根斯坦等都提到了工程美的概念，谢林就在他的《艺术哲学》中提出“建筑是凝固的音乐”的论断。当代如利奥塔特、哈贝马斯、德里达等也都曾从美学和哲学的角度讲述工程实际问题。由此可见，工程美学与广义美学是紧密联系、不可分割的。

工程美学的对象是工程，而工程美学的产生和发展恰恰在工程建设中得以体现。形成工程美学的基础是“科学、技术、工程”，基本理论依据是“宇宙和谐论”和“实践论”，其本质与特性是根据不同工程类型的美，在感受、欣赏、判断、标准等方面产生的美感和审美活动。

工程美具体表现在功能美、环境美、自然美、造型美及文化美几个方面。

1.4.1 功能美

说到工程美，不得不提功能美，因为实际工程不能撇开其实用价值而去追求纯粹的精神享受，而必须把物质与精神、功能与审美有机地结合。实用功能与审美有机地统一的美，就是功能美。

要把握功能美，必须了解两个问题：

第一，工程建筑物的功能如何认识。工程建筑物的功能不仅要适应人的物质需求，而且要适应人的精神需求。适应人的物质需求是工程建筑物的使用价值，适应人的精神需求是工程建筑物的文化价值、审美价值。

第二，功能美能否体现形式美。这里应区分两个层次：内在的结构形式和表层外观，可以说，景观审美设计的任务主要是为功能寻找合适的结构形式。形式主义的错误在于看重形式，而使功能价值服从于形式，颠倒了功能和形式的关系。形式的美应该由功能价值引出，这不仅包括内在的结构形式，也包括工程建筑物的表层外观。建筑学家陈从周说过："高楼镇山，汽车环山，喇叭彻耳，好鸟惊飞。俯视下界，豆人寸屋，大中见小，渺不足观。以城市之建筑，夺山林之野趣，徒令景色受损，游客扫兴而已。"这说明，工程建筑的形式（外观）美与功能价值应该是有机统一的。

1.4.2 环境美

生态伦理学和生态哲学的核心思想是超越"人类中心主义"这一西方传统观念，树立"生态整体主义"的新观念。"生态整体主义"主张地球生物圈中所有生物是一个有机的整体，它们和人类一样，都拥有生存和繁荣的平等权利。这已经成为当今全人类带有普遍性的价值观念。

中国传统文化一直有一种强烈的生态意识，这种生态意识成为我们今天建立生态美学的思想源泉。中国古代思想家认为，大自然（包括人类）是一个生命世界，天地万物都包含有活泼的生命，这种生命、生意是最值得观赏的，人们在这种观赏中，体验到人与万物一体的境界，从而得到极大的精神愉悦。人与万物是为一体，生死与共，休戚相关，人类当尊崇这一个生命大世界。

工程建设应以不破坏自然资源，有效利用自然资源，为人类服务为基本前提，变害为利，使人与自然和谐相处。公路建设过程中适时、合理、科学地采取各种措施，降低公路建设对路域内自然生态环境质量、生态系统功能和结构等产生的影响，进行自然生态恢复，消除工程建设的负面作用，合理有效地利用自然资源，减少资源损失，保护生物多样性及生态系统的稳定，实现路域内生态系统的平衡，协调人与自然的关系，做到人与自然和谐相处，充分体现可持续发展的战略理念。

1.4.3 自然美

自然美是“呈于吾心”而见于自然物、自然风景的审美意象。关于自然美有两种看法，一种是一般人普遍观念中的看法，即把自然美看成是自然物本身客观存在的美，另一种则是把自然美看成是人心所显现的自然物、自然风景的意象世界。后者的观点是我们所赞同的，这个意象世界，可以用郑板桥的一段话来说明：

十笏茅斋，一方天井，修竹数竿，石笋数尺，其地无多，其费亦无多也。而风中雨中有声，日中月中有影，诗中酒中有情，闲中闷中有伴，非唯我爱竹石，即竹石亦爱我也。

自然风景之所以能使人感兴，“有情有味，历久弥新”，就在于人与自然的契合，所谓“我见青山多妩媚，料青山见我应如是”（辛弃疾），所谓“非唯我爱竹石，即竹石亦爱我也”。

脂砚斋在《红楼梦》里有一条批语，“天地间无一物不是妙物，无一物不可成文，但在人意舍取耳。”我国很多古代美学家以及国外诸多美学家都存在着类似的思想，鱼鸟昆虫、斜阳芳草这些普通的自然物，都可能成为“美”，成为“妙”，关键在于人的审美意识和审美活动，在于人与自然物的沟通和契合。

自然美表现的是一种持久的审美表现能力，外在表现是自然与环境的完美结合，在很大程度上体现了“和谐的美学”观点。从现代认识角度讲，更多的是体现了与自身自然的和谐、与自然环境的和谐、与人文环境的和谐、与历史承载的和谐。实际上，我们所说的“和谐”就是一种“极致的美”，是真正美的本质。

1.4.4 造型美

随着我国现代化建设的高速发展和科学技术的进步，各种工程不断涌现，人们在追求工程使用功能的同时，也在追求工程造型的自然美。从工程造型的基本构成要素——点、线、面、体的描绘出发，工程造型自然美具有多样性和共同性，以及遵循自然美的基本法则。造型美给人直观上美的感受，但应兼顾布局，切忌胡乱堆砌，与周围环境相协调。如果工程建筑缺少合情合理的关系，表现杂乱无章，莫明其妙，就会使人感觉别扭，不舒服。

1.4.5 文化美

如果说物质载体是设计的生命，文化内涵则是设计的灵魂，中国文化博大精深，其蕴含着中国美学体系的精髓，可以激发工程设计的无限灵感和动力。随着时代的发展，中国传统文化正在被设计者们重新发掘和诠释，从文化层面和设计层面为现代工程建设注入了新的活力。中国的建设者们应注重文化的美学内涵，继承和发扬优秀传统文化，形成独具特色的设计风格，向世人展示中国现代工程建设与传统文化相融合的魅力。

纵观古今，中国许多工程都完美地体现了美的本质，如“万里长城”“都江堰”“秦直道”“郑国渠”“泾惠渠”“西安城墙”“北京故宫”“赵州桥”。这些工程建筑是中华文化的杰作，有真正美的灵魂，即道法自然地体现了与环境、与人、与社会的真正和谐，完美地诠释了工程的本质美。

1.5 公路隧道洞口景观之“美”

当今社会是大审美经济时代，审美（体验）的要求越来越广泛地渗透到人们日常生活中的各个方面，它构成了审美化的幸福感和满足感的重要指标。这种幸福感和满足感是感官的感受，同时它又包含着精神的、文化的内涵，是生理快感、美感以及某种精神快感的复合体。审美心理活动作为一种特殊的活动，不仅是获得愉悦和舒适的情感活动，也是发现美、创造美的认识活动，还是有着美丑价值判断的意志活动，审美心理的活动过程也是审美的认识过程、情感过程、意志过程的集合。公路隧道景观设计人员应根据审美过程的特点，准确把握使用者的心理，结合公路隧道洞口的特点，人为控制审美节奏，在隧道洞口景观设计中表现亲切宜人的环境氛围，极大程度地为驾乘人员和管理者、服务者提供心理的愉悦。公路隧道洞口景观是公路景观中能引起人们人文景观审美心理活动的重点，它们不是单一的，它们是连续的、可感知的、可期待的、可欣赏的人造节点景观，它们可创造出扣人心弦的景观秩序。

审美心理虽然与普通心理相联系，但又与普通心理有明显的区别，审美心理反映着人的高级精神追求，同时也反映着人的高度认知能力，是一种最具个体性、感知性、情感性和创造性的健全心理。我国现已建成的公路，除了地理条件的不同，如山川、丘陵、平原等自然景观的区别外，近乎所有公路中的景象都是同质的，沿着深灰色的公路行驶，欣赏到的自然景观极其有限。没有任何区域人文景观的特点，何谈人对公路的审美？随着更多的人花费更多的时间在公路上穿行，公路中的审美心理应越来越被重视。

随着社会经济的发展，审美因素又回归物质、实用的活动之中，审美的元素和实用的元素又再度结合。在人类历史上，确有这样的阶段，人们为了物质的东西而丢掉精神的追求，为了实利而丢掉审美。但从长远看，随着物质生活的高度发展、繁荣和富裕，精神的享受、审美的追求在生活中的比重将会越来越大。

隧道洞门作为隧道设计的一个重要组成部分，其洞口的景观设计也至关重要。每一座隧道洞口的设计，最终会成为高速公路上的一个个景观，景观设计的好坏直接影响整个隧道的品质。从隧道的发展上看，其已经不仅局限于交通这一单一的功能，还包含其他如旅游观光、生态保护等多项功能，从这些新拓展的功能上看，都更多地提升了隧道的地位，对隧道的设计、施工、运营管理等各个方面都提出了更高的要求，其中景观设计在提升地域价值上扮演着重要的角色。

前面我们分析公路隧道洞口景观的审美特点，了解到公路隧道作为公路的一个关键组成部分，应该更加注重其美学价值。因此我们不禁要问：隧道洞口的“美”，具体体现在哪些方面呢？

对隧道建设人员而言，他们往往关注的是隧道洞口本身造型、洞门形式等方面；对隧道地质工程师而言，其关注的是隧道洞口结构与原有地形、地貌、地质环境之间的相互影响，即地质环境的适应性；对隧道景观设计人员而言，其关注的是隧道洞口原有的本土环境、周边人文景观、天文地理以及气候风水等各类因素，具体反映在其植物、形式、色彩、粉饰材料、人文小品建筑等方面，即环境、自然、文化的综合协调性。

1.5.1 隧道洞口景观的形式美

隧道洞口造型之“美”，包括的不仅是狭义上的洞门造型之“美”，更体现在洞口多维角度视野范围内的所有个体造型之美；不仅体现在个体上，更体现在整体造型上，布局着重考虑与周围环境相融合。隧道洞口造型包括显式人工造型（明显的人工构造物）、自然造型、隐式人工造型（人为绿化恢复、内敛式人工构造物），不同造型可给人以不同的感受。总体而言公路隧道洞口景观之美应具有简、整、奇、韵的审美视觉特征。

简，美的形应具有简洁的特征，简洁的形给人以明确的印象和大方美感。如图 1-1 所示为国内隧道洞口景观 A。

整，形不琐碎、无枝杈，隧道洞口景观在造型时去掉细微的变化，使形体具有整一、醒目、大方的特点，给人鲜明的印象。装饰艺术采用大形整一的方法，首先是轮廓的整，其次，舍弃不必要的细节，对所保留的细节归纳概括，以“整一”的效果呈现出来。如图 1-2 所示的国内某隧道洞口景观 B。

奇，在隧道洞口景观艺术中，奇指奇特之形，反常规之形。奇形往往具有奇趣，它给人一种奇妙的感觉。奇与妙常结合为一体，充分显露出艺术家的智慧。如图 1-3 所示的野象谷隧道洞口景观，洞门装饰为傣族公主冠，金光灿烂；洞口的弧形恰好和帽檐的弧度一致，形象地展现了西双版纳独特的傣族文化。

韵，隧道洞口景观艺术中的形体具有独特的韵，不呆板，有生命的律动，蕴含风致与情调。如图1-4所示，国内某隧道洞口景观C，端墙边缘设计为弧线，减轻了隧道的压抑感，和山势的舒缓弧线相协调，整体和序列统一使其有节奏上的韵律，景观整体自然协调。

图1-1 隧道洞口景观A

图1-2 隧道洞口景观B

图1-3 野象谷隧道图

图1-4 隧道洞口景观C

1.5.2 隧道洞口景观的韵律美

节奏与韵律是构成音乐的主要元素，对于实际工程的设计形式和风格，也同样需要把握节奏与韵律感。不论是平面图形的方圆曲直、渐次或间歇的大小变化，还是立体造型的高低、长短的渐次起伏，运用节奏和韵律的形式法则，都会获得像优美乐章一样有节奏韵律感的工程建筑。景观形象通过一定的装饰艺术，采用造型、线条、色彩、构成等方式表现出大小、明暗、动静、虚实、曲直、冷暖等有序的节奏变化，形成抽象的韵律美。美的韵律有一条绝对的原则，就是连贯性，节奏与韵律隐含在这种连贯性中，这是一种抽象的秩序，它甚至将视觉升华为听觉，使人陶醉在情感世界中。因此，隧道洞口景观设计应充分体现其形式上的节奏与韵律美感，给人以美的享受。

1.5.3 隧道洞口景观的自然美

公路隧道的建设是对自然环境的人为破坏，所以恢复自然的生态系统，构筑与工程周围环境相协调的景观，是高速隧道洞口景观艺术创作的重点。随着生态环保问题的不断提出，洞口的建设也应尽可能地保护自然资源并使其得到合理的利用，降低对生态环境的影响程度，协调人与自然的关系，做到人与自然和谐相处，充分体现可持续发展的战略理念，给人营造一种环境美。隧道自然生态之美，是隧道洞口结合周围环境给我们呈现的一种自然状态下的意象世界，给我们以自然恬淡的享受。

隧道洞口景观设计应尽量与沿线景观、自然环境相协调，在景观设计处理上尽量做到近于自然，运用景观融合理念，让隧道洞口景观与周围的自然景观进行有机融合，充分表现隧道洞口景观的自然美。同时应充分体现“人与自然和谐发展”和“可持续发展”的理念，实现隧道洞口景观设计与环境保护协调发展，建立隧道洞口景观设计与环境保护同步的新理念。

1.5.4 隧道洞口景观的文化美

文化与艺术是景观艺术中表现较多的内容，并具有典型而鲜明的艺术特征，它不仅真实而生动地描绘了民俗风情，表现了人类对生命的热爱和对真善美的不懈追求，而且还充分展示了人们生机勃勃的精神风貌，折射出民族文化的灿烂光辉。隧道洞口的文化美，就是洞口向人展现的当地传统文化、历史事件以及风土人情等文化符号。这种美让人意犹未尽，流连忘返，深深地印在人的脑海里。同时其表现形式质朴，艺术风格活泼而清新，真正做到了内容与形式的完美统一。

公路地域性景观文化作为承载公路设计理念的物质载体，隧道洞口景观感受及特征是其艺术生命之源。作为信息交流和文化沟通的景观节点，连接着风格各异的生态区域、地理环境及人文历史等区域文化，对其设计方向的总体把握有利于我们对地域文化横向上的差异性和纵向上的历史性的解读，从而设计出源于本土且高于其他的公路隧道洞口景观。

作为隧道的窗口，人们判断隧道洞口设计的成功与否，不仅注重其使用价值，也注重其美学价值，因人们关注的焦点会集中在隧道洞口景观的形式美、韵律美、自然美、文化美等美学方面。因此，相关工程规划、设计工作者应对隧道洞口之“美”进行深刻的理解和认识，同时将相关理论知识付诸工程实践活动中。

1.6 “美”的认识过程

1.6.1 认识“美”的一般过程

一个人对事物和环境的认识和理解可分为三个层面，即形式层面、意象层面及意义层面（图 1-5）。这三种层面相互渗透、

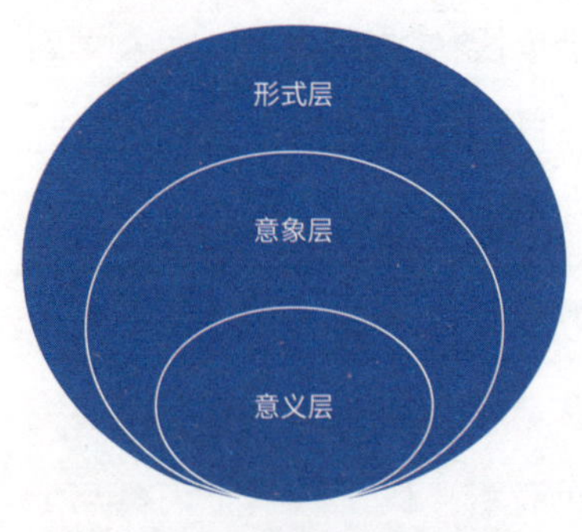

图 1－5　人对环境的认知层次

相互结合，共处于整体环境之中，但它们却以不同的层次进入人的认知世界。对于隧道洞口构筑物，应给予全面的考虑，按层次规律进行设计。

形式层面指人通过直观感受，体验环境所具有的外显体态、形状、尺度、色彩、肌理、位置、方位和表情等直观物象。形式层面无须经过理性的思考就可一目了然，它可以直接形成刺激与反应，虽然它所反应的是环境表面属性，但对深层认知却是必经的门户和前提，对环境的氛围、情调有着明显的暂时心理效应，特别在情绪的反应中有特殊的唤醒作用。应该指出，形式层面虽然可以引起一系列心理效应，但它在人的认知、记忆、意象储存中维系的时间比较短暂，激动的快，平复和消逝的也快，故稳定的、长期的效应较差。因此，在景观设计中不应仅止于此，而应向更深层次方面进行发展。

意象层面，简单地理解即为印象。意象是指人们在头脑中所形成的外界反映，即过去的体验留存在大脑中的记忆储存，一旦经过现实的刺激，则会在头脑中将心理图像浮现出来。意象层面是形式层面所包容和涵纳的结构要素，是通过空间的结构框架、使用功能和具有典型特征的景观符号暗含的形象特点。它与形式层面相比，是要经过理性地辨认才能引起知觉反应，是偏于功利性和具体涵义方面的内容反应。

意义层面，即意境、精神层面，是一种隐藏在形象结构中的内在文化涵义，是一种非功利性的精神反应。一方面，它是靠环境的创造者，在创作环境中将历史、文化、生活和具有象征性的人文要素注入其中，赋予环境以一定的社会属性，使环境具有一定的意义，并对观赏者和使用者施加刺激和影响；另一方面则依靠观赏者和使用者根据自己的文化素养、审美意识及当时的心境，对环境产生一定意义上的理解。充满文化内涵的环境，能与人产生深层次的情感沟通，给人留下永久性的印记，使环境具有经久不衰的艺术魅力。对环境注入一定的文化内涵，可以获得比普通的环境高出数倍的社会效益，这一点深受隧道洞口景观设计人员推崇。

1.6.2 公路隧道洞口中关于“美”的认识过程

作为公路工程一个不可忽视的部分，隧道洞口“美”的认识既符合一般过程，同时又需要考虑其自身的特殊性，即认识过程的动态性。

认识过程的动态性不仅体现在时间的动态性，同时体现于空间的动态性。公路上的车辆一般是以40~100km/h的速度移动，因而处于这个环境中的人，若离隧道口较远，则会注意到隧道及周边景观，随着距离越来越近，尤其是白天当车辆即将抵达公路隧道洞口时，会出现“黑洞”现象，一般驾驶员都会刻意减缓行车速度，注意力高度集中于行车，以防止发生交通事故。因此，对于公路隧道洞口景观，驾乘人员很可能“只见其形，无力领其意”。若洞口景观的设计延伸至意境层，致使驾乘人员陶醉其中不能自拔，便会威胁交通安全，甚至酿成大祸。李祝龙在其著作《公路环境与景观设计咨询要点》中指出：一般隧道不宜过多强调所谓的“一隧一景”和人工痕迹的遗留，尤其是高速公路，以不过多吸引驾驶员注意力为原则；对特长隧道等标志性工程，可以酌情进行洞门景观设计，但仍强调与周围环境的协调，尽量简洁明了，一目了然，不给人以过多的想象和吸引。

另外，驾乘人员与道路环境中的物体是相对运动的。研究表明，驾驶员的视力与汽车的行驶速度有关，车速越快，视力下降越明显。随着汽车行驶速度的提高，驾驶员注视点前移，越注视前方，视野越窄，对于越靠近道路的景物，就会越感到模糊不清。因此，驾驶员只有在不紧张的情况下，才可能观察与公路交通无关的事物或注意两旁的景物。

总而言之，在探究隧道洞口之美时，不能仅仅把它当作一个静止的构筑物，还要考虑观察者与洞口之间的相对运动，即应注意其认识过程中的动态性。目前，关于公路隧道洞口“美”的认识，仍然存在些许争议，但总体而言，应不以威胁安全为前提，给驾乘人员以充分的舒适感、幸福感、安全感，减轻驾乘人员的疲劳感，同时适当启发驾乘人员的好奇心。

今天，我们更诚实、更实际、更讲究功能，但这曾是以牺牲文雅和仁慈为代价的……

——彼得罗·贝卢斯基

（Pietro Belluschi）

驾驶员的感官体验和视觉特性

优美的公路景观可以给驾驶员创造愉悦的行车环境，缓解驾驶疲劳和行车压力，从而提高交通安全，此外还利于环境保护。当驾驶员行驶在高速公路上时，不同的公路景观要素，如尺度、形式、比例、纹理、材质、色彩等，都会对驾乘人员的心理和生理产生不同的影响，或愉悦醒目，或压抑消极。因此，为保证驾乘人员的行车安全及视觉环境的美化，应科学合理地进行高速公路景观规划与设计。但是，如果景观设计时过分注重形式美，而忽略了驾驶员在动态条件下的视觉特性，则会导致公路景观观赏体验不理想，同时更容易造成驾乘人员视觉疲劳和产生厌烦情绪。

因此，隧道洞口景观的设计亦离不开人的行为方式、审美意识、社会活动等因素，这些因素都是设计人员进行景观设计的依据。如何根据人的感官需求，从驾驶员的实际体验着手，按照人和环境相互作用影响的观点去设计隧道洞口景观，以及从感官和视觉角度分析隧道洞口景观与人之间的相互关系，是相关设计人员必须思考的问题。要使景观形态符合人的审美要求，就需要充分了解人的心理和行为要求、人的视觉特性以及人和环境交互作用的特点。

2.1 驾驶员的感官体验

2.1.1 驾驶员的感知距离

感知距离按眼、耳、鼻所反映的空间距离分别称为视觉距离、听觉距离、嗅觉距离。感知距离不同，感知主体对公路景观要素所形成的视觉敏感程度也就不同，据研究表明，当人眼与目标物之间距离超过 100m 时，传递到双眼之间的映像差异非常小。驾驶员驾驶车辆过程中，90% 以上的信息依靠视觉获取，景观视觉信息对驾驶员的行为决策及心理会产生一定的影响。例如道路使用者容易注意到高速公路沿线的绿化布设、互通式立交、服务区等景观要素，因此可对视觉敏感度较强的景观要素重点设计，增强景观视觉效果。在公路隧道洞口景观规划设计中，驾驶员的注意力集中区域则是公路隧道洞口景观规划设计的重点区域。

视觉具有相当大的知觉范围，在 0.5~1km 的距离之内，人们根据背景、光照情况，特别是人群移动等因素，便可以看见和分辨出人群；在大约 100m 远处，能见到人影或具体的个人；在

70~100m远处，可以确定一个人的性别、大概年龄或动作；在大约30m远处，可以看清每个人，包括其面部特征、发型；在距离缩小到20m以内，就可以看清人的表情，可见超过100m的距离后会影响人的观看行为，户外活动场地以25~30m为宜。因此，在隧道洞口景观设计过程中，应充分考虑构造物与洞口之间的距离，尽量满足驾驶员的视觉距离，让其充分体验洞口景观之美。

2.1.2 驾驶员的感官需求

不同种族、年龄、文化水平、道德观、修养、伦理意识的人，对环境的需求是不一样的，这种需求既包括生理需求，也包括心理需求，且随着时间和空间的改变而变化。其中，生理需求是最基本的，主要包括对空气、阳光、水体、矿物质等需求，在景观环境中具体表现为朝向、气候、阳光、树荫等因素，因此设计人员的首要任务是确定所服务对象的层次。

舒适性作为人的较高生理需求，一般可分为：行为舒适性和知觉舒适性。行为舒适性是环境行为提供的舒适程度、便利程度；知觉舒适性是指环境刺激引起的知觉舒适程度。研究表明，与景观设计关系密切的主要是视觉环境、听觉环境、嗅觉环境和触觉环境等的舒适性，其中与隧道洞口景观设计关系最密切的是视觉环境舒适性。

2.2 驾驶员的视觉特性

眼睛作为人类的视觉器官，用之观察世界，就像一部复杂的自动照相机，接受外界物体发出的光线，在眼内形成物像，引起视网膜上的感光细胞活动产生神经冲动，最后通过大脑皮质而产生视觉。

视觉，不仅使人们能够认识外界物体大小，而且可以判断物体的形状、颜色、位置和运动情况等，视觉可以使我们获得大约 80% 以上周围环境的信息。视觉是驾驶员和道路使用者感知并且认知公路景观美的最重要的途径。视觉感知是获得、解释通过光源所得到的周围环境世界的信息，这一系列复杂的感知过程，主要通过人类的视觉系统完成。从认知客体角度来讲，影响认知的主要因素有感知距离、感知客体的结构形态、色彩美学等。通过公路景观美学体验和色彩要素认知试验可得出驾驶员容易注意到路边种植特征等结论，认知规律试验结果也印证了感知距离对认知的影响。可以发现，感知主体的感知距离不同、感知角度不同，道路感知者（乘客、驾驶员）对公路景观的认知程度也就不同，因此所有公路景观要素的设计手法是不尽相同的。

公路景观本身是一种动态的视觉呈现，是一种动态的系统和视觉艺术，隧道洞口景观作为公路景观的一部分，“动”亦是它的最大特点，因此进行隧道洞口景观设计时须从动态的角度充分考虑驾驶员的视觉特性。同时，隧道运营过程中，首先须满足道路使用者对于安全的要求，因此在洞口景观设计中不得不首先考虑驾驶员或乘车人在隧道洞口所遇到的视觉问题。

2.2.1 驾驶员动态视觉特征

行驶过程中，驾驶员视觉特征与静态条件下有很大差异，驾驶员的视觉即人在驾驶车辆并以一定的速度行驶时所具有的视觉。本书所研究的公路景观美，重点是观察者在公路上行驶过程中，以不同的运动速度观察到的公路周边环境和景观形象。因此，本书从动态的角度分析和研究驾驶员、乘客以及其他道路使用者的视觉特性，

以便上述特性所带来的问题与新概念在公路隧道洞口景观设计中能得到充分考虑。

（1）动视力

视力，也称视觉敏感度，指分辨物体精细形状的能力。当人们驾驶交通工具时，驾驶员与道路环境中的物体做相对运动，这种情况下驾驶员对相对运动物体的分辨能力，即为动视力，驾驶员的动视力与运动速度、环境的亮度以及驾驶员的年龄等因素有关。根据运动视觉心理学分析，人眼在运动中的视力会有所下降，研究表明，运动速度越快，视力下降得越多。

车速较低时，驾驶员清晰辨认前方视野中物体所需的距离较短，车速增大时，驾驶员清晰辨认前方视野中物体所需的距离会随之增加，因此，在一定距离内车速越快，驾驶员能够清晰辨认物体的能力随之越低。如表 2-1 所示，基本反映了驾驶员能够清晰辨认前方视野中物体所需的距离与车速之间的关系。

驾驶员前方视野中能够清晰辨认物体所需的距离（白天）　　表 2－1

设计车速（km/h）	60	80	100	120	140
驾驶员前方视野中能够清晰辨认物体所需的距离（m）	370	500	660	820	1000
驾驶员清晰辨认的物体尺寸（cm）	110	150	200	250	300

对一个标志而言，在车速增加后，如还要以相同距离识别标志则需要加大标志尺寸；对交通环境而言，车速增大时，景观元素的尺寸也应加大。因此，在隧道洞口景观设计和评价时，应当考虑道路的设计车速，使道路周边的景观元素尺寸与驾驶员的动视力相适应。

（2）动视野

动视野为驾驶员驾驶车辆在道路上行驶时所测得的视野。动视野与车速有关，车速增大时，由于驾驶员的注意力集中点会不自觉地前移，因此视野范围会相应的变小。实验表明：当车速为 95km/h 时，注意力集中点位于前方 540m 左右处，视角范围约为 40° ；当车速为 40km/h 时，注意力集中点只在前方 180m 左右处，视角范围为 75° 左右。车速变化，驾驶员的周界感也随着变化。高速行驶时，驾驶员注意力集中于画面中心，形成一种易导致催眠的隧道视觉，致使驾驶员出现瞌睡的现象。驾驶员或乘客在道路上行驶时，如果所看到的路边景物相对于人眼的回转角速度大于 72° /s，就会感到模糊不清。针对周边视力实验证明，当车速为 64km/h 时，车厢两侧识认的最短距离为 24m；当车速为 90km/h 时，最短距离为 33m。同时，周边视力也与年龄有关，年龄越大，视力下降越快。

研究驾驶员的动视觉特性是研究动视野的基础，是研究道路与环境是否协调以及行车是否安全等问题的重要内容。驾驶员行车时，具有以下几方面的视觉特性：

①驾驶员的空间分辨能力会随着车速的增加而降低。车速较高时，驾驶员的视力会有所下降，加上车外景物在驾驶员眼前飞逝，驾驶员看到景物的持续时间变短。据研究，一般情况下，人注视到可见目标需要约 0.4s，辨认目标需要 1s，如果车速过快，持续时间过短，一般低于 0.15s 时，驾驶员则根本无法发现和辨认物体。

②驾驶员的注意力集中点会随着车速的增加而前移，当车速较快时，驾驶员眼前的景物飞逝，由于心理原因，驾驶员会将注意力焦点集中在远方，以便认清景物。

③驾驶员的视野和视野所包围的角度会随着车速的增加而相应地缩小。

④车辆在高速运行时，驾驶员依靠所观察到的物体的尺寸变化和驾驶员与物体的相对位置关系来判断车速，因此驾驶员的感觉会变得迟钝，注意力和警惕性会有所削弱。一般情况下导致这种情况的原因有：一是驾驶员的注意力集中点前移，焦点落在远离车辆的前方；二是附近车辆几乎同速同向行驶，驾驶员会产生相对静止或以较慢速度前进的错觉。

2.2.2 驾驶员动态视觉特征影响因素

（1）相对运动速度

相对运动速度是影响驾驶员动态视觉特征的主要因素。研究表明，随着相对运动的角速度增加，人眼的最小可辨视角增大，动态视觉的感知能力下降。日本学者本桥对视力与角速度两者关系进行了深入的研究，提出二者之间具有一定的线性关系，即角速度越大，动态视力越低。换言之，目标物体的相对运动速度越慢，越容易被驾驶员看见；反之，若目标物体相对运动速度越快，驾驶员越不易看清楚，动态视觉特征越差。

（2）驾驶员年龄

由于动态视觉特征反映的是所有视觉和眼肌系统的整合功能，因此年龄因素的影响非常明显。罗德维夫（Ludvigh）等人早在20世纪50年代就提出：年龄因素对驾驶员动态视觉特征的影响表现为负效应，即随着年龄的增长动态视觉特征衰退得比较早，而且衰退速度比较快。日本学者曾对2697名18~70岁的职业驾驶员进行动视力检测，也得出了同样的结论，他们也发现：静视力从46~50岁开始出现明显的个体差异，有显著下降和正常衰减两种趋势；动视力则从 36~40 岁开始显著下降。

（3）目标物的颜色与照度

朗（Long）等人进行的关于目标物的颜色对驾驶员动态视觉的影响研究表明：在某些情况下，目标物的颜色对动态视觉有很强的影响。在静止状态下，人眼对蓝色最不敏感，但在运动状态、暗视条件下，蓝色目标物相对其他颜色的目标物更易被识别；而在明视条件下，蓝色目标物与其他颜色的目标物其易识别程度并无显著差异。目标物的照度对驾驶员的动态视觉同样有影响，通常，照度越强的物体越易被驾驶员的动态视觉所感知。而米勒（Miller）的研究表明，静止视力下 5~10m 烛光的效果与动态视力下 125m 烛光的视觉效果相匹配。通常，照度越强的物体，越易被驾驶员的动态视觉所感知。

（4）驾驶员的生理状态

驾驶员的生理状态主要是指与驾驶有关的生理状况，如饮酒、疲劳、患病等。众所周知，酒精会降低大脑的抑制功能，饮酒之后，不仅视觉机能受到损害，而且会对驾驶操作产生不利影响。疲劳是人体的一种保护性抑制反应，它会使人的眼睛出现困倦、视物不清等情况，造成驾驶员动态视觉机能难以正常发挥。疾病会使驾驶员身体不适，动态视觉难以持续保持良好状态，特别是在服用一些会直接影响视觉机能的药物之后，会对驾驶员的感知和观察等产生不良影响。

（5）公路及周边环境

由于驾驶员在驾驶过程中所搜集到的信息 80% 以上为路面信息，所以如果路面状况良好，驾驶员的动态视觉就容易捕捉所需信息。

反之，路面状况不良，如出现积雪、凹坑或障碍物，就会分散驾驶员的注意力，影响驾驶员的动态视觉。另外，不可忽视的是公路侧向景观的影响，侧向景观单调且具有重复性，很容易引起“道路催眠”现象，使驾驶员产生动态视觉疲劳，影响行驶安全。

2.2.3 驾驶员视力影响因素

影响驾驶员视力的因素，在生理方面，起主要作用的是视网膜的感受性；在环境方面，影响视力的主要因素为光线的亮度（照度）、对象与背景之间的对比度、能见度等。其他主要影响因素包括：对象的大小、颜色的对比、观察时间的长短等。

（1）适宜的亮度

适宜的亮度是物体在视网膜成像引起视觉的基本条件。一定条件下，物体表面亮度越大，视网膜上像的照度就越高，看得就越清楚。试验表明，人眼可以感觉到亮度为 $\frac{1}{\pi}\times10^{-5}\mathrm{cd/m^2}$ 的物体，称为“最低亮度阈”。当亮度为 $\frac{1}{\pi}\times10^{4}\mathrm{cd/m^2}$ 时，人眼识别物体的灵敏度最高，超过此值后，灵敏度开始下降；亮度超过 $\frac{1}{\pi}\times10^{5}\mathrm{cd/m^2}$ 时，视力急剧下降，甚至出现视觉损伤，该值称为视觉上限，这种刺眼的视觉状况即为“眩光”。

（2）对象与背景之间的对比度

在观察方向上，如果对象的表面亮度为 L_0，背景亮度为 L_b，则对象与背景的亮度对比 C 可用式（2-1）表示：

$$C=\frac{L_b-L_0}{L_b} \tag{2-1}$$

C 值表示对象与背景亮度差别的大小，C 值越大，识别对象越易被识别，C 值小于某一临界值时，人眼开始不能分辨对象与背景的亮度对比值，称为亮度对比阈，以 ε 表示。

当 $L_b>L_0$ 时，C 为正值，称为正对比度；

当 $L_b<L_0$ 时，C 为负值，称为负对比度。

无论对比度为正或为负，效果都是相同的，识别对象时，必须满足 $|C| \geqslant \varepsilon$。亮度对比是决定对象可见性的主要因素。对比度对视觉效果的影响非常关键，一般来说，对比度越大，观察的对象越清晰醒目；而对比度越小，则会造成观察效果如同雾里看花一般。

（3）空气能见度的影响

①空气对光通的衰减和光幕

发光（或反光）物体的光通，必须经过空气才能到达人的眼睛，在其传播的过程中必然受到两种作用：一是空气对光的吸收作用，即空气把其中一部分光通转换成其他形式的能量；另一种是空气对光的散射作用，即空气使其中另一部分光通偏离了原来的传播方向，空气的散射是造成定向传播的光通衰减的最主要原因，空气不仅会把来自对象的光通散射出去，使对象的亮度降低，而且还会把日光散射到观察方向上来，使对象与观察者之间形成一层明亮的光幕。

②散射作用

散射是指空气组成成分把原来向一个方向传播的光变成向各个方向传播的光，使光线减弱的现象。不同的空气组成成分对不同波长光线的散射作用不同，分别为分子散射和悬浮粒子散射。

分子散射，其散射源是气体分子，尺寸比可见光的波长小得多，这种散射的特点是散射光的强度与波长的4次方成反比。因此波长越短的光线，受到的散射效应也越强，而长波则不易被散射。

悬浮粒子散射，其散射源是悬浮于空气中的各种固态和液态微粒，如烟、雾、尘埃等。这些散射粒子的大小很不规则，其半径分布在10~100 μm范围内。它们对各种波长的光线的散射作用因微粒大小的不同而不同，当散射粒子比可见光波长小得多时，其散射作用与分子散射相同；当散射粒子的半径与波长相近时，其散射作用最大；当散射粒子比可见光波长大得多时，其散射作用与波长无关，此时散射光谱与入射光谱相同，称为漫射。

空气中的悬浮粒子越少、越小，散射与波长的关系越大，从而成为有选择性的散射，对于下层空气分子来讲，主要是波长较短的蓝色光被散射出来。由于这种有选择性的散射作用，来自对象（或背景）的不同波长的光线将受到不同程度的散射。另外，在对象（或背景）与观察者之间的气幕主要是短波散射光幕，这样对象（或背景）既会改变亮度，也会改变颜色，最终与蓝色气幕相融合。由此可见，亮度对比是决定对象可见性的主要因素，颜色对比次之。

③透过率

隧道洞口或多或少地存在着污染物质，例如汽车卷起的尘埃、柴油车引擎产生的煤烟、氮氧化物所构成的烟雾、水蒸气及其凝结而成的雾等，其中最主要的是尘埃和煤烟。光通过污染空气时，入射光通中的一部分被吸收，一部分被散射，其余部分得以通过。这三部分之和等于入射光通，分别把这三部分光通量和入射光通量之比称为吸收系数 α、反光系数 ρ 和透光系数 τ。显然，$\alpha+\rho+\tau=1$，其中 τ 是小于1的系数。为描述光透过空气的能力，用 E_0、E 分别表示同一光源所发出的光线通过 100m 的污浊空气和清洁空气后的照度，用 τ_{100} 表示光通过 100m 的透过率，则：

$$\tau_{100} = \frac{E}{E_0} \tag{2-2}$$

行驶速度不同时，对 τ_{100} 有不同的要求（表 2-2），有的国家，如日本，把 τ_{100}=0.5 作为国家标准。由于烟雾的浓度不同，同一光源的透过率不同。烟雾浓度相同时，不同类型光源的透过率不同，其视距也不同，如 τ_{100}=0.5 时，钠灯视距为 80m，荧光灯视距为 45m。

PLARC（美国罗克兰景观专业协会）对 τ_{100} 的要求　　表 2－2

速度 v（km/h）	τ_{100}
80	0.6
60	0.48
40	0.4

（4）对象的大小

“对象”是指人眼能够看到的物体。人眼能否看清对象，除了依赖于照明条件外，还与对象的大小有关。显然，对于视力正常的人，当观察距离合适时，对象的外形轮廓及细部都是清晰的，但随着观察距离的增大，对象的轮廓就会逐渐变得模糊不清，并且失去棱角，产生显著的变形。眼睛分辨对象细部的能力取决于对象上两点与人眼所成的视角。视角大，在视网膜上成像也大，看得也就越清楚。

（5）颜色对比的影响

人的眼睛所观察到的世界，暗视觉时色调是灰色的，只有在亮度达到适当值，明视觉发挥作用之后，世界才是五彩缤纷的。因此在大多数情况下，对象与背景之间不会单纯地存在亮度对比，而是伴随颜色对比，即存在着颜色上的差别。

颜色可以分为彩色和非彩色两大类。非彩色是指由白色、浅灰、中灰、深灰直到黑色，称为白黑系列。彩色是指黑白以外的各种颜色。颜色是各种不同波长的可见光在人眼中产生的感觉。例如波长为580~595nm的是黄色，480~580nm的是绿色，620~760nm的是红色等单色光。但通常各种对象和背景反射到人眼中的光线都是各种波长的组合，有些颜色是各种单色光所引起的综合感觉。但是人眼不能完全区分光谱的组成。例如波长700nm的红光和640nm的绿光按一定比例混合在一起，人眼感觉到的是波长580nm的黄光。

亮度对比是识别对象的主要因素，颜色对比则为辅助因素。实际观察表明，一个亮度与背景相同，仅仅存在颜色对比的斑点，只能在距离很近时才能把它和背景区分开，而当距离很远时，它就和背景发生混色现象而融合到一起了。当它和背景既存在颜色对比又存在亮度对比时，混色现象就难以发生，并且亮度对比相同的黑色斑点的视角阈几乎相等。另外，在色彩斑驳的背景上，人眼的视角阈将加大，这主要是背景亮度不均匀造成的，因此颜色的作用是非常重要的。

“光斑效应”不仅会影响驾驶员视觉舒适性，更为重要的是还会影响到其识别对象的能力，从而影响行车安全。因此，从结构物到道路标志图案等，只有颜色差别是不够的，更重要的是要有足够的亮度对比。

（6）观察时间的长短

观察到尺寸大的物体只需很短的时间，在驾驶员眼睛不停地注视视野内的物体时，发现视野内的障碍物的时间不少于 0.1~0.2s。同一物体，亮度越高且与背景的亮度对比度越大，识别时间则越短。对处于运动状态的驾驶员来说，辨别障碍物的时间受到限制，驾驶员从发现障碍物，到进行判断和采取制动措施的反应时间，总共只有 0.5s，时间是相当短的，所以应该保证有足够的照度。

识别时间还受视觉适应的影响，不论是暗适应还是明适应，都会对识别时间产生影响。急剧和频繁的适应会增加眼睛的疲劳，使视力迅速下降，因此应尽量避免路面及周围环境的亮度频繁变化。

2.2.4 色彩对人的视觉影响

人类在漫长的生产和生活实践中，形成了大量有关色彩的感受和联想，并赋予其不同的情感和象征。虽然因年龄、性别、经历、种族和习惯等不同，人们对色彩的感觉有所差异，但拥有共同的社会条件和生活环境促使其存在一般的共性。首先，人可以通过色调、亮度、饱和度等来判断不同的物体；其次，当物体具有某一方面的对比时，即使其他方面对比不明显也可以分辨不同的物体。人对色彩的反应基本上是由三种效应引起的：一是联觉效应，即不同感官之间的相互作用；二是情感效应，表现在不同感官和情绪、情感的感受上；三是联想效应，其属于心理性反应，主要来自人的社会经验。

色彩具有三个基本属性：色相、纯度及明度。色相是色彩的最主要特征，是指能够比较确切地表示某种颜色色别的名称。纯度是色彩所含的单色相饱和的程度，是色彩感觉强弱的标志。明度是指色彩的明暗程度，也即深浅差别。色彩在道路景观中具有重要的作用，从简单的交通信号灯的红色、黄色、绿色就可以看出。色彩对于人的生理、心理及环境美学都有一定影响。色彩运用于生物学领域可以协调生理机能，运用于心理学领域可以使人与环境之间的关系融合，运用于美学领域能使人的精神世界得以扩展。人们不仅对不同的色彩产生不同的感觉，亦可对不同的色彩产生不同的情感变化。试验证明，人体对不同的色彩反应不同，彩色灯光照射能够加快血液循环，增大肌肉的弹力，其增加的程度以红色为最大，依次按照橘黄色、黄色、绿色、蓝色减小。红、绿、黄、白色能引起人们的注意。

（1）色彩的情感

色彩的情感来自色彩的物理刺激对人的生理产生影响。可以依据人对颜色的心理将颜色分为冷色和暖色，将红色、橙色和黄色等称为暖色，而将紫色、蓝色和绿色等称为冷色。从不同波长对视觉造成的这种错觉出发，可把色彩分成两大类，即红橙黄等长波长的暖色类——前进色，绿青紫等短波长的冷色类——后退色。由生理学可知，暖色对人视网膜的刺激强，冷色对人视网膜的刺激弱。暖色类、冷色类的特点：长波长暖色类具有大、重、膨胀、硬、干、热的性质；短波长冷色类具有小、轻、收缩、软、温、冷的性质。具体阐述如下：

①冷与暖

外界物体通过表面色彩给人们不同感觉，有些色相使人感觉温暖甚至灼热，有些色相使人感到凉爽甚至冰冷，而有些色相则处于中间状态。颜色可分为暖色和冷色，但根据亮度不同，色感也会发生变化，如绿、紫、蓝在亮度高时倾向于冷色，亮度低时倾向于暖色。此外，如果色彩间对比的话，其冷暖也可能发生变化。例如紫与红并列时，紫色显得冷些，而紫色与蓝并列时紫色又显得暖些。

②兴奋与沉着感

兴奋与沉着感由刺激的强弱引起，红、橙、黄色的刺激强，给人以兴奋感，称为兴奋色；蓝、青绿、蓝紫色的刺激弱，给人以沉静感，称为沉着色。但兴奋性与沉着性随着纯度的降低往往也会降低。绿与紫是介于二者中间的中性色，是不会使人产生视觉疲劳的颜色。

③华丽与朴素

华丽与朴素是由于色彩的纯度和明度不同而具有的感情效果，即彩度与明度高的颜色给人以华丽感，冷色具有朴素感，金、银色有华丽感，而黑、白两色既可以具有华丽感也可以具有朴素感。

④轻与重

一个物体由于表面颜色不同，看上去会使人感到轻重有别。白色的物体之所以使人觉得轻，是因为我们看到白色时会联想到白云、棉花等轻物质，而看到黑色就联想到煤、钢铁等重物质，故黑色物体使人觉得重。明度高的颜色感觉轻快，明度低的颜色感觉沉重；同明度的颜色，彩度高的感觉轻，彩度低的感觉重。

⑤软与硬

色彩的软硬与色彩的轻重相似，质地轻盈的软，质地坚固而细腻的硬。色彩的软硬感取决于色彩的明度和纯度，明度较高的具有软感，明度较低的具有硬感，纯度越高越具有硬感，纯度越低越具有软感；强烈对比的色调具有硬感，微弱对比的色调具有软感。

⑥联想与象征

人们根据各自的生活经验和社会经历、记忆或知识等，对颜色会产生各自的联想（表2-3），这种联想因人的年龄、民族、性别等差异有所不同，但对有些色彩的联想是有共性的。另外，对色彩的联想，由于社会习俗的不同会形成一种习惯，一种约定俗成的规律，这就是色彩的象征性。不同民族、地区，色彩的象征意义又会有所不同。

色彩的联想　　表2-3

颜　色	抽象联想	具体联想
红	热情、革命、危险	火、血、口红、苹果
橙	华美、温情、嫉妒	橘、收获、秋天
黄	光明、活泼、快乐	光、柠檬、秋叶
绿	和平、成长、安宁	植物、大地、田园
蓝	沉静、悠远、理想	水、海、天空
紫	优雅、高贵、神秘	葡萄、三色草
白	纯洁、神圣、朴实	百合、雪山、白云
灰	平凡、忧郁、朴实	乌云、水泥、阴天
黑	严肃、死亡、罪恶	夜、煤、墨

色彩的情感与人的性别、年龄、阶层、职业、环境、地域、民族等因素密不可分。不同的人对颜色的喜好是不同的；不同的国家和地区在色彩使用上也有自己的偏好。但总的趋势是：共性在增强，个性在不断减少甚至消失。

（2）典型色相的色彩心理

颜色对人的情绪影响是以对色彩的联想为媒介的，颜色本身只是一种物理现象，但色彩却能影响人们心理。这是因为人们长期生活在一个色彩世界中，积累了许多视觉经验，一旦视觉经验与外来色彩刺激产生一定的呼应时，就会在人的心理上引起某种反应的共鸣。这种影响同人的知觉经验、环境、情绪等多种因素有关，不同的人或者同一个人在不同时候看到某种颜色时的感觉是不完全一样的。同时，色彩富有表情，能让人产生强烈的心理感受。而六个基本色相的心理效应是色彩感情性表现的重要基础：

①红色

在可见光中，红色的波长较长，彩度高，视觉刺激强，因此红色使人感觉活跃、热烈。同时红色又易使人联想到血液和火焰，因此使人感到一种生命感、跳动感。红色明度适中，不像黄色那样明亮，因此感觉较有分量、饱满、充实。

由于这些特点，红色使人感觉富有朝气，使人感到热情、激昂，又使人感觉发达、向上。所以在我们传统观念中，红色往往与吉祥、好运（红运）、喜庆相联系在一起。红色又是鲜血的色彩，因为红色能见度较高，常用于危险信号，在某种情况下红色又使人感到恐怖、危险、残酷、血腥；红色统率力、冲击力强，又有分量，所以使人联想到某种强烈的欲望，具有占有统帅空间的特性。

②黄色

黄色的明度和彩度都较高，因此是非常明亮和娇美的颜色。黄色往往与强光相联系，有很强的光明感，同时使人感到明快和纯洁。幼嫩的植物往往呈现浅黄色，因而黄色又使人有新生、单纯、天真的联想。由于黄色明度高，所以与红色相比，黄色使人感到更加轻快、敏锐、单薄。如黄色与带冷味的中或高明度灰和白相搭配，会使人感到空虚与贫乏。中明度偏暖的黄色往往使人联想到黄金等物体，因此黄色又使人感到高贵。黄色又与结束生长的衰败、枯萎和成熟相关联，也可以使人联想到成熟、落叶等。因此，黄色在不同的搭配中会使人产生不同的联想。

③橙色

橙色兼有红色与黄色的优点，明度也在红色与黄色之间，红色的热情被黄色的色相与明度所改变，而变得柔和，使人感到又温暖又明快，因此，橙色是人们更易于接受的颜色。一些成熟的果实往往呈现橙色，一些富有营养的食品（面包、各类糕点）也多呈现橙色，因而橙色又易引起人们关于营养、香甜的联想。

④蓝色

蓝色是冷色的极端，它显得沉静、清澈，往往具有睿智的特性。苍天、大海是蓝色的，因而蓝色容易使人们产生高远、清澈、空灵的感觉。它与红色的热情是对立的，客观存在、静默清高、远离世俗的意境，使人感觉清净超脱。蓝色的明度偏低，与深色相的色彩配合常表现出暗淡、低沉、郁闷和神秘的感觉，与某些冷色相配合又易产生陌生、空寂和孤独的感觉。

⑤绿色

绿色既具有蓝色的沉静，又具有黄色的明朗，这两种感觉的融合形成绿色的稳静与柔和，因此也是易于被人们接受的颜色。绿色是大自然的色彩，因此它具有平衡人心境的作用。绿色又是农田树木的色彩，常表现出生机盎然、生机勃勃的感觉。绿色与黄色相配合，可以产生明快的感觉。绿色具有中等明度，如把明度降到中低阶段，与重色配合可以产生稳重、浑厚、高雅的感觉，也容易产生郁闷、苦涩、低沉、消极及冷漠的感觉。相反，若把绿色明度提高，可使人感觉到清爽、典雅。

⑥紫色

紫色的明度和彩度都低，其中明度是彩色中最低的。紫色在理想的对比中，会表现出优美和高雅的气度。由于它含有红色的颜色成分，又具有蓝色的某些特征，因此显得很有分量，有种雍容华贵的感觉。尤其与黑色、金色对比，可加强这种感觉，但需要适当提高它的明度使它醒目突出。紫色与黑色搭配往往产生低沉、阴气、郁闷、烦恼和神秘的感觉。提高紫的明度可以产生妩媚、优雅的感觉，降低明度后其极易失去色彩性。

（3）色彩的搭配

两种以上色彩组合叫作配色。配色既要汲取自然界中的现成色调，随春、夏、秋、冬四季而变化（自然界的种种变化都是配色的实例，也是最佳范例），又要对人工配色实例理解、分析及记忆，从而形成自己的配色方法。色彩的搭配主要应注意以下几点：

①主从感

在配色时，要有主次感，主色调占优势，起支配作用。和谐统一是人类追求色彩美的最高境界，自然界中的色彩是丰富的。设计人员应将色彩进行有序、合理的组织与安排，给人一种美的享受，使人感觉愉悦舒畅。同时以一种色调为主要色彩，其他色对比点缀，形成既变化又统一的色彩关系，可达到较为理想的配色效果。

②色彩的冷暖

一般而言，暖色可产生温暖气氛，适合于交谈、聚集的场合；冷色易产生凉爽感，适合学习、安静、休息的场合；中性色明快自然，适合散步、休闲的场合。

③色彩的深浅

色彩的配色要视周围环境而定，一般深色有下沉感，有拉伸空间的感觉，如在明度较低的深色环境中，适当点缀明度较高的色彩，会有极强的视觉冲击力，可以起到活跃景观气氛的作用。浅色，如木本色、白色等能产生一种平静开阔的空间感。由于是强对比调节，两色的出现既要注意节奏，也要注意与其他色彩的呼应，否则会有不协调的感觉。

④变色

变色是指有些材料，长期暴露在日光下会因氧化作用致使颜色发生变化，因而在选择色彩时，要考虑到变色与褪色的因素，才能使景观保持长久。

⑤使用者的习惯

人类所面对的色彩大体来说是相同的，但由于民族、地域、兴趣爱好等方面的差异，在色调的组织与配置上都有其不同的特点。因此，色彩设计应结合不同国家、不同民族的风俗习惯来进行。由于地域、文化背景不同，人们对色彩都有着自己的偏爱，因此，色彩设计还要体现区域文化及其区域审美情趣与需求。

⑥人的心理、生理

如前所述，不同的色彩会给人带来不同的心理与生理反应，让人浮想联翩。因此，在景观环境设计中，需要根据环境的不同功能以及人们在这样的环境中心情的变化，合理进行环境色彩的配置。

景观环境是立体的，由不同形状、特征、材质的物体构成，其中色彩设计和美术组织色调不完全相同。只有根据环境空间并结合材料的特性对色彩进行提炼组合，才能创造美好的景观。

（4）景观色彩的造型特点

一般来说，当我们观赏一幅画时，画面图形和背景的关系是固定的，图形就是图形，背景就是背景，无论近看或远看都不会改变这种既定关系。但在景观环境中，情形则显得复杂得多。建筑物在某种景观范围内是图形，在另一种景观范围内则是背景，这种相对的关系体现着背景和图形的相对性。景观环境的图形特征与视点距离、环境和自身特征相关。在一定距离观看时，建筑物会具有图形效果；当视距拉近，背景图形关系会发生变化，当建筑物的周边轮廓接近视场边缘时，建筑物的墙面则变为背景，建筑物前的小雕塑、花坛、水池、面上的小型构件和细部构造却成为图形。

在自然环境中，个别的、孤立的建筑物通常具有图形效果，这时，建筑物的色彩即图形的色彩。在建筑密集的城市环境中，身着各色服装的人群、汽车、引人注目的广告牌等通常构成景观的中心，街道后面的建筑一般是作为背景的。灰色调建筑容易成为色彩艳丽建筑的背景；大体量、大面积的建筑往往成为小建筑的背景；整体建筑物通常作为局部建筑物的背景。

同时，景观形态又是处于时间、空间中的，其色彩也必然受到时间和空间的影响，即景观色彩具有时空可变性。人与景物的距离及观察角度的不同，对色彩的表现效果会产生不同程度的影响。

季节和天气的变化都会使景观处于不同的景色陪衬之下。其中，阴晴雨雪的天气变化对景观色彩的影响相对较大。晴天太阳光线一般是极浅的黄色，日出后2h显橙黄，日落前2h显橙红。阴天的时候，太阳光通过云层的折射，光源显出冷色调，使景物的色彩笼罩在清凉的色调之中。

景观色彩具有空间效果。景观造型形态因其立体结构的空间特性，在相同光源的照射下，同样色彩的景观形体表面，由于受光条件的不同会呈现不同的色彩差别。我们正是通过这些差别，区分出平面和立体，感知景物的体积和量感。此外，落影、倒影对景观色彩造型的影响，使其变得更加具有趣味性。落影使景物受光面增加了明暗对比的效果，同时，落影的形状还使得景观造型变得更加丰富。设计师对落影进行精心设计，可创造出奇妙多样的阴影造型。倒影在景观造型设计中的成功运用更是不胜枚举，其色彩使景物更具魅力。

景观色彩的时空变化性在玻璃幕墙的建筑中得到了最生动的表现。美国著名建筑师西萨·佩里成功地运用玻璃幕墙展示气象万千的景观，人们从中可看见曙光与夕照的美景及闪烁迷离的城市奇观。景观色彩的时空变化性以及背景和图形的相对性使单调的色彩产生许许多多的变化。我们从景观的色彩变化中，不仅得以识别形体空间，而且可以从中感受到生机与活力。

2.2.5 隧道洞口常出现的视觉适应现象

驾驶员在行车通过隧道的整个过程中，其视觉感受与行驶在一般道路上有较大不同。整个过程将产生很多特殊的视觉现象，例如视错觉现象、明暗适应现象以及眩光现象等。通常这些视觉现象是公路隧道洞口段安全行车的隐患，因此在公路隧道洞口景观设计时，需要特别考虑驾驶人和乘客的视觉适应过程。

（1）视错觉现象

人类的知觉是一种主动探索信息的过程，只有那些能引起我们兴趣的事物才能进入我们的记忆，由于知觉过程涉及大脑对环境中信息的处理，即使这个对象并不是人们所预期的，只要它具有某种独特性质，就会被视觉反应系统处理，基于视觉形成的复杂性，有时会发生视错觉现象。一般来说，公路运营中可能出现的视错觉现象都可能在隧道洞口发生，但鉴于隧道洞口可作为参照物，因而可在一定程度上避免或减轻某些视错觉现象。

①速度判断错觉

对向来车的速度判断错觉：驾驶员对对向来车的速度进行判断时，容易把高速估计得过低、把低速估计得过高。在一项抽样试验中，驾驶员均表现为对低速估计偏高，对高速估计偏低，而且年龄大的驾驶员对速度的估计呈偏低趋势。

速度适应性造成的错觉：人的视觉对速度存在适应性，如驾驶员长时间以某一固定速度行驶之后，会觉得车速没有开始时那样快，这是由于速度适应性造成的错觉。速度适应性会影响驾驶员正确地进行速度判断。通常，驾驶员具有低估实际车速的倾向，且行驶距离或时间越长，这种倾向越严重。

②时间判断错觉

在行车过程中，时间知觉也是很重要的，尤其是在高速行驶时，如果不能在必要的时刻精确地掌握和及时发现交通情况，就不能迅速准确地采取应急措施，因此正确感知时间是保证行车安全的重要条件。而实际上，人们对时间的估计常常出现错觉，通常短于 1s 的时间间隔被估计的偏长。人的情绪、兴趣、活动安排等都会对时间估计产生影响。

（2）明暗适应现象

据不完全统计，当隧道长度占线路长度的5%时，于隧道内发生的交通事故约占全线的25%；当路线长度占比达到20%时，隧道内的交通事故约占全线的50%。另外，隧道内的交通事故约70%发生在隧道进口和弯道处，发生在隧道进口处的事故占比约为61%。其主要原因是隧道自身的构造物特点所引起的“黑洞现象”（长隧道）、“黑框现象”（短隧道）。驾驶员从明亮环境到黑暗环境或从黑暗环境到明亮环境都有适应过程，这种对光线强弱变化的适应能力称为“适应”。从暗处突然到亮处称为“明适应”，从亮处突然到暗处称为“暗适应”。明暗适应均是眼睛要适应光线的突然变化。明适应时间较短，只需几秒到1min，暗适应时间相对较长，一般而言，适应时间短则几分钟，长则达半小时之久。

“黑洞效应”或“黑框效应”：白天，驾驶员驶入隧道前，由于隧道内外亮度差别极大，所以从隧道外部去看照明很不充分的隧道入口会看到黑洞（长隧道）或黑框（短隧道）现象。夜间，驾驶员在隧道出口看到的不是亮洞，而是黑洞，这样就看不出外部道路的线形及路上障碍物。

“白洞效应”：这种现象可能发生于白天，也可能发生于夜间。白天，汽车穿过较长的隧道接近出口时，由于通过出口看到的外部亮度极高，出口看上去是个亮洞，出现极强的眩光。在夜间，若隧道内部照明过强，在进入隧道时则易看上去为“白洞”甚至“彩洞”。

“适应滞后”：例如，汽车由明亮的外部进入即使不太暗的隧道以后，也要经过一定时间才能看清隧道内部的情况。这是由于环境亮度急剧变化，人的视觉不能迅速适应所致。

（3）眩光

眩光是一种由光照强度突然变化引起的视觉功能失常的现象，是光线在眼球内角膜与网膜之间的媒介质中产生散射现象而引起的反应，主要是夜间行车的驾驶员由于受到一些道路照明器具或对向来车灯强光直射眼睛所造成。引起眩光的主要因素有光源的宽度、光源外观的大小、光源周围的亮度等。眩光的视觉效应主要包括使暗适应破坏，降低视觉效能，产生视觉障碍和分散注意力。研究表明，驾乘人员在夜间行车过程中，若持续产生 20min 左右的眩光现象，则其驾乘操作判断失误的概率会明显增加。由此可见，眩光是夜间安全行车的隐患。为了减少眩光的影响，景观规划中可采取在公路中央分隔带设置合理的植物屏障等措施。

景观设计的根本原则只是把一个系统调整和应用到另一个系统中，使对比的事物形成和谐的关系，从而产生更高级的统一，即“秩序”。

——斯坦利·怀特

隧道洞口景观简介及评价

“景”可以指一切客观存在的事物，对于隧道洞口而言，“景”代表的便是隧道洞口范围内一切客观存在的事物；“观”即人对“景”的各种主观感受的结果，代表大观、奇观、壮观等。景观可理解为景与观的统一体，而人们在狭义上理解的通常与“风景”（Scenery）同义或近义。

“须承认，我们600多个城市已经基本失去了个性，文脉模糊，记忆依稀，历史遗存支离破碎，文化符号完全混乱……光怪陆离、平庸粗鄙的建筑充塞着我们的城市。”著名作家冯骥才曾如此评价我国目前的城市景观现状，而隧道洞口景观的现状目前也面临和城市景观相同的问题。新中国成立以来，由于受技术条件的限制和人们对于隧道景观美学设计认识的不足，致使隧道洞口景观的设计相对单调，洞门结构的设计大多也只是考虑其功能性，而很少考虑美学与生态因素，设计理念相对简单粗糙。

公路隧道除了使用价值外，还应具有美学价值、历史见证的价值、记忆的价值、研究的价值，当然也有旅游的价值，因此隧道洞口景观设计应充分考虑其综合价值，不能只重视其使用价值，设计中应将生态景观设计和美学设计理念融入其中，形成综合性的、完整的隧道洞口景观。近些年，国家从战略发展层面将可持续发展、生态环境保护、文化建设提到了新的高度，生态环境保护理念也已逐渐被引入公路隧道设计和建设中，但相比之下，景观与美学设计理念在我国仍然处于萌芽期，关于公路隧道洞口景观生态设计与美学设计方面的研究还较少。

反观国外，20 世纪 60 年代起西方国家（以美国为代表）就开始重视道路景观的美学价值，对位于风景区和具有人文特色区域的道路则尤为重视。日本从 1995 年就从心理学、美学、方法论的角度对隧道洞口景观展开研究，扩展了隧道洞口景观的研究内容，极大地推动了隧道洞口景观的研究进展，也主导了近些年来隧道洞口景观的研究方向。

3.1 隧道洞口“景”的要素构成及表达

3.1.1 “景”的要素构成

从人类开发利用和建设的角度来分，景观分为自然景观和人文景观。自然景观是指只受到人类间接、轻微影响，原有自然地貌未发生明显变化的景观，如极地、高山、荒漠、沼泽和热带雨林、平原、山区、草原、森林、河流、大海等。人文景观是指受到人类直接影响和长期作用，使自然面貌发生明显变化的景观，如城市、村镇，有时也指人类为满足物质和精神生活需要，用自己的智慧和双手创造的各种建筑物、雕塑、水利电力设施、交通设施、庙宇等社会文化艺术景物。

无论是铁路隧道还是公路隧道，绝大多数洞口所处的初始环境是有原生植被覆盖的。尽管就场地条件来讲，隧道洞口构筑物的体量相对其所处环境较小，但在自然环境中，因其材料体形成的人工痕迹，其视觉感受就显得较为突兀。同时，当人们经过隧道时，其认知是随着视点的位置、距离的变化而变化的，从远处看隧道时，隧道是作为整个洞口环境的一个“点”，而接近隧道后，隧道可以看成一个建筑物，一个“面”或“体”。因此根据人对环境的认知过程，大部分隧道洞口景观要素可分为三个层次，即“点”的要素、“面”的要素、“线”的要素。“点”的要素指洞门的设计，“面”的要素指周边环境的设计，“线”的要素指全线的风格设计。总结其中主要的景观要素，依次定义为直接景观要素、间接景观要素和相关景观要素（图3-1）。

综上所述，根据隧道洞口审美的特殊性，从景观设计的角度出发，将隧道洞口的景观设计由构筑物简单的一个“点”扩展到包含周边一定环境的“面”，将洞口景观从简单的构筑物体形、材质、色彩、比例等因素扩展到洞口景观与周边环境在保证驾驶员视觉舒适感、行驶安全感前提下的整体协调性，营造出“景中有境、境中有景”的意境，这才是真正意义上的隧道洞口景观设计，同时也应该成为景观要素分解过程中需要考虑的层次。

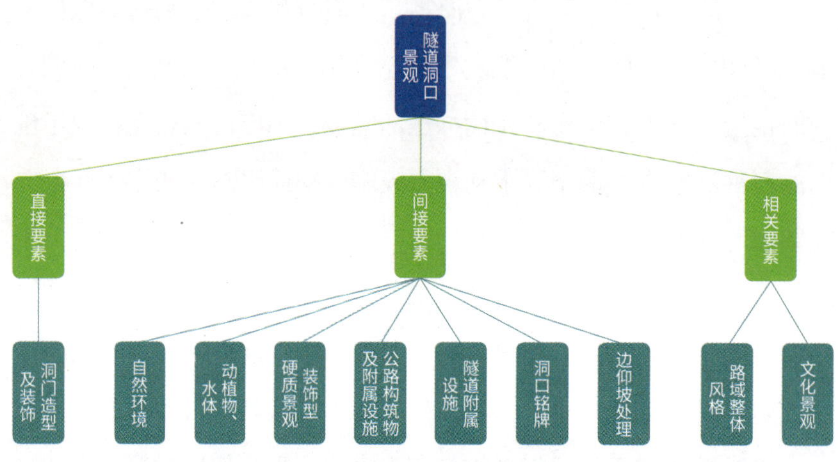

图 3-1　隧道洞口景观的要素分类

（1）直接要素（“点”）

直接要素是指隧道洞门范围内的景观要素，主要由洞门造型和装饰组成。需要说明的是，洞口结构对于变化着的人的视点而言，其作为“点”只是对于远观而言的，当人们在接近洞口的过程中，它是由点到面变化的，因此洞门结构既是“点”的要素，也是“面”的要素，在设计时要同时考虑到这两个方面。此处为了划分方便，将其暂时纳入“点”的要素。

当前我国隧道洞门结构在形式上大多可分为墙式和突出式两大类，这两类又可细分为直线端墙、拱形端墙式、翼墙式、柱式、环框式、削竹式、喇叭口式等形式。由于隧道洞门结构形式各异，且洞门结构的装饰还要考虑其周边环境，因此其装饰方法也是各不相同。该部分内容在第 5 章将进行重点介绍。

（2）间接要素（“面”）

间接要素指洞口环境中除了洞门结构以外的周边环境部分。间接要素包括实用型硬质景观、装饰型硬质景观以及软质景观。

实用型硬质景观包括边仰坡防护、洞口铭牌、公路及附属设施、隧道附属设施等；装饰型硬质景观包括小品建筑、雕塑和雕刻、壁画、园艺小品（假山置石、景墙、花架、花盆）等；软质景观包括动植物、水体等自然景观。

（3）相关要素（“线”）

相关要素即赋予人文气息的文化景观及路域整体风格。隧道洞口景观中，不仅包含了物态景观（直接与间接要素的直观视觉感受），同时也包含了精神文化景观。从狭义的角度看，相关要素只体现在装饰型硬质景观上；而广义上看，相关要素则体现在隧道甚至公路景观所有要素的精神层。

需要注意的是，此处所讲的“点”“面”“线”与景观学中的常规认识（景观设计中，一般组成为由“点”成“线”，由“线、点”成“面”）是有所不同的。本书中之所以如此划分，只是为认识方便的需要，这与大部分的隧道洞口景观审美特性是紧密联系并相符的。

对于某些特殊的隧道，其直接要素“点”会由于环境的特殊性或是设计者的主观爱好而发生变化（一般为增加），此时，“点”“面”的要素可能会交叉替换。这点内容将在后文中进行详细阐述。

3.1.2 隧道洞口“景”的特点

公路隧道，作为公路的一个特殊组成部分，具有类似公路、建筑等景观却又区别于其他景观的特点。

（1）显著性

指由于人的认知方式与隧道洞口在山体中的建筑印记，造成隧道洞口景观直接吸引人注意的特点，即“点”的特性。

（2）统一性

指由于隧道洞口与山体共同形成一个整体，从而形成一体化的景观特点，即“面”的特性。

（3）空间感

人们在视觉移动过程中，随着视点的变化，必然引起隧道各部分空间形象关系的变化。远视时可能看到的是整个山体，近视或者进入隧道时又可能由于空间太小而使人感到压抑。

（4）意象感

隧道，代表着神秘感，代表着时间与空间的通道。因此，隧道洞口结构的造型，往往会由其表象很快渗入到审美主体（即驾乘人员或其他观察到隧道的人员）的想象、情感的思维中，很容易激起心灵的反应和回响，其具体结构也许很快便会成为人们对抽象新意向的引路牌。

（5）力度感

隧道犹如一条长龙，用躯体支撑起整个山体，以便保护人类，因此隧道往往会给人一种巨大的力量感。

（6）趋同性

除了以上特点之外，由于隧道结构往往是具体的，它在美的自然性、功能性有自己相对独立的审美标准和评判价值，必须服从基本结构体系的特点，因此设计者在个性化设计方面能发挥的空间较为狭窄。但对于洞口景观而言，在人们充分认识到其美学设计重要性后，就显示出了较大的个性发挥空间。

3.1.3 洞口“景”元素的表达

梁思成说：“建筑是历史的载体，建筑文化是历史文化的重要组成部分，它寄托着人类对自身历史的追忆和感情。”而隧道洞口，作为一种特殊结构的建筑物，以一种无声的语言向人们传达设计者对这个世界的理解。作为综合价值的载体，隧道洞口景观不论在意境层还是意象层，最终都需要通过形式层表达，即设计的理念最终均需借助构筑物本身的形态以及其与周边环境之间的关系等进行反映。

（1）隧道洞口景观的表达手法——形式美的方法

由于隧道洞口视角变化的特性，其呈现在行车人眼中的是一幅幅由远及近或逐渐远离的图像，行车人在经过隧道时，如果用照相机进行连续拍摄，则会得到一幅幅平面照片，因而隧道洞口景观元素的表达，便可以借助形式美的方法来实现。

形式美是指构成事物的物质材料的自然属性（色彩、形状、线条、声音等）及其组合规律（如整齐一律、节奏与韵律等）所呈现出来的审美特性。形式美的构成因素一般划分为两大部分：一部分是构成形式美的感性质料，在隧道中体现为景观要素的个体，另一部分是构成形式美的感性质料之间的构成规律（即个体之间的组合方式）。

需要说明的是，形式美的规律是人类在长期生产实践中发现的客观现象。虽然个体差异会导致审美观念的不同，但这与形式美的规律性是两个不同的范畴，前者是主观、相对的，而后者是客观存在、绝对的，形式美的规律表现在所有具体艺术形式中，即绝对寓于相对。形式美的常用手法有：

①多样性与统一性关系

景观设计的统一性是指形状、色彩、声音的协调，这种协调通过景观局部构件尺寸、形状、色彩之间的相似关系、共性关系予以实现，从而使个体显得不孤单，变得更加整体、有机。

如图 3-2 和图 3-3 所示是辽宁丹本高速公路上的隧道洞口景观。

图 3-2 多样与统一

图 3-3 人工痕迹小

丹本高速被誉为辽宁省最美的高速公路，全线隧道整体设计风格统一，具体表现为洞口构筑物、边坡、仰坡、绿化、导引、铭牌、照明等内容的设计风格统一协调，同时全线隧道洞口景观与周围环境非常融合，人工痕迹并不明显。

②主从关系

主从关系包括两种形式：一种是对称形式，这种形式在隧道工程中是较为普遍的，主要体现在洞口结构或隧道整体景观中。对称的构图形式主要表现为一主两从（图3-4）、一主多从的结构，主体部分位于中央，其他形成陪衬。另一种是非对称的形式（图3-5），这种形式比较自由、活泼。主从结构可以使景观形成视觉中心和趣味中心，产生强烈的视觉吸引作用。

图3-4 对称形式

图3-5 非对称形式

③对比关系

景观对比关系有大小对比、强弱对比(图3-6)、几何形式对比(图3-7)、色彩对比（图3-8）等形式。通过各种形式的对比，可以给人一种兴奋、生动、活泼而鲜明的印象，同时对比关系可以起到突出强调的作用，使人对特色关键点的感受更为强烈。

④韵律与节奏

韵律的基础是节奏，节奏的基础是排列。一般人们认为具有良好排列的事物有节奏感，同样对于良好的节奏，人们一般认为具有韵律感。韵律和节奏在景观的竖向设计和平面设计的形态中有多种多样的变化和体现，形成任何节奏和排列都需要具有间歇的相互交替。

如图 3-9 所示是四川省某高速公路上的隧道洞口景观，洞门优美的弧线能够和山势的舒缓背景相协调，整体性和序列上的统一体现了节奏韵律的美感。隧道洞口与周围背景环境完美融合，给人一种视觉上的舒适感。

图 3-6 强弱对比

图 3-7 几何形式对比

图 3-8 色彩对比

图 3-9 韵律和节奏感

⑤比例与尺度

比例是指一个事物中的局部与自身整体之间的数比关系，是控制景观自身形态变化的最基本手法之一。合理确定景观比例，可以取得较好的景观视觉表现效果，在景观设计中，任何组合要素本身或者是局部与整体之间，都可以分析出存在的某种确定的数的制约及数比关系。

尺度是指以人的自身尺寸与物体尺寸之间所形成的特殊数比关系。尺度控制在景观设计中起着非常重要和关键的作用。高速公路隧道洞口景观的尺度不是人们普遍接触的普通人机工程的尺度关系，它具有较大尺度的关系，对于驾乘人员来说只是远距离观赏，而不可能参与其中触摸、接触景观，因此其尺度关系就很特殊，应参照隧道周围的环境来把握。

如图 3-10 所示是云南省某高速公路的隧道洞口景观，洞口结构在体型上比例良好、匀称，与周围环境相协调，给人和谐安定的感觉和视觉上的舒适感。

如图 3-11 所示是在尺度把握存在一定问题的隧道洞口景观，隧

图 3－10　云南某高速公路的隧道

图 3－11　尺度把握

道洞门端墙上的人物壁画造型，在光秃的背景下，显得有些突兀，色彩刺激性较强，可能导致驾驶人员厌烦抵触情绪的产生。

因此，形式美的基本理念可归纳为统一、调和、对比、对称、均衡、比例、韵律、反复、渐层和联系分隔十大法则，如表 3-1 所示。

形式美的基本法则 **表 3-1**

法 则	说 明	表现特点
统一	造型统一、材料统一、线条统一、局部与整体的统一	这不仅表现在视觉上的统一（即形象、色彩之间的相互关联、有秩序有条理），也表现在“神韵”的统一，使得景观整体变得互相联系，营造出众多看似孤立的意象，实则相互暗含、衬托的意境
调和	画面中各个组成部分整体上达到和谐一致，并且能给人视觉上一定的美感享受。 调和对象包括体形、色彩、线条、比例、虚实、明暗等，景物之间的相互协调必须相互有关联，而且含有共同的因素，甚至共同的属性。以自然景观、机能效果以及与外界的和谐程度三者结合起来评价，称为“适合度”（Suitability）。从这个适合度可以得到比较客观的评价。国外认为凡是适合度高的景观，统一和谐的程度也越高	调和是在差异中趋向于“同”，调和使人感到融合、协调，在变化中保持一致。调和是构成美的对象，在内部关系中无论质和量都相辅相成，互为需要，其矛盾形成秩序的动态，是一种变化的美
对比	手法包括： (1)烘托手法（植物烘托植物，植物烘托建筑）； (2)优势手法：主景与陪景对比时主景须有绝对优势，可利用面积、数量、鲜明的色彩或高耸的体型等表现； (3)大小面积对比手法； (4)明暗对比手法； (5)背景对比手法	通过各种形式的对比，可以给人一种兴奋、生动、活泼而鲜明的印象。同时对比关系起着突出强调的作用，使人感受更为强烈。合理运用对比手法，合理利用人的视觉、色彩和心理学理论，建造舒适、和谐的隧道洞口景观

续上表

法 则	说 明	表 现 特 点
对称	以形象、色彩、重量等在不同位置上的相同来求得统一，引起对称感的实体可以是一对同属性的物质，亦可是不同属性的物质。这种对称又常常称为均衡或平衡	对称给人具体、严格的感觉，甚至是生硬的，对称（绝对的统一）主要是指在形状、重量、面积、位置上的统一平衡
均衡	与对称法则紧密相连	均衡是较对称有变化，比较自由，可以说是对称的变体，特点是两侧的形体不必完全等同
比例	一个事物整体中的局部与自身整体之间的数比关系	比例为形与量的相称，黄金分割比（5 ∶ 8）最能引起美感，给人以和谐安定之感。正确确定景观比例，可以取得较好的景观视觉表现效果
节奏与韵律	在节奏的基础上赋予一定情调的色彩便形成韵律。节奏的波动，如线、色彩的反复、重叠以及错综变化，可使人内心兴起轻快、激昂等感觉。由于节奏的应用，可使复杂的材料，不致散漫或杂乱	韵律能给人以情趣，满足人的精神享受
反复	为表现某个特殊的形体或意象的特点，有次序的单向或多向反复	“反复”是同一形式的连续出现，如各种两方连续的花边纹饰。反复能给人以秩序感，在反复中还能体现一定的节奏
渐层	含有等级、渐变的意思，将同形、同色的物体，加以层层的渐次变化，如形状由大而渐小、色彩由淡而渐浓等	形状、颜色过渡时衔接自然，有层次感，富有节奏感
联系分隔	联系和分隔是相对的，相辅相成，其中联系包括有形和无形的联系。前者指有具体轮廓、外形的具体事物，其属性可以是规则或不规则的；后者涉及交通、生活等功能需要的各种自然条件下的景观组成部分	联系和分隔可以使空间具有层次感，既能满足使用要求，又能创造出美感、情趣、意境

（2）公路隧道洞口景观常用表达形式

景观设计从创造与周围环境协调的角度出发，使隧道洞口的设计在满足基本功能的同时，既能与周边环境有机融合，又能成为周边单调景观的亮点。

而本节主要介绍的是目前隧道洞口景观常用的表达形式。

隧道洞口的景观设计在尊重形式美的基本原则的基础上，还应充分结合洞口这一特定构筑物的特点，表达个性。公路隧道洞口景观常用表达形式如表 3-2 所示。

公路隧道洞口景观常见表达方式　　表 3-2

<table>
<tr><th colspan="3">设计参量</th><th>显著形式</th><th colspan="2">特征</th><th>洞门代表</th></tr>
<tr><td rowspan="7">直接要素（点）</td><td rowspan="7">洞门结构造型</td><td rowspan="3">形状（正面）</td><td>直线</td><td colspan="2">简洁、清晰、均衡、稳重、结构感强</td><td>框架式等</td></tr>
<tr><td>曲线</td><td colspan="2">温柔、优雅、多情、动人、令人愉悦</td><td>减光棚式、削竹式、环框式、喇叭口式等</td></tr>
<tr><td>直、曲混合</td><td colspan="2">主次分明、顺势而为，宏伟、壮观；直观特征依赖组合的完美程度</td><td>端墙式、台阶式、拱翼式、城堡式等</td></tr>
<tr><td rowspan="3">形状（侧面）</td><td rowspan="2">直线</td><td>顺应地形（嵌入）</td><td>若无翼墙，则简单、自然和光滑，人工痕迹感受小；
若有翼墙，则安全、稳定、厚重、压力感强</td><td>削竹式、天然洞门、翼墙式</td></tr>
<tr><td>逆向地形（嵌入）</td><td>安全、冷酷，与桥梁连接效果好</td><td>帽檐式，（逆削竹式）、环框式</td></tr>
<tr><td>曲线或不规则形</td><td colspan="2">灵活、韵律、特色感强</td><td>异形、喇叭口式等</td></tr>
<tr><td>局部造型</td><td></td><td colspan="2">在确保结构安全的同时，端墙或其他部分结构的形状可以通过改变几何类型、张贴仿石头来改变，美化洞门</td><td>各类洞门</td></tr>
</table>

续上表

<table>
<tr><th colspan="3">设计参量</th><th>显著形式</th><th colspan="2">特征</th><th>洞门代表</th></tr>
<tr><td rowspan="2">直接要素（点）</td><td rowspan="2">洞门装饰</td><td rowspan="2">颜色（与材质或饰面材料有关）</td><td>单色</td><td colspan="2">一般是无饰面或使用单一的材料（如水泥、瓷砖、装饰板、喷漆等）对洞门进行饰面，或洞门直接采用混凝土、砂石或天然石材构建，并且一般采用柔和的颜色，如灰色，避免视觉上的突兀感。
直观感受：结构清晰、轮廓感强、单调、柔和、稳重</td><td>端墙式、翼墙式、削竹式、环框式</td></tr>
<tr><td>多色</td><td colspan="2">常常利用形式美的原理，进行调色设计（多样与统一、主从、对比、韵律、比例）；
(1)对比、突出、强调；
(2)和谐、温暖、人性感强。
直观感受：艺术感强、刺激、娱乐、闪烁、晕眩</td><td>各类洞门</td></tr>
<tr><td rowspan="3">间接要素（面）</td><td rowspan="3" colspan="2">背景环境（边仰坡处理）</td><td>活泼、多样</td><td colspan="2">仰坡以倾斜或垂直面迎接行人，主要手法是“破”，将大化小（如仰坡防护墙），减低“面”的单调、呆板及压迫感。对高差较大的台地，化整为零，分成多阶挡墙，中间设平台绿化，通过绿化手段软化墙面的硬质效果。
化直为曲：曲线比直线更能吸引人的视线，给人以舒美的感觉，在一些特殊场合，为解决地坪高差，可将挡墙设计为曲线或折线，增强动感</td><td>台阶式、翼墙式、拱翼式等</td></tr>
<tr><td rowspan="2">调和、统一</td><td>绿化恢复</td><td>这是最常见的处理方式，其特征往往是采用当地植物、树种的栽培，来达到视觉上的原生态性</td><td>各类洞门</td></tr>
<tr><td>造型设计</td><td>边仰坡若进行专门造型设计，则应与所处位置及背景相呼应。如城市背景主要体现都市的特点</td><td>城堡式等</td></tr>
</table>

续上表

设计参量		显著形式	特征	洞门代表
间接要素（面）	洞口铭牌	对比	常见的是刻在隧道上方或挂匾的方式，体形过大时，景观效果可能不理想。 特征：朴素大方、简单醒目	各类洞门
	洞口构筑物（隧道附属设施、公路构筑物及其附属设施）	有机化	包括长大隧道中的换气塔、管理用房，桥梁，互通立交以及在城市环境中的建筑物、过街道以及其他隧道及道路附属构造物等。因与构筑物结合，隧道洞口的体量增大，审美的复杂度增加	
	动植物、水体等自然环境	生态保持、环境保护	自然美、原生态美、和谐美；可使人身心放松、改善缓解心情	
间接要素（面）、相关要素（线）	装饰型硬质景观	园艺小品（假山置石、景墙、花架、花盆）	作为点缀，进行点的造景； 避免单调、乏味，缓解疲劳	
		雕塑	(1)造景（纯视觉）； (2)抽象和概括民族文化、地域文化、历史文化、典型景观。 明喻是一种典型的象征手法，比较易于理解，常用壁画的方式表达地区的文化特征。象征手法也可以通过暗喻的方式实现，其重点是挖掘环境和地方文化的特征，通过理解“文脉”，表达“文脉”，彰显文化内涵	
		小品建筑		
		雕刻、壁画、浮雕等		

其中，对于色彩与肌理，其应用范围不限于表 3-2 中的洞门部分，对于洞口背景或其他构造物等同样适用。

①色彩

隧道洞口的色彩可以是多样化的，最常用的色彩是材料的本色，如混凝土的青灰色、毛石的自然色泽、砖的色彩等，多数颜色与材料的选择密切相关，因石材和新型材料的应用，出现了各种颜色，给原有景观带来新色彩（图 3-12）。一般说来，色彩的使用宜单纯，不应采用纯度高的明亮色，避免视觉上的突兀感，颜色的使用宜控制在两种以下。

还有一种方式就是局部采用色彩，如在突出部的口部局部采用强调色（图 3-13），利用色彩强调洞口的宽大感，利用局部的颜色导引车辆的进入，提高行驶的安全性。

色彩的使用可以产生两种效果：一种是强调，是为了突出；另一种是忽略，是为了掩盖人工痕迹。

图 3-12　色彩多样化

图 3-13　局部采用色彩、结构色调一致

②肌理

肌理指材料的表面属性，肌理的对比与变化主要体现在粗细、坚柔及纹理之间。一方面可以利用材料本身特点来谋求变化（图 3-14），另一方面也可用人工的方法来“创造”某种特殊的肌理效

果（图3-15）。一般说来，天然石材质感粗犷，人工斧凿后质感细腻，可塑材料质感则可“粗”可“细”。

图3-14 材料自然肌理

图3-15 人工肌理

通过人工方式改变材料肌理时，主要体现在材料表面纹饰的变化，如多种形式的层次实验设计可降低亮度并减轻洞口的压迫感。实践中多采用凿毛、横向线条和竖向线条等材料肌理的简单变化来降低大面积端墙产生的压迫感。日本在这一方面进行了系列实验，通过实验数据较科学地分析了端墙肌理和端墙辉度变化之间的关系。

近年来，一些新型材料的使用，给洞口设计带来了新的风貌，其金属、塑料甚至玻璃的质感在适当的场地条件下能够与城市的时代性和现代环境相适应。

3.1.4 隧道洞口景观的作用

人们于高速公路上行车，其感觉是因对象、景观而异的，例如，经过同样的路段、同样的时间，驾驶员与乘客、前排乘客与后排乘客、大客车与小轿车内的驾驶员或乘客，由于视角、车内空间环境、乘客本身心理及生理差异等因素，其对高速公路路侧景观的感受是不同的。而经过长途跋涉后，驾驶员与乘客长期密闭于车内环境、快速经过千篇一律的路侧景观时，很容易产生疲倦甚至晕厥等反应。

而公路隧道洞口景观，在应对这些问题方面具有特殊效果，结构新颖、形式美观适度、自然有机的隧道洞口景观往往会让人内心愉悦，从而避免出现审美疲劳，达到缓解行车劳累感的目的。

总体来看，公路隧道洞口，作为隧道的对外脸面与窗口，其景观的作用是不言而喻的，洞口景观与行车人、旅行观光人士、周边居民等都息息相关。

（1）消除旅行疲劳作用

在高速公路上长时间行驶，驾驶员容易感到疲劳，同时长途旅行也很容易让乘客产生乏味感，而隧道入口附近的优美环境可以对驾乘人员产生极大的视觉冲击，一个好的洞门景观可以成为驾驶员和乘客的兴趣点，给人以美的享受，使人内心得到放松，心情变得愉悦。作为功能与情感、技术与艺术、理性化与人性化的结合，隧道景观设计最终成果都物化为人们生活方式的载体，给予使用者（主要是驾乘人员及道路周边的居民）最大限度的关怀，缓解行人视觉上的疲劳感。

因此，建议在公路隧道洞口景观设计时，可以通过艺术性手法来增添趣味性，从而减少单调的感觉（图 3-16）。人性化的公路隧道洞口景观可以向驾驶员和乘客提供富有趣味性和愉悦感的驾驶体验，恰到好处的隧道洞口景观能从色彩或造型上给驾乘人员耳目一新的视觉冲击，激发其审美热情，在心理上消除烦躁的情绪，消除驾车的视觉疲劳，增加驾车的轻松度（图 3-17）。同时，驾驶员驶入隧道时，对洞口景观的欣赏会降低行车速度，保证隧道内驾驶的安全性。

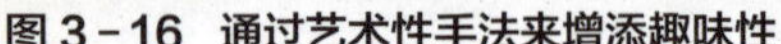

图 3－16　通过艺术性手法来增添趣味性

图 3－17　色彩或造型上使驾驶员耳目一新

（2）视觉适应作用

汽车从宽敞、明亮、开放的洞外驶入昏暗、狭窄、深邃的洞内，会在短时间内产生较大的视觉反差，驾驶员在生理和心理上都需要有一个调整和适应的过程。洞口段之所以是事故多发路段，其原因多种多样，但很大程度上是隧道洞口的特殊位置导致。驾驶员在驾车进出隧道时经常出现“黑洞效应”“白框效应”等不利于行车安全的现象，需要经历“暗适应”和“明适应”。调查研究表明，隧道进出口亮度的急剧变化，对驾驶员的心理和生理会产生很大的影响，极易诱发不良驾驶行为，甚至导致交通事故。一个良好的隧道洞口景观可提供渐变的照明过渡，既有利于视觉适应，同时也对安全行车有利，从而可以有效避免交通事故的发生。

在实际工程运用当中，通常可以采用建筑构造物达到减光的目的，把洞外亮度降低到较低的程度，使驾驶员在进入洞内时感受到亮度变化较为缓和，常用的洞口减光结构有遮阳棚和遮光棚（图 3-18）。除采用洞口结构物来进行减光外，较为生态和经济的一种方式是利用植被来进行减光（图 3-19），植物的反射光较裸露的岩石、土坡、建筑物墙面等的反射光要更加柔和，更容易给人带来舒适感。

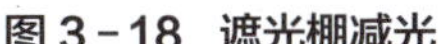

图 3-18 遮光棚减光

图 3-19 植被减光

（3）文化展示作用

文化具有历史性，随着历史的发展而不断地演变，记录了人们的生活、社会变革乃至时代变迁。所以，从历史的角度看，文化具有传承性，追求设计作品独创性的同时，设计者们要尊重地方文化，保持地方文脉的延续，充分吸收、借鉴、继承传统文化的优良元素。同时，文化的发展具有时代性，文化与社会的发展应同步。文化推动了社会发展，社会的发展也要求文化要体现时代性。

隧道洞口是隧道工程唯一的外露部分，也可作为文化的载体以及环境中的象征符号。将隧道洞口作为展现文化的窗口（图 3-20 和图 3-21），赋予洞口景观思想和内涵可有效提升公路隧道景观的文

图 3-20 藏族文化

图 3-21 客家文化

化品位。泱泱中华大地拥有着漫长悠久的历史文化和优秀灿烂的民族文化，中国的建设者们应注重文化的美学内涵，发扬和继承优秀传统文化，形成新的设计风格，向世人展示我国现代工程设计与传统文化相融合的独特魅力。隧道洞门的造型和装饰应增加隧道洞口的节奏感，还要展示地方文化，体现时代精神，从而激发人们的遐想。

（4）地标作用

中国许多地域都拥有自己独特的标志性特征，设计者可以用最简单的形态和最少的笔画来唤起对它的记忆，让人们一看到就可以联想到其代表的城市。例如，海南以其美丽的沙滩而著名，云南以石林和拥有 26 个少数民族而闻名，内蒙古以其广阔的草原而闻名等。作为线形景观的公路，隧道洞口景观宛如直线上的点，要使长线上出现景观的变化和增加辨识度，就需要通过特色的洞口景观来展现。

人们习惯于应用隧道洞口作为山脉、河流、历史名胜、村寨或风景名胜区的参考地标，隧道名称与当地文化象征、地方特征相结合，可以形成一个具有当地特色的集成地标。实际上，隧道经常以附近风景名胜或特殊景观来命名，一些位于特殊景区的隧道或到达景区路上的隧道，在洞口做一些具有景区特色的装点和修饰，会让人耳目一新，并对即将到达的景区有了更多的期待和憧憬，在一定程度上拓展了景区覆盖范围，这也是对景区一种无形的宣传。

如图 3-22 和图 3-23 所示是云南思小高速公路上两处典型的隧道洞口景观，其傣式建筑风格形象地展示了西双版纳地区独特的傣族文化，与热带雨林风光、乡土风情、人文景观融为一体。同时，也向过往行人暗示西双版纳就在眼前，起到了很好的地标作用。

图 3－22 当地地标

图 3－23 傣式建筑风格

（5）环境保护作用

如前所述，传统的隧道洞口边坡防护是通过喷射混凝土和注浆来进行的，这些做法破坏了自然环境，并对生态造成了长久的破坏。新的生态型隧道洞门景观观念应将更多的注意力放在维护和恢复边坡植被上，在满足安全、功能需求的前提下，尽可能地防止生态环境受到破坏，尽可能利用“自然元素”进行景观设计。同时，应充分尊重自然、尊重环境，协调人与自然的关系，做到人与自然和谐相处，把“人为元素”融入“自然元素”之中，如图 3-24 和图 3-25 所示。

图 3－24 “人为元素”融入“自然元素”

图 3－25 工程与自然协调

隧道洞口景观的生态设计可对生态环境形成有效保护，可以取得长期的生态效益。如今，大量建设项目投入大量资金用于改善被破坏的自然环境，在一定程度上是对社会资源的一种严重浪费，如果在设计开始就从生态保护的角度入手，就会节省较多的社会资源，创造更多的经济效益。

总之，景观设计只有在充分尊重自然、历史、文化和地域的基础上，结合不同阶层人的生理和审美需求，才能体现“以人为本”的真正内涵。

3.2 景观与地域文化

源远流长的五千年历史文化是中华儿女自豪的根本，文化作为时代发展的产物，其内涵可以从广义和狭义两方面来解释。从广义角度讲，文化是一个国家或一个民族在一定历史时期、一定社会经济背景条件下积累起来的优秀艺术成果的总和。从狭义角度而言，文化是凝结在物质之中又游离于物质之外的，能够被传承的国家或民族的历史、地理、风土人情、传统习俗、生活方式、文学艺术、行为规范、思维方式、价值观念等，是人类之间进行交流的、普遍认可的且能够传承的一种意识形态。

地域文化作为文化的一部分，是指文化在传承过程中，结合当地的地理环境、经济状况、人文精神等诸多要素所产生的具有独特地域特色的新艺术形态。与传统意义上的文化概念不同，同是作为经济发展的产物，地域文化更多地受制于地域限制和民俗风情要素，由于其文化滥觞的综合性，地域文化具有相对稳定性，不易受到人为变更。

高速公路除了具备交通功能外，还是人们了解沿途地区文化的“窗口”，高速公路的延伸，实际上也是地区文化的“释放”。人们可以通过高速公路这个信息链，将沿线的民俗风情“尽收眼底”，其中，高速公路中最直观的文化景观就是隧道入口，因此，地域文化在高速公路中的景观设计研究是时代的必然产物，作为高速公路形象展示的隧道洞口景观无疑成了主要的研究对象。

新设计理念的引入及审美价值的提高为景观设计与高速公路隧道洞口建设结合提供了新的契机，同时，为了彰显我国不同地域的深刻历史文化内涵，应将地域文化与高速公路隧道洞口景观设计进行融合，利用高速公路隧道洞口景观设计来重新诠释地域文化的独特性内涵，同时将地域文化依托于高速公路隧道洞口景观设计这种新的表现形式进行全新的演绎。

文化既是全球性的，同时也是地域性的，为方便景观设计者在不同地域进行隧道洞口景观相应的景观文化设计，本章节对地域文化的现状和发展进行了相应的总结，简单介绍了我国地域文化的概况。

3.2.1 地域文化

地域文化专指中华大地特定区域源远流长、独具特色，传承至今仍发挥作用的文化传统。地域文化的形成是一个继承、积累与发展的过程，近几十年来我国与世界经济、文化交流的日趋深入导致诸多设计作品都在不同程度上缺少独立思维，甚至曲解了传统文化和民族文化，或带有明显的主观色彩。譬如，在很多城市中存在这样的建筑设计：在高层玻璃幕墙建筑上盖一个琉璃瓦顶，与周围环境、建筑都格格不入，这就是对民族文化肤浅的理解。作为设计师，要深刻地认识到：唯有真正源于民族文化本土根基的设计，才是真正得体的设计，也才有可能成为伟大的设计。

司马迁曾经在《史记》中提到“十里不同风，百里不同俗”，风俗文化在地域上的差异较为明显。地域文化的差异在某些地区往往使隧道洞口景观形式产生巨大差别，同时，隧道洞口景观设计也可以作为展示所在地区地域文化的窗口。本章根据地域性差异对隧道洞口景观设计中所表现出来的不同文化特点进行点评。如表 3-3 所示。

中国地域文化的划分和特点 **表 3－3**

序号	名 称	特 点	代 表 地
1	燕赵文化	激越雄浑、清戾苍劲、质朴淳厚、不尚浮华、慷慨悲歌、好气任侠，同时融合了农耕文化与游牧文化	河北
2	三秦文化	民风耿直、尚武，求实尚孔的原朴风气，酷爱传统文化的怀古心态，色彩上尚白，又是多朝都城，中国文化的发源地之一	陕西
3	三晋文化	文化特质有四：民族融合性，兼容并包性，地域差异性和黜华尚实性；中华民族的根祖文化，并兼有外雄内秀的风范	山西
4	齐鲁文化	深受儒家思想影响的齐鲁文化、圣人之乡	山东
5	吴越文化	由早期夷越文化过渡为汉族文化，民风淳朴尚文，其建筑特点是简洁与精细	江苏、浙江
6	荆楚文化	“唯楚有才，于斯为盛”“绍兴的师爷湖南的将”——能文能武的部落	湖南、湖北
7	巴蜀文化	兼容、开放的文化。受巴蜀文化熏陶的四川人，文学气息浓厚；受巴蜀文化渲染的重庆人，胆大、心直、外向，多些叛逆的江湖气而少些规矩和儒雅	四川、重庆
8	滇云文化	滇云大地的复杂地形、地貌和气候条件，造就了滇云文化的多样性；二十多个少数民族的相互交融，汇合了各民族特色的文化	云南

续上表

序号	名 称	特 点	代表地
9	岭南文化	岭南文化一方面受中原文化的影响；另一方面“声教所不能及”，接受正统文化较迟，自主发展的文化空间较大，得以保留了自己独特的文化因子和表现形态，因此其古朴纯真的文化个性十分突出；汇合古今、融贯中西的文化；兼具山地文化和海洋文化的特点	广东、香港
10	闽南文化	是经过一代代闽南人在社会实践中，不断挖掘、弘扬、创造，并吸收采纳了阿拉伯文化、南洋文化、西方文化等外来文化的特质和合理因素，有机地融入了其体系内，孕育、发展起来的，具有鲜明的地方特色、独特的性格和丰富的内涵	福建
11	青藏文化	神秘的高原文化：青藏高原是黄河、长江流域农业文化和北方草原游牧文化、中亚沙漠绿洲文化、南亚印度文化的一个重要的汇合点，它具有若干综合性文化的特征	青海、西藏

（1）燕赵文化

从地理环境和生产方式上看，燕赵文化是一种平原文化、农业文化、旱地农耕文化，从民族的角度来看，它是一种以汉民族为主体的文化。这些情况对燕赵文化而言并不是唯一的，与它相邻的三晋，关中、中原、齐鲁各区域大体也是这种情况，但是燕赵文化是其中的典型，在漫长的历史转变中，燕赵文化甚至比处在核心位置上的中原、齐鲁各区更具典型。

燕赵文化起源和发展于山脚，那里有条条小河和道道山谷，为文明的存在和发展提供了良好的环境保障，因此燕赵文化虽属于平原文化，但太行山和燕山为燕赵文化的形成和发展提供了独特环境，并使其具有了独到的特色。

《史记·殷本纪》载：商纣王“厚赋税以实鹿台之钱，而盈巨桥之粟。益收狗马奇物，充仞宫室。益广沙丘之苑，多取野兽蜚鸟置其中……乐戏于沙丘。”文中提到的沙丘苑台（今河北广宗县大平台）就是供帝王后妃“乐戏”的一座园林。春秋战国时期，赵武灵王筑丛台，及其子在公元前295年曾游居沙丘，并发生了沙丘宫变。古人模山建台不仅有娱乐目的，也表示了对山岳的崇拜，象征着一种不可企及的权势和力量。秦灭六国而一统天下，随后是汉代秦而兴，秦汉实现大一统，宫苑之盛也空前未有。汉末魏晋时代，魏王曹操在邺都建铜雀台（图3-26）、金虎台（图3-27）、冰井台，高耸凌空，气势宏伟。自元至明清，三朝的全国性政治、文化中心都在北京。虽然那时中国封建社会已步入末期，但以北京的自然条件与几千年来古典园林建筑的丰富经验相结合，创造出了代表最高艺术成就的京都皇家园林，在燕赵大地再度出现园林艺术的繁盛局面。

图3-26 铜雀台

图3-27 金虎台

又如承德避暑山庄的卷棚歇山式屋顶（图 3-28），在构造上有曲面屋面和垂脊、戗脊、博风板、出檐等组合，加之山花、悬鱼、吻、龙子及其他神兽的装饰，折射出皇家的庄重、壮观气势，在一定程度上，燕赵古典园林景观设计体现了明显的皇家色彩。另一方面，传统的河北民间建筑造型简单质朴而工艺细腻，表现出了很强烈的忧患意识、牺牲精神和百折不挠、自强不息的进取精神，表现在文化和艺术风格上就是激越雄浑、清戾苍劲、质朴淳厚、不尚浮华的气质。

图 3－28　承德避暑山庄

位于河北省境内从阜平通往山西的长城岭隧道（图 3-29），洞门顶部设置的阁楼正是燕赵文化的缩影。

众所周知，长城是中华民族的象征，是中国古代社会最宏伟、持续修筑时间最长、最系统的军事防御工程，是中国古代劳动人民智慧和力量的结晶。我们看到长城整齐、流畅的墙体线条，以及方形、圆形、多角形等形态各异的敌楼，本身都具有很高的审美价值，尤其是关城城楼的设计与建造更具有艺术的匠心。长城的形式美更在于建筑与自然的结合，长城建于大地之上，以群山为座，蓝天之下，以云天为幕，把奇伟的自然美与建筑美融为一体，展示出一种人文与自然相融合的天人合一的境界，可以说是真正的“大地艺术”。北京的居庸关隧道（图 3-30）位于居庸关长城景区内，该隧道洞门就表现为敌楼形式，与当地的长城景观融为一体。

图 3-29 长城岭隧道

图 3-30 居庸关隧道

（2）三秦文化

所谓三秦，是指秦朝灭亡后，项羽三分秦国之地为雍、塞、翟；到了近代，三秦泛指陕西所辖的关中以及陕北、陕南地区。陕西是中华文明的发祥地，先后有 14 个王朝在此建都，包括中华文明最为辉煌的周秦汉唐四个王朝。三秦文化博大精深，是中华文明的重要组成部分。

关中文化是平原地带的文化，是典型的农耕文化。关中三面环山，一面向水，土壤肥沃，气候适宜，灌溉便利，农业发达。长安拥有着7000多年文明史、3100多年建城史和1200多年的建都史，可谓历史悠久，文化积淀深厚，孕育了周、秦、汉、唐文化的兴盛，汉唐文化代表着中国传统文化开拓创新、锐意进取的价值取向和自由气度及宏阔开放精神，汉文化的自由精神及其铺张扬厉的恢宏气度，唐文化的宏阔开放和雍容豪迈的精神风韵构成了中国传统文化的精魂。该地区丰富的历史文化遗存随处可见：名胜古迹如大雁塔、钟楼、临潼骊山华清池、秦始皇陵兵马俑、桥山黄帝陵、茂陵、昭陵、韩城司马迁祠、佛教圣地法门寺；自然风光如华山、终南山、潼关、大散关等；受气候、自然环境和社会环境的影响，关中地区形成了独特的地域文化体系。

唐代建筑（图3-31）风格的特点是气魄宏伟，严整又开朗。现存木建筑物反映了唐代建筑艺术加工和结构的统一，斗拱的结构、

图3-31 唐风建筑

柱子的形象、梁的加工等都能令人感受到构件本身受力状态与形象之间内在的联系，达到了力与美的统一。而其色调简洁明快，屋顶舒展平远，门窗朴实无华，给人庄重、大方的印象。

陕北地区黄土高原的自然条件不太适合农业发展。在历史上，陕北属于边塞地区，地广人稀，曾有众多少数民族在此过着放牧和游猎的生活，汉初实行“移民实边”国策，羌族、鲜卑族、匈奴、蒙古族等少数民族都曾在这里杂居。在与当地汉族相处的漫长过程中，因不同民族之间的相互影响，文化呈现出多民族融合的特征，受自身文化和北方草原文化的影响，这里的人们逐步形成了粗犷、豪放、执着的特性，性格古朴、粗犷、热烈、执着、自信、豁达、乐观、宽容，更接近自然的人性，昂扬悠长的信天游、狂放的安塞腰鼓、凄凉幽怨的唢呐声，就是这种特性的具体体现。陕南文化是秦地的山地文化，它除具有三秦文化的共同特性外，还兼有长江流域文化的某些特征。

在建筑方面，不得不提黄土高坡上的标志性民居——窑洞（图3-32）。一方面，黄土具有很强的直立性；另一方面，黄土高原地区缺乏高大的乔木，盖瓦屋也存在实际困难，因而窑居是非常合适的选择。在黄土高原南缘到渭河谷地的过渡地带，主要盖瓦屋，瓦屋有普通的式样，也有在房子的一边起屋脊，另一边顺势延展，称为厦，这种厦就是关中八大怪之一的“房子一边盖”。

陵墓建筑是中国古建筑中最宏伟、最庞大的建筑群之一。据悉，从新石器时代开始陵墓建筑便已初具雏形，之后装饰越来越华丽，规模越来越宏伟。秦始皇陵兵马俑坑（图3-33）是其中最为突出的一例，同其他大部分陵墓一样，秦始皇陵兵马俑坑是用明挖法建成的地下建

筑形式。其总长度约为 2.5km，横断面约为 3.7m（高）× 3.2m（宽），使用了间隔约为 1m 的木质半框架式结构，无腰撑，横梁上部背材为大圆木与席，立柱背后无背材。

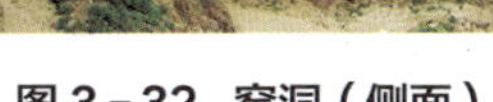
图 3－32　窑洞（侧面）

图 3－33　秦始皇陵兵马俑坑

（3）三晋文化

所谓三晋，是指春秋之后瓜分晋国的韩、赵、魏，由于这三国的开国者原来都是晋国的卿，故称三晋。随着历史的演变，三晋也形成了其独特的地域文化。三晋文化的特质有四，即民族融合性、兼容并包性、地域差异性及黜华尚实性。古史记载“尧都平阳，舜都蒲坂，禹都安邑”，说的就是中华民族最早的英雄们在汾河下游创业建都的历史。史书中最早出现的“中国”一词，指的就是上古虞舜时代的山西南部。

山西民居堪称黄河流域民居艺术的瑰宝。它适时适地而生，是地理、人文、历史多重因素制约和促进下的优化选择，长期以来形成了带有窑洞遗痕的院落式建筑形制，其空间格局独特，装饰纹样朴实而多样。山西建筑深受民俗思想的渗透，比如风水观念、原始的拜物思想、趋同心理等。山西人认为，如此则可以“山气茂盛，直走近水，近水聚气，凝结为穴”，达到藏风聚气、地灵人杰的理想目的，其风水观念可见一斑。

除了正统的儒、佛观念之外，山西民间信仰多建立在巫术和神灵崇拜的基础上，带有原始拜物教的色彩，几乎每家必设土地祠，其大小视院落规模和主人的虔诚程度而有差异。土地祠多与影壁结合（图 3-34），或在入口旁侧墙上凿龛孔，做成砖雕或木构的小庙形制，龛内供土地神像（图 3-35），以红布覆盖。受晋商文化的承袭，山西地区的传统民居中不乏家族院落式的结构，从中可以感受其对家族血缘关系的重视。在山西民居中，最富有最豪华的民居要数汾河一带的民居，而这一带最具代表性的又数祁县和平遥。如乔家堡的乔家大院和祁县县城的渠家大院、灵石县静升村的王家大院、榆次车辋村的常家大院、太谷北洸村曹家大院等。

图 3－34　土地祠（影壁）

图 3－35　土地神龛像

山西民居建筑外观正如梁思成先生所言的“外雄内秀”风范。山西历来战事不断，其民居多高耸壁立，山墙一般没有窗户，以高而封闭确保安全，因此，防御性就成了其建筑的特色之一。屋门和窗格都做成多式多样的吉祥图案，用纸贴在里面做背景，与实墙构成鲜明的对比，朴拙中不失雅致。

雁门关公路隧道（图3-36）位于二河国道主干线山西省境内的新广武—原平高速公路上，总体外雄内秀，前面的题字俊秀飘逸，再结合背后的山水画，给人一种美的享受，格外雅致。城墙的构造又反映了雁门关以前战事不断，给人以历史的悲壮感和沧桑感。

图3-36 雁门关隧道

（4）齐鲁文化

齐鲁文化是齐文化和鲁文化的统称，春秋时期的鲁国，产生了以孔子为代表的儒家思想学说，而东临滨海的齐国却吸收了当地土著文化（东夷文化）并加以发展。两种文化在发展中逐渐有机地融合在一起，形成了具有丰富历史内涵的齐鲁文化，基本精神有：崇尚气节的爱国精神、经世致用的救世精神、厚德仁民的人道精神、大公无私的群体精神、勤谨睿智的创造精神等。这些文化精神内涵经过长期熏染，已为全民族认同。

齐鲁建筑艺术是齐鲁先民的自然观、伦理观、审美观和价值观的深刻体现。齐鲁大地的建筑文化景观以孔庙为代表，它的建筑形式和结构的构筑技术无不体现了儒家文化所倡导的“敬重祖宗，恪守祖制”的思想。另外，齐鲁大地的民居建筑一方面继承了中国古代优秀的建筑传统，另一方面又有着鲜明的地域特色。根据其建筑风格不同，又可分为济南民居、胶东农村民居和潍县民居等各个流派。

从齐鲁都城建筑（图3-37）、齐长城建筑（图3-38）和宅居建筑（图3-39）都可以看出当时城市建设规划、城防设施和宅居布局的一些基本特点。

图3-37　都城建筑

图3-38　齐长城建筑

图3-39　宅居建筑

齐国都城的城防规划和建设，与齐国的军事、政治、经济、文化关系十分密切，齐都全城是由外城与内城（宫城）两大部分构成的，是按“三里之城，七里之郭”的建筑格局组成的。外有高大险固城墙包围，四周有宽广的壕沟护城河护卫。城墙上有城楼、城门、角楼、垛口等防御工事，构成了一套坚固的城市防御体系，具有重要的军事作用。

齐鲁宅居建筑特别注重群体组合之美，或取中轴对称院落式布局，特别注重对中和、平易、含蓄而深沉之美的艺术风格的追求，很多具有“沉郁”之风格的建筑表现出对人世沧桑的深刻体会和对人生疾苦的深厚同情。

齐国的都城建筑理论及城市规划布局的原则，突出了王权至上的思想和严格的等级观念，奠定了封建社会都城建设的基础。尽管历代都城的建筑布局规划和宫室住宅形式有所变化，但就其基本的建筑理论、规划布局、建筑模式、表现手法，诸如以中轴线为中心、左右对称，主体宫室建筑物置于最高处显要位置，以及尊重自然，注重与自然的高度协调，按照自然地理地形特点，因地制宜，布局规划等思想理念，一直到明清宫殿、台榭、苑林建筑乃至民居建筑等，都仍在遵循并深受其影响。

（5）吴越文化

吴越文化又称江浙文化，是汉文明的重要组成部分，也是江浙的地域文化。吴越文化区以太湖流域为中心，其范围包括今上海、江苏南部、浙江、安徽南部、江西东北部，以钱塘江为界，吴越文化可细分为“吴文化”和“越文化”，两者同源同出。

吴越文化在保留了较多当地土著文化的同时，又保留了较多的中国传统文化。例如，吴语细软优雅，有“吴侬软语”的美称，南宋以来，吴越文化愈发向精致的方向生长，南宋和明朝吴越人开始赶超中原及北方，成为官场主流。吴越人性格外柔内刚，为人谦和，注重礼节，其文化标志为河姆渡文化、良渚文化、西湖文化、丝绸文化。

以吴越文化中的翘楚苏州为例，其传统建筑（图 3-40）在道家、儒家文化的影响下，因地制宜地利用地方建筑材料，充分发挥其色泽、质感和特征，又适应苏州地区气候较炎热湿润的自然环境，形成了黑、白、灰既对比又和谐的基本色调。苏州民居白墙灰瓦或黑瓦，辉映小桥流水，这种黑白色，色彩简单，具有水墨画的灵韵，符合江南的气质，黑与白被以清静无为思想为基础的道家作为其美学观在自然、道德层面上的审美尺度。因而在审美观点上，苏州人更喜爱“典雅”与“完美”，在设计风格上，更倾向于喜爱小巧的体量、端庄的立面及少量重点部位的点睛细部处理，对小尺度的偏爱，一般指小体量、小尺度的建筑，厌恶粗大体量而缺少细部的震撼性表达。

马鞍岭隧道（图 3-41）位于浙江的省道 S215 上，其端墙顶部巧妙地结合了吴越建筑的特点，色彩上采用黑、白、灰，符合江南的风格。端墙上的阁楼，体量小，尺度小，有层次，但是由于端墙所占面积较大，削弱了精细典雅的感觉。

图 3-40　吴越建筑

图 3-41　马鞍岭隧道

（6）荆楚文化

荆楚文化兴起于江汉流域，是中华民族文化的重要组成部分，因楚国和楚人而得名，是周代至春秋时期在江汉流域兴起的一种地域文化，吸纳并消化了周边文化的精华，又保留了自己独特的文化韵味和文化精髓。在春秋战国时期，各种文化百花齐放，竞相辉映，楚文化在长江流域占有主导地位，并不断地向东西南北方向浸染，构成了我国传统文化的重要组成部分。

楚人处水乡泽国，地属蛮荒，自“筚路蓝缕，以启山林”之始，楚人的一切都是崭新的创造，因此，楚人高昂着一种挑战的文化精神，按照自己的生命意志和审美情趣，把自己内在的独特个性发挥得淋漓尽致。荆楚文化受南方水乡泽国、丛林山峦自然氤氲之气而自然物产丰饶的地理环境与巫觋文化的影响，是以青铜器（图3-42）、漆器与刺绣、老庄哲学和楚辞为代表，极富想象力、充沛的激情、浪漫的色彩、不屈的性格与理想主义精神，从楚人“剽轻”的风俗习性，“宏识孤怀”“一意孤行”的思维方式，以及“劲质而多怼，峭急而多露”的性格情感而论，荆楚文化的特质应该是与艺术文化特质紧密联系在一起的。

图3-42 风格特异的青铜器

荆楚文化作为我国非常具有代表性的文化之一，在古代楚人的建筑（图3-43、图3-44）以及景观设计中能够看到大量的有关荆楚文化的内容，透过这些建筑理念，结合当地人们的生活习惯以及民俗民风，纵观楚历史的景观设计作品中，最能反映荆楚文化景观设计作品特征的是：

①曲线之美

这一点就可以反映楚人当时的文化与思想，他们对于运动、旋律的爱好充分反映在建筑与家具领域。可以说，在现存建筑群或艺术作品中，能看到楚人对曲线的广泛运用和高度艺术化，这在中国艺术设计的历史中独树一帜。

②空灵之美

首先介绍空灵的概念。前面所说的“沉郁”，蕴含的是儒家的“仁”的文化内涵；“飘逸”，蕴含的是道家的“游”的概念；而现在所说的“空灵”，蕴含的则是禅宗的“悟”的文化内涵。那些庙堂往往在墙上、门上、窗户上雕刻着精美的动物纹、植物纹、云气纹、几何纹，带给人空灵、轻巧的感觉。而在建筑方面亦是如此，楚人建筑的空透精致主要源于独具匠心的空间布置格局。似静而动、似有若无的虚幻空间，让人感觉虚即是实，实即是虚。

图 3-43　楚园林建筑

图 3-44　楚高台建筑示意图

③超拔之美

在众多的景观作品中，楚人喜欢用夸张的比例和非度量的三维空间来表现物体，这反映了很多楚人偏爱夸张的空间美感。在楚艺术品中，红色是主打色调，楚人崇尚红色，在生活用具、建筑、服装、漆器等上都喜欢采用红色。这与楚人的祖先祝融是火正（传说中的火神）有关，因为火焰是红色，楚人尊重祖先。因此，在大量景观设计作品中，楚人喜以红黑对比为基调，再赋予五彩。

图 3-45　梅子岭隧道

梅子岭隧道（图 3-45）位于湖北襄阳南漳县，洞门壁墙上勾勒的线条，有曲线之美，清秀、婀娜多姿，富有灵气。

（7）巴蜀文化

巴蜀盆地在地形上为“四塞之国”，古代交通甚为困难，故李白发出“蜀道之难，难于上青天”的感叹。这一封闭地形对巴蜀文化作为农业文明所必然带来的封闭性肯定会有较大影响，但正是因为如此，又反过来激励起巴蜀先民向外开拓、努力改善自身环境的决心和勇气。于是，环境与文化相交融，造就了巴蜀先民封闭中有开放、开放中有封闭的历史个性。随着时代的推移，开放和兼容终于成为巴蜀文化最大的特色。

栈道（图 3-46）是巴蜀人的一大发明。司马迁认为巴蜀“四塞之国”

的封闭性是靠“栈道千里，无所不通”来达到开放的。逢山必须开道，遇水必须造桥，古蜀先民为了突破封闭，在发明栈道的同时，又发明了笮桥。笮桥即绳桥，有多种类型，至今尚可见到的藏区的溜索和编网的藤桥、岷山上的竹索桥、滇西北的编网篾桥、都江堰早期的珠浦桥以及攀枝花早期的铁索桥，都是巴蜀先民向外部世界开放的智慧体现。

汉中通往关中的古道有褒斜道、故道、傥骆道、子午道四条。石门（图 3-47）位于今汉中市北 17km 处，褒斜道南端段，又称“小石门”。古褒斜栈道南出褒谷为七盘山（又称鸡头关）所阻，行旅苦于攀援绕道。东汉永平四年（61），汉明帝刘庄下诏，在七盘山下阻碍栈道之地开凿穿山硐，石硐呈南北向，走向与褒谷河道平行，底部高度与栈道在同一水平线上，总长 15.75m，宽 4.15m、高 3.6m。门洞长 13.6m，宽 4.2m，南口高 3.45m，北口高 3.75m。当时无隧道之名，以石门喻之，就叫栈道石门。它是用我国古代原始攻凿山石的办法“火烧水激”凿成的，是我国最早的人工隧道，是研究我国古代交通史的宝贵资料。

图 3-46　古栈道

图 3-47　褒斜道上的石门（此石门为仿建）

巴蜀地区因为山川阻隔，环境封闭，民间建筑很少受封建专制思想的限制和束缚，不拘法式，组合丰富，活泼自然，质朴率真，善于适应复杂地形地貌，形式灵活多变而又用料精省。这些经验甚至深刻地影响了巴蜀地区的官府建筑和宗教建筑。因此，四川古建筑与民间建筑关系尤深，有的甚至就是民居风貌。四川民居结构方式大致有穿斗式、捆绑式和土石墙搁拎式。巴蜀地区的寺庙建筑形式也常取自民居，与周围环境相互呼应。例如，峨眉山上的古建筑亦庙亦居，具山庄风格，亲切宜人。至于成渝官道上若干同乡会馆建筑，与大型宅院几无二致，唯尺度略大而已。此外，在建筑装修色彩的格调上，轻淡雅致，不事铺张。川内各地民居因地理气候因素和天文因素的差异而呈现不同风格，如川东俊俏轻灵，川南通透开敞，川西平和素雅，川北敦实粗犷，川中精巧秀丽。

八庙隧道（图3-48）洞门结合当地居民建筑风格，并融入历史事件，很好地反映了当地文化，其色彩基调也符合自然环境。

图3-48 八庙隧道

（8）滇云文化

所谓“滇云文化”，就是由云南各族人民创造、从古至今存在于云南大地上的一切文化。在其本质上，它是具有云南特色的中华文化，包括物质形态的、精神形态的，口头形态的、书面形态的，制度形态的、信仰形态的，生产形态的、生活形态的文化，具有多元性、多样性、山地性、农耕性等特点。

滇云文化是丰富多彩的。就民族文化而言，云南省 26 个民族都拥有灿烂的文化。许多民族还拥有丰富的原始宗教文化，如彝族有毕摩教文化、纳西族有东巴教文化；在生产文化上，藏族保持有畜牧文化传统，独龙、怒、傈僳、佤等民族的狩猎文化积淀深厚，汉、白、傣、壮等民族的稻作文化历史悠久，纳西、彝、苗、瑶、哈尼等民族的山地农耕文化各具特色；在民俗文化上，彝族服饰、傣家竹楼、普米族成丁礼、摩梭人走婚、傈僳族刀杆节、景颇族目瑙纵歌、白族三月街、独龙族纹身等闻名天下；孙髯翁的大观楼楹联号称“天下第一长联”，傣族的孔雀舞、纳西族的“丽江古乐”、汉族的关索戏、花灯、滇剧与苗族的芦笙舞、彝族的海菜腔等万紫千红；在文字文化方面，云南除以汉字为通用文字外，纳西族拥有世界上唯一活着的象形文字“东巴文”、彝族使用表义文字“毕摩文”、傣族使用源自巴利文的“傣文”、回族使用“阿拉伯文”、藏族使用脱胎于梵文的“藏文”，用它们写成的典籍多达数万种；在语言文化方面，汉藏语系各族语言齐集云南，南亚语系语言在我国更仅见于云南，汉语中的吴、越、闽、粤、楚、川、陕方言不同程度地残存于各个汉族移民分布区域……总之，滇云文化可谓历史悠久、体量庞大、内容丰富、品质优良。

清水沟一号隧道（图 3-49）洞门充分反映了当地盛产石材的特点，洞门墙材料因地制宜，且造型独特，不失为一件佳作。而野象谷隧道（图 3-50）洞门很好地展现了傣族文化，也侧面反映了滇云文化的多样性。

图3-49 清水沟一号隧道

图3-50 野象谷隧道

从民族文化来看，云南是一个少数民族大省，民族文化多样性给人们带来丰富多彩的建筑景观。云南当地民族文化繁多，因而设计中在考虑当地传统历史文化时，民族文化应该得到足够重视。

（9）岭南文化

岭南文化是悠久灿烂的中华文化的有机组成部分。基于独特的地理环境和历史条件，岭南文化以农业文化和海洋文化为源头，在其发展过程中不断吸取和融汇中原文化和海外文化，逐渐形成自身独有的特点。岭南文化务实、开放、兼容、创新。宋代以后，由于中国文化中心区的逐渐南移，岭南经济逐渐发展，文化也获得了一次重要的发展机会，并逐渐展现出其鲜明的特色。

千百年来，经过历代匠师的辛勤劳动，充分利用南国的自然资源，结合南国人民的生活特点，形成了风格独特的景观艺术风格，在中国建筑之林甚至景观之林中占有重要的地位。其建筑主要分为广府建筑、潮汕地区建筑（图 3-51）以及客家建筑，以其简练、朴素、通透、雅淡的风貌展现在南国大地上。

由于气候温和，人们活动空间向外推移，从而使露台、敞廊、敞厅等开放性空间得到了充分的安排，人们从封闭的室内环境中走向了自然，形成岭南建筑装饰空间自由、流畅、开敞的特点。在建筑形式上，岭南园林（图 3-52）有比较鲜明的特色：一是体型轻盈、通透、朴实，体量较小；二是装修精美、华丽，大量运用木雕、砖雕、陶瓷、灰塑等，民间工艺、门窗格扇、花罩漏窗等都精雕细刻，再镶上套色玻璃做成纹样图案，在色彩光影的作用下，犹如一幅幅玲珑剔透织绵；三是布局形式和局部构件受西方建筑文化的影响，如中式传统建筑中采用罗马式的拱形门窗和巴洛克的柱头，用条石砌筑规整形式水池，厅堂外设铸铁花架等，都反映出中西兼容的岭南文化特点。

图 3-51 潮汕民居

图 3-52 岭南四大园林之清晖园

岭南园林文化有因自然而上升的文化，有因人工而积淀的文化，前者可归结为海岸文化和热带文化，后者可归结为远儒文化和世俗文化、享乐文化和商业文化，开放文化和兼容文化，贬谪文化和务实文化。

由自然而上升为文化，体现在其建筑的方方面面，如建筑的高活动面和高柱础与水涝和湿气的关系，缓屋面和台风的关系，宽檐廊与多雨的关系，高墙冷巷与高温的关系，龙形、鱼形、水草、龟、蛇、芭蕉主题与装饰的关系，塑鼓石与海蕉的关系，崖瀑潭局与自然山水的关系。

（10）闽南文化

闽南文化，系指生活在福建南部地区的人（主要是闽南人）共同创造并一代代传承发展与创新的地区性文化，是源远流长博大精深的中华文化的一个支系，其分布范围为我国改革开放以后被誉称的“厦、漳、泉金三角”。

自秦始皇统一中国后，在福建设置闽中郡，中原文化与闽南土著文化开始了交流与融合。汉晋时期，大批中原汉民迁入泉州地区，推动了闽南文化的形成。晋唐时期，闽南地区汉民人口剧增，经济迅速发展，政教管理体制日臻完善，闽南文化得到发展。宋元时期，泉州成为“海上丝绸之路”启航点和东方大港，阿拉伯人与波斯人到泉州经商，带来了伊斯兰文化，闽南文化得到丰富。明清时期，欧洲商人和传教士来，传入了西方文化，闽南文化进一步得到繁荣。

在建筑方面，闽南人根据自己的生活环境和审美情趣，凭借自己的聪明才智创建了与自己生活环境相适应且符合自己的审美观的闽南建筑。依功能可分民居、祠堂、寺庙、宫观、牌坊、塔、幢、亭、台、

图 3 - 53　泉州蔡氏古民居——蔡氏庄园

榭及桥梁、海防建筑（崇武古城）等，丰富多彩的闽南建筑，堪称既富有独创性又集中外建筑之大成。其中最富特色的首推民居中的“宫殿式”俗称“古厝”建筑，坐落于泉州南安官桥漳里村的蔡氏古民居（图 3-53）是其代表作。该民居建筑群既沿袭、保留了传统的闽南民族建筑风格和特色，又部分吸收了南洋文化和西方建筑艺术中的装饰艺术特点，堪称闽南古民居建筑艺术与域外建筑艺术合璧的杰作。此外，俗称中西合璧建造而成的“洋楼式”的闽南侨乡民居“番仔楼”也是其代表作。

该民居建于清咸丰光绪年间，其主体建筑同闽南地区习见的古大厝一样，三开间或五开间，带护厝，突出厅堂，两边对称，横向扩展布局。纵深二、三、四落三等，以厅为组织院落单元，厅、廊、过水贯穿全院，硬山及卷棚屋顶，穿斗式木构架，上铺红瓦及瓦筒，燕尾形屋脊。所不同的是该建筑为群体建筑，且座座雕梁画栋，装饰有透雕、浮雕、线刻或圆雕而成的精美木雕、砖雕、石雕、泥灰雕，雕饰题材十分广泛，雕刻技艺精湛，雕琢的飞禽走兽、花鸟鱼虫、戏剧故事、山水人物，造型逼真，栩栩如生。

（11）青藏文化

从广义上说，青藏文化应当是古往今来的青藏居民在高原上所创造的物质财富和精神财富的总和。青藏高原是人类居住条件最严酷的区域之一，并且与邻近地区自然条件差别很大，西北邻温带沙漠，东邻温带季风性气候的汉族地区，南邻热带丛林、亚热带平原，具备形成独特建筑和景观体系的自然基础。再因青藏高原在远古就有人类文明，在社会演进上有相当独立性，也拥有形成自己建筑景观文化体系的社会基础。

在建筑方面，藏族建筑外墙色彩非常丰富而且十分艳丽，常用白色、红色和黄色，也有的因宗教需要使用蓝色。观看藏族建筑的色彩，不难发现白、红、黄、蓝、绿、黑是藏族建筑中常用的几种颜色，而且在用色时喜用原色，大面积平涂，使得建筑色彩纯净而艳丽，质朴而壮美。藏族建筑颜色运用主要受自然因素的影响和宗教因素的影响，例如，藏族喜欢白色和他们生活的地理环境有着密切的关系，草原上白色的羊群，蓝天上白色的云彩，远山上白色的积雪，都从环境的角度激发了藏民族对于白色的热爱，勤劳智慧的藏族人民也把这种热爱延伸到生活之中，以生活中各种不同的方式表达了出来。

藏地的建筑对色彩的使用都内含着宗教的神圣意义。白、红、黄、蓝、绿、黑是藏族建筑中常用的几种颜色，每种色彩有不同的寓意，相应使用在不同的建筑和建筑部位。其中大面积使用的白、红色（图3-54）以及门窗洞口常用的黑色，分别代表了佛教世界中的三层——天上、地上、地下。白色为吉祥，主要用在大面积的墙面上；黑色为驱邪，主要用在建筑和外界联系的门窗套上，以防外邪入侵；黄色为脱俗（图 3-55），红色为护法，演变成为高等级的尊贵用色，所以寺院外墙以黄色和红色为主，而民居建筑就主要以白色外墙和材质的自然质感和色彩为主。

图 3－54　布达拉宫

图 3－55　格鲁派寺庙

藏族建筑取得的成就是多方面的，藏族建筑艺术造诣很深，能运用统一、平衡、对比、韵律、和谐、比例、尺度等构图规律，取得美的立面造型。江孜白居塔的外轮廓线基本上是等边三角形，构图稳定、严谨、比例良好。在建筑设计上注意建筑功能与艺术的统一，布达拉宫，力求适应当时政教合一的封建农奴制度政治、宗教和宫廷生活的需要，同时又烘托出神权、政权至高无上的形象与气氛。藏族最具代表性的民居是碉房，碉房多为石木结构，外形端庄稳固，风格古朴粗犷，外墙向上收缩，依山而建者，内坡仍为垂直。在结构与构造上，藏族建筑为多层建筑，并有建筑九层左右的高层建筑的能力。

嘎拉山隧道（图 3-56）位于中国西藏，其洞门色彩基调符合青藏文化，又略带点宗教因素，帽檐的设计很好地体现了当地特色。

图3－56 嘎拉山隧道

3.2.2 景观设计与地域文化的关系

文化正是基于人类在自然条件下的实践基础之上而产生的，是人类行为习惯、历史古迹、古典园林、宗教文化、民俗风情、文学与艺术、城镇与产业观光等的结晶，在规划过程中无时无刻不在影响着设计师。作为以满足人的精神需求为目的的元素，景观文化设计应与生态设计、可持续性设计相互协调发展，满足自然需求的同时也满足人类的需要。

地域文化的差异性是景观设计发展的基础，其独特性和艺术性是地域文化赋予景观设计的最主要特征。根植于地域文化的景观设计不仅仅是形成某种景观风格，更多地表现为在景观设计领域中，探索创作地域特色文化的思路和方法。

（1）地域文化是景观设计的设计源泉

地域文化和景观设计的关系，包含两个层面的内容：从广义角度而言，文化是景观设计创新的源泉，而地域文化作为文化分割的视角，为景观设计提供了更为具体的引导方向，地域文化和景观设计是抽象思维和具象表达、内容和形式的关系。从狭义角度而言，地域文化三个层面的内容直接或间接地影响景观设计的形成。自然环境层面的地域文化通过地理条件、植被、气候、水土等要素影响景观面貌的形成，“骏马秋风冀北，杏花春雨江南”描述的是受影响景点的真实写照。人文环境层面的地域文化则通过民俗风情、历史传统、建筑风格等方面影响景观设计的发展。社会环境层面的地域文化主要通过经济政治等隐性的因素对景观设计产生影响，如经济政治体系集中的北京与相对落后的偏远山区，两者由于经济投入的比重不同而产生明显的景观差异。

（2）景观设计是地域文化的传承载体

不同地域景观由于地域文化内涵和表达方式的不同，在建筑风格、艺术形式、设计材料等方面体现出不同的特征。然而，探究其本源不难发现，都是在遵循设计生态性、时代性背景下进行。同时，景观设计表现形式和地域文化的结合，是建立在尊重地域原生态的前提下的，那些以破坏原生态平衡和大量经济投入为代价的“人造”景观，不管创意多新颖，形式多独特，也终将会被淘汰。

根植于地域文化的景观设计，地域文化核心价值的艺术体现是其最终目的。从传承的内容角度讲，运用新的设计理念打破传统的文化组织结构，并对其进行分析和重构，加入新的创新元素，形成地域文化新的艺术语言和表现方式，从而达到对地域文化内容的创新性传承。从传承的表现方式上讲，打破原有的地域文化艺术表现形式，融合新的艺术语言和设计符号，从而达到地域文化形式上的时代感。成功的作品如竹园的设计，艺术手段新颖独特，营造的意境却是幽远深邃，体现了我国竹文化浓厚底蕴。

3.3 隧道洞口景观的评价

3.3.1 国内外现状

（1）国外现状

国外开展这方面的研究较早，研究也较深入，其中以美国最具代表性。道路景观美学评价在美国一直是研究和实践（道路景观规划设计）的主题之一，美国政府大多数职能部门和各州政府都有各自的一套道路景观美学评价方法。美国运输部于1981年出版了《公路项目的视觉影响评价》（Visual Impact Assessment for Highway Projects），把视觉影响评价分为六个步骤：描述公路周围环境和视域，识别核心景观，分析现存视觉资源和视觉反映，描述公路替代方案的视觉特征，评价公路替代方案的视觉影响，提出缓解不利视觉影响的方法。在评价景观视觉质量的时候，认为统一性（unity）、完整性（intactness）、生动性（vividness）三个景观属性完全能够代替公众的景观感知情况，使用公式V+U+I/3对比公路建设前后道路景观质量的变化；联邦公路管理署（Federal Highway Administrator，简称FHWA）在1991年起草了国家风景道路计划（National Scenic Byways Program），该计划作为联合运输行动的一部分，提供了资金支持和管理的构架，即识别、提高和管理美国精彩的公路系统，是建立在指定的六个特征之上：风景的、自然的、历史的、文化的、考古学的、娱乐休闲的，候选公路不必要具备所有品质，但是至少具备一种特质才会被认为是有特色的。例如，具备历史特征但是没有优美的特征，仍然可以被指定为风景公路。评价程序应用难忘的、有特色的、连续的和统一的这些描述来评价候选的公路路域的质量。程序中暗含的风景美的概念已经超越了单纯的视觉美学的内涵。土地管理局运用变化性和协调性两个指标来评价道路建设前后所影响的七个因子（包括地形、植被、水体、色彩、临近风景、稀有性和文化特征）的变化情况，认为这七个因子能够代表道路景观的美学价值；美国林业部（US Forest Service）在 1995 年出版的《景观美学》一书既可用于公路景观管理，又可用于森林景观管理。美国已经有专门立法对具有美学价值的道路景观进行保护，而且“视觉美”已经作为环境管理的核心领域之一。

美国联邦政府和许多州政府采取明确法律法规来支持道路美学质量的评价。如历史保护法案（Historical Preservation Act，1966）明确规定必须考虑提议项目对历史资源的影响及保护；美国运输部法案也明确要求“要尽可能保护具有如下特征的区域——乡村的自然美、公园、娱乐休憩区域、野生生物和水鸟栖息地、历史区域”；国家环境政策法案（NEPA）也要求：联邦政府尽一切可能确保所有美国人享有安全的、健康的、有效的、美学的和文化的环境。美国运输部组织了由艺术、设计和规划人员组成的团队来执行 NEPA 的决策，许多州也采取了类似的法案在实际中应用。

国外道路景观美学评价多采用专家法和心理物理学法，近年来有相互融合的趋势。展望未来景观美学（视觉景观）评价，生态系统的评价（时空尺度上）相比某时刻对于某些特定景观特征的评价更为重要，生态系统管理中对于复杂时空动态景观有效的表达是景观质量评价一个主要的挑战。GIS、遥感和仿真技术、数学模型等的发展将大大有助于应对这些挑战。同时，传统景观质量评价也遭到“生物中心论评价”和“社会文化中心论评价”的挑战。

（2）国内现状

由于公路景观学在我国发展时间不长，我国对公路景观评价的研究较少，已有研究大多是介绍国外评价技术与方法的文献综述。如王晓俊对风景资源管理和视觉影响评估方法进行了初探，提出视觉资源管理和视觉影响评估模型，比较详细地叙述了工程项目的视觉影响评价过程。陈力对景观评价作了探讨，总结了国外的专家评价与心理物理学评价方法，提出了一个建设项目的景观质量评价公式，即景观质量 =1/3（$I+V+U$），I 为自然度，V 为鲜明性，U 为协调性，但是他指出在实践中给这三个性质的明确定义和打分比较困难。吴仁海介绍了国外在环境影响评价中（EIA）针对景观视觉影响评价的评价方法过程，通常分为六个步骤：确定研究范围和内容；进行基线研究，全面、准确地描述基本的景观和视觉景象特色；分析有关规划与发展计划带来的制约；进行景观及视觉影响预测；对不利影响提出缓解措施与实施计划；制订监督与审核计划；并在视觉影响预测的时候重点提出利用计算机辅助技术，将基线调查、影响分析、缓解措施的替代方案和选择方案进行图片叠置，还要运用 GIS 和虚拟环境技术。

部分学者从生态、视觉、经济等角度来构建道路景观评价指标体系以对道路景观进行评价。如王红以道路景观敏感度作为评价指标，并给出了数学模型；陈雨人等选择道路声环境、大气环境、生态环境和道路景观四个方面的指标利用层次分析法来评价道路环境影响大小；崔崧等从美学质量、景观阈值、景观敏感度、特殊价值四个方面讨论了高速公路两翼景观评价方法；张阳详细探讨了公路景观及视觉影响评价的概念，并总结出公路景观视觉影响评价的内容与程序，提出了综合指数评价法，评价因子分为三大类：自然景观、人文景观、公路建设影响，该方法为公路景观视觉影响提供了可操作的便利的定量评价方法。王忠君等针对旅游活动对云蒙山国家森林公园景观的视觉影响，通过综合指数评价法进行了评价，评价方法类似于张阳提出的方法。

张慧吸收美国专家法的思想借用 GIS 和 RS 技术，对青藏铁路沿线景观进行评价，对青藏铁路沿线不同景观带保护提出了建议，为铁路工程建设合理设计和施工场地提供科学依据。基本评价过程大致分为以下步骤：景观美景度评分，景观域值的计算，景观敏感度和距离带图叠加，视觉吸收力评价。然而由于专家法本身的缺陷，对于其可靠性、有效性和敏感性等目前饱受非议的问题，本书也未能避免。

著名学者俞孔坚对景观美学研究比较深入。在理论上，提出了景观美学感知理论。而在实践上，运用心理物理学法对湖泊景观进行了深入研究，运用数量化理论线形模型将景观美景度与景观组成建立了数学关系，形成评价模型，并深入探讨了不同人群在同一景观类型中感知差异的原因。近些年，一些高校和科研院所的研究人员开始以公路环保景观评价作为论文选题，积极地推动了我国公路景观评价的发展，如华南理工大学、北京工业大学、长安大学等，多是基于数学方法提出指标体系，或者结合 3S 技术来进行评价。

近年来，关于高速公路隧道洞口景观设计的相关研究，国内也已取得了一些研究成果，积累了不少宝贵的经验。1999年，熊世龙发表“浅议公路隧道洞门设计”一文，较早地针对公路隧道提出了洞门设计构思原则，以及包括规划、方案、装饰等内容的综合设计思路。进入新世纪，西南交通大学关宝树教授在其专著《隧道工程设计要点集》中，对隧道洞口景观设计的概念，洞口的景观因素，洞口景观设计的实用方法（包括评价方法，洞口景观数据库，以及数码摄影机图像处理等）进行了专门论述。关向群发表了系列有关隧道洞口景观问题的研究文章，并于2004年完成了以此为主题的博士论文《隧道洞口景观设计实用方法的研究》，将景观学的基本原理和评价方法用于隧道洞口的景观设计和评价，编制了包含约300个样本的隧道洞口景观数据库，这也是国内最早比较系统地阐述隧道洞口景观问题的研究论文。长安大学叶飞等人在对公路隧道洞口景观的构造进行分析总结的基础上，结合大量典型实际公路隧道工程的洞口景观案例，分别从乡土人情、人文精神、周边景色与洞门的交融、洞口边仰坡的稳定、洞口亮度调整、景区主题强调以及个性彰显等角度，分析阐述了公路隧道洞口景观构造方式及实际效果，从不同视角、不同侧面，分析了洞口景观效果，分析研究结果表明：隧道洞口景观艺术的构造手法、形式以及乡土人情、人文精神、周边景观、环境因素、稳定因素、景观主题等，乃至于设计者本身对美的理解和发挥，都可以成为隧道洞口景观设计和表现的立足点；隧道洞门的安全功能和景观功能本身并不矛盾，把隧道洞门的安全作用和景观作用结合起来，实现洞门结构“稳”与“美”的统一，是未来公路隧道规划设计的重要内容。苑郁林以驾驶员的心理和生理特性为视角，以降低驾驶员进入隧道后的风险为出发点，探讨了隧道洞门形式及其周边环境的设计，认为隧道洞门形式需与周围环境相互融合，尽量隐藏周边工程设施，减少视觉物象，取消洞名安设，降低洞口周边亮度，洞口之间严禁过度美化，限制标志性洞门的数量等。王春华结合云南保腾高速公路建设项目，对隧道洞口景观设计，包括设计原则及理念、总体布局、植物配置和应用效果进行了研究，其突出特点是：以原有自然生态环境为底色，结合原始的大地景观进行景观设计；隧道洞口与周围生态环境相互融合，与高速公路的整体布局相互统一；同时反映地方特色、体现地域文化、突出文化内涵，营造良好的视觉效果。

综合看来，虽然我国学者对于公路环保景观评价逐渐开始重视，但大多是基于国外的相关理论方法介绍，缺乏具体案例分析，其次，我国公路环保景观评价研究多从专家角度来评价，缺乏从道路使用者角度的评价，国外多年研究经验告诉我们，专家的观点并不能完全表达公众的喜好。吸收公众参与，借鉴景观美学评价常规方法心理物理学法，采用摄像可视化途径，提出科学的指标体系，建立严密的数学模型，是一个值得探索的公路环保景观美学评价新途径。

3.3.2 隧道洞口景观评价方法和准则

（1）景观评价的主要流派概述

从20世纪60年代中期到70年代初期，美国、英国等发达国家提出保护风景美学资源的法令，促进了科学风景美学研究的发展，建立了景观质量评价方法。目前关于景观质量的评价已涉及工程建设的各个方面。国外景观美学评价经过40多年的发展，较为公认的有四大学派：专家学派（expert paradigm），心理物理学派（psychophysical paradigm），认知学派（cognitive paradigm）或称心理学派（psychological paradigm）和经验学派（experiential paradigm）。

①专家学派

专家学派强调景观质量由形体、线条、色彩和质地四个基本元素组成，以“丰富性”“奇特性”等形式美原则和生态学原则作为景观质量评价的指标，参与景观评价的是少数专家。但作为景观评价方式，专家学者从景观构成的基本原则出发，调查对象对群体和使用者来讲并不具有足够的代表性。因此，其评价结果很难作为景观成分分析的指导建议。专家学派认为凡是符合形式美原则的风景都具有较高的风景质量，强调诸如多样性、奇特性、统一性等形式美原则，在决定风景质量分级时具有主导作用。另外，专家学派还常常把生态学原则作为风景质量评价的标准。

最早采用专家学派思想进行风景评价及其规划工作的当推Lewis等人（如Lewis 1964），而以Litton等人对专家学派的形成和发展影响最大，该学派的主要思想和方法最典型地表现在Litton等人的研究中（Litton 1968，1974，1979；Litton和Tetlow 1978；Magill和Litton 1986）。近20多年来，专家直接为土地规划、风景管理及有关法令的制定和实施提供依据，在英、美诸国的风景评价研究中占有统治地位，并已被许多官方机构所采用，如：美国林务局的风景管理系统VMS（Visual Management System）（USDA，Forest Servce 1976，Bacon 1979等）；美国土地管理局的风景资源管理VRM（Visual Resources Management）（USDI，BLM 1984，1986，Ross 1979等）；美国土壤保护局的风景资源管理LRM（Landscape Resources Management）（USDA，SCS 1978，

Schauman 和 Adams 1979）；联邦公路局的视觉污染评价 VIA（VisualImpact Assessment）；加拿大林务部门的有关风景评价及管理系统（如 Canada 1981），以上各管理系统都是专家学派的思想和研究方法的具体体现。但由于各个部门的性质及管理对象有所不同，各个风景评价及管理系统也各有自己的特点：美国林务局的 VMS 系统和土地管理局的 VRM 系统主要适用于自然风景类型，主要目的是通过自然资源（包括森林、山川、水面等）的风景质量评价，制定出合理利用这些资源的措施；美国土壤保护局的 LRM 系统则主要以乡村、郊区风景为对象；而公路局的 VIA 系统则适合于更大范围的风景类型，主要目的是评价人的活动（建筑施工、道路交通等）对风景的破坏作用，以及如何最大限度地保护风景资源等。

②心理物理学派

心理物理学派则把“景观—审美”的关系看作是“刺激—反应”的关系，主张以群体的普遍审美态度作为衡量景观质量的标准，通过心理物理学方法制定一个反映“景观—美景度”关系的量表，然后将这一量表同景观要素之间建立定量化的关系模型——景观质量估测模型。该学派是从群体的心理反映入手，其评价结果具有普遍意义。审美态度的测量方法有多种，目前公认为较好的有两种：一为评分法（SBE，Scenic Beauty Estimation Procedure），由 Daniel 等人创立；二为审美态度测量法，以比较评判法为基础，被称为 LCJ（Law of Comparative Judgment）。

风景评价景美学研究的心理物理学方法最早出现于 20 世纪 60 年代末期，Rutherford 和 Shafer 通过对 5 组测试人员（共 160 人）进行心理测量来评价森林间伐对森林风景质量的影响，并应用到森林运营中去。自 70 年代中后期以后，心理物理学方法迅速发展，目前看来，其应用范围之广，并不亚于专家学派研究方法的应用范围。

心理物理学派有如下几个基本点：

a. 风景审美是风景和人之间共同作用的过程，而心理物理学派的目的正是为了建立反映这种主客观作用的关系模型。

b. 承认人们具有普通一致的风景审美观，并把这种普通的、平均的审美观作为风景质量的衡量标准。

c. 人们对风景的审美评价（风景质量）可以通过风景的自然因素来预测和定量。

③认知学派

认知学派把风景作为人的生存空间、认识空间来评价，强调风景对人的认识及情感反应，试图用人的进化过程及功能需要去解释人对风景的审美过程。把景观作为人的认识空间和生活空间来理解，主张以进化论的思想为依据，从人的生存需要和功能需要出发来评价景观。著名的理论有了望—庇护理论，景观审美模型、情感 / 唤起（affcctivc/arousal）反应理论等。这些理论强调了人的自我保护本能在景观评价过程中的重要作用，认为景观的质量决定于景观的两个特性：可解性（make sense）和可索性（involvement），前者反映了人对于景观安全的需求，后者反映了人对于未来的求知欲。20 世纪 70 年代中期，这种美学思想在风景美学领域里得到系统的发展，并形成了较为成熟的理论体系，也即所谓的风景美学认知学派。

④经验学派

与专家学派相比，心理物理学派和认知学派都在一定程度上肯定了人在风景审美评判中的主观作用，而经验学派则几乎把人的主观作用提到了绝对高度，把人对风景审美评判看作是人的个性及其文化、历史背景、志向与情趣的表现。因此，经验学派的研究方法一般是通过考证文学艺术家们的关于风景审美的文学、艺术作品、名人的日记等来分析人与风景的相互作用及某种审美评判所产生的背景。同时，经验学派也通过心理测量、调查、访问等方式，记述现代人对具体风景的感受和评价，但这种心理调查方法同心理物理学常用的方法是不同的，在心理物理学方法中测试人员只需对风景打分或将其与其他风景比较即可，而在经验学派的心理调查方法中，被试者不是简单地评价出风景的优劣，而要详细地描述他的个人经历、体会及关于风景的感觉等。其目的也不是为了得到一个具有普遍意义的风景美景度量表，而是为了分析某种风景价值所产生的背景环境。景观评价各学派的特点和比较列于表 3-4。

景观评价各学派特点分析和比较 **表 3－4**

各学派比较点	专家学派	心理物理学派	认知学派	经验学派
对景观价值的认识	（客观）景观价值在于其形式美或生态学意义	景观价值是主客观双方共同作用下而产生的	景观价值在于其对人的生存、进化的意义	（主观）景观价值在于它对人（个体、群体）的历史、背景的反映
人的地位	（被动）景观作为独立于人的客体而存在，人只是景观的欣赏者	把人的普遍审美观作为景观价值衡量标准	从人的生存、需要出发，解释景观	主动强调人（个体、群体）对景观的作用
对客观景观的把握	从“基本元素”（线、形、色、质）分析景观	从“景观成分”（植被、山体等）分析景观	用“维量”（复杂性、神秘性）等把握景观	把景观作为人或团体的一部分，整体把握

（2）隧道洞口景观评价方法

隧道洞口景观研究作为高速公路景观研究的一部分，应从隧道洞口的具体特点入手，进行景观质量的评价，从评价中总结有关的设计规则，反过来达到指导设计的目的。从景观评价的研究来看，尽管存在着不同的流派，但彼此并不矛盾，存在着互为补充的关系。

工程设计实践，一般遵循着“方案—评价—优化”及“从总体到局部”逐渐深入的设计过程，针对不同的评价目的，应将不同的评价方法贯穿到设计的整个过程。因此，建立一个完整的评价体系是完全必要的。总的说来，对隧道洞口的景观研究，结合设计特点，选用适当的评价方法，从整体方案的选择到局部问题的研究可以得到隧道洞口景观设计的指导性规则，这也是景观评价研究的主要目的。按因子的综合评价如下。

①评价内容

根据图 3-1 提出的隧道洞口景观的相关要素，在其基础上制定相应的评价体系，评价内容主要包括直接因子、间接因子和相关因子。直接因子主要是指在行驶过程中驾驶员所能看到的最直观的隧道洞门主体上的装饰；间接因子主要是指与隧道洞门主体相连接或洞门附近实在的自然环境与附属设施；相关因子是指洞口景观中的非可视因素，比如文化与风格方面的内容。

隧道洞口景观评价内容（评价因子）和流程分别见图 3-57、图 3-58。

②评价因子

由图 3-1 可见，景观由多种要素组成，以群体出现，且有明显特征和可比性。因此，隧道景观和视觉影响评价可以群体景观作为

评价要素，建立群体景观评价体系，选择的评价因子应注重群体效果与生态功能，力求反映评价要素的特征。

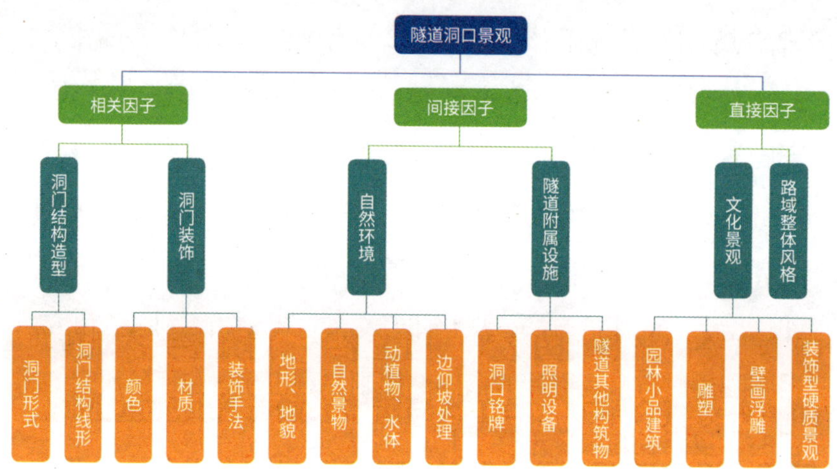

图 3-57　隧道洞口景观评价内容

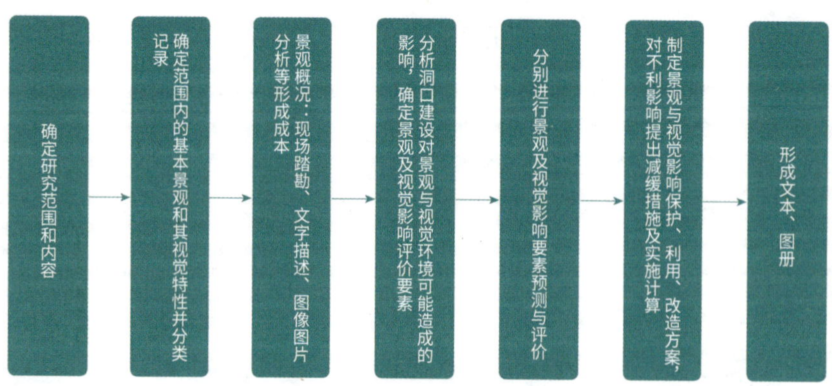

图 3-58　隧道洞口景观评价流程图

a. 直接因子。

a）洞门结构造型

洞门形式：隧道洞门选择的具体类型，如端墙式、台阶式、翼墙式、柱式等，从功能与造型方面判断该种洞门类型的选取是否合理。

洞门结构线形：即洞门线形，直线或曲线，判断其选择是否合理。

b）洞门装饰。

颜色：指隧道洞门装饰的颜色选择情况是否合理，在合理的基础上是否还具有其他的装饰作用。

材质：指隧道装饰所使用的材料及其是否具有其他装饰作用。

装饰手法：指对隧道装饰的整体布局和评价。

b. 相关因子。

a）自然环境。

地形、地貌：指原始地形、地貌在隧道建成之后的破坏情况，以及建成之后的一段时间之内其恢复的情况。

自然景物：指在隧道洞门附近或在驾驶员视觉范围以内，可以起到装饰隧道洞门效果的自然景物。

动植物、水体：指在隧道建成之后，对洞门周边的动植物和水体的影响程度。

边仰坡处理：指在隧道建设过程中，隧道洞口附近山体边仰坡等处理在环保和视觉方面是否合理或者美观。

b）隧道附属设施。

装饰性硬质景观：指在隧道洞门周边，以装饰性为主的硬质景观，评价其选择和布置的合理性，以及是否还具有其他价值。

洞口铭牌：指表示隧道名称的洞铭或者铭牌，其放置位置或者颜色是否足够醒目、美观。

照明设备：指某些隧道洞门段的照明情况，分析其必要性和是否具有美学价值。

隧道其他建筑物：指在隧道附近的其他功能性建筑，如监控室、指示灯、指示牌等在布置上的合理性、美观性。

c. 间接因子。

a）文化景观：指隧道洞门景观是否有结合当地的地域文化，具有当地特色；或者该隧道洞门是否具有文化气韵，具有历史文化方面的表现性。

b）路域整体风格：指该隧道洞口景观是否与所在道路上的沿途景物或者其他桥梁、隧道保持风格的一致性，或者形成的共同组合所具有的整体性。

表 3-5 所示为隧道洞口景观评价因子、权值及评分表。

隧道洞口景观评价因子、权值及评分表　　表 3－5

分类		评价因子	权值 X_i	评分（单项满分 10 分）		
				优秀（8~10分）	一般（4~8分）	较差（1~4分）
直接因子	洞门结构类型	洞门形式	0.3			
		洞门结构线形	0.3			
	洞门装饰	颜色	1.2			
		材质	0.6			
		装饰手法	0.6			

续上表

分类		评价因子	权值 X_i	评分（单项满分 10 分）		
				优秀（8~10 分）	一般（4~8 分）	较差（1~4 分）
间接因子	自然环境	地形、地貌	1.25			
		自然景物	0.75			
		动植物、水体	1			
		边仰坡处理情况	1			
	隧道附属设施	洞口铭牌	0.25			
		照明设备	0.25			
		隧道其他建筑物	0.5			
相关因子		文化景观	1			
		路域整体风格	1			

③评价方法。

a. 传统的评价方法。

为充分反映隧道景观环境（包括隧道自身的景观、自然景观、人文景观）的总体质量，采用景观综合评价指数进行评价，由各评价因子的分指数叠加得出，以综合考虑隧道景观环境各方面的总体质量。具体采用的公式如下：

$$B=\sum X_i \cdot F_i \tag{3-1}$$

式中：B —— 隧道景观环境综合评价指数；

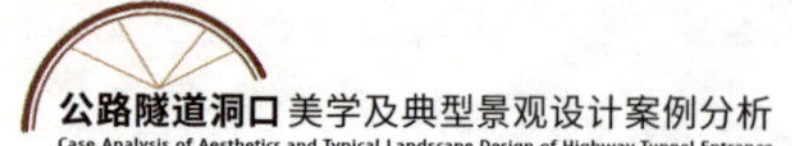

X_i—— 某评价因子的权值；

F_i—— 本项目在某评价因子下的得分值；

$X_i \cdot F_i$ —— 景观某评价因子评价分指数。

在得出综合评价指数 B 之后，利用下面的公式算出景观质量分数 M，以表示景观环境质量：

$$M = \frac{\text{景观综合评价指数 } B}{\text{理想景观评价指数 } B^*} \times 100\% \tag{3-2}$$

式中：B^*——理想状态下的得分值，由表 3-5 取值确定。

权值是反应不同评价因子间重要程度差异的数值，也是体现各评价因子在总指标中的地位、作用，以及对总指标的影响程度。由于隧道景观多数评价因子较抽象、宏观，故采用专家打分定权，确定评价因子的权值。推荐权值分配见表 3-5。

需要说明的是，该指标体系建立在定性评价的基础上，由于缺乏适当的专家评价系统，只能由评价组凭主观打分；在评分过程中，可依据现场踏勘的调查结果以及相关的生态和社会经济资料，参考以往隧道环评工作的一些经验和同区域内其他隧道的情况进行。

M 作为景观环境质量分级的依据，以差值百分比分级划分及不同质量等级的具体说明见表 3-6。

隧道景观环境质量分级标准 **表 3－6**

M（%）	80100	6079	3059	<30
隧道景观质量环境等级	Ⅰ	Ⅱ	Ⅲ	Ⅳ
沿线区域景观环境质量现状	好	较好	一般	差

如计算得出的 M 值为 50%，即景观环境质量为Ⅲ级，景观环境一般。

b. 按层次评价方法。

隧道景观评价是一个多因子高度综合的评价体系，在具体指标选择上因各项目评价的侧重点不同而有差异，但一般都包括隧道景观最基本的几个方面。为深入研究隧道洞口的景观问题，应将评价与设计密切结合，可采用二阶段的层次评价法，即先从专家角度进行设计方案水平评价，再从民众角度进行隧道洞口景观的通俗评价。该层次评价法的各层次评价差别与应用范围列于表 3-7。

各层次评价差别与应用范围　　表 3－7

评价方法	第一阶段评价	第二阶段评价
评价类别	经验评价、专家评价	心理学评价
应用范围	分析已建成隧道洞门的设计方案	分析设计因素在群众眼中的看法
评价样本	以往工程实例的照片和设计方案	设计方案、效果图、模拟资料和实际采访收集资料
评价目的	总结设计经验，优化设计方案	收集样本，优化设计方案，理论研究
评价对象	专家学者	公众样本（需必要数量）
数学方法	平均值法、标准差等	因子分析、数量化理论等

a）第一阶段评价——基于专家学者的经验评价和专家评价。

洞口景观的设计对于设计者而言，首先是一个判断和选择的问题。在整理的数据库中有大量的工程实例和以往专家对其功能和美观的评价，可作为对设计方案的评价参照。设计方案是由一个设计团体进行讨论决定的，是一个由专业的参与者推进的过程，故具体的方案评价也需要组织一定数量的专家学者参与讨论和投票，从各个领域方面尤其是比较敏感的设计因素上进行评分。这种量化的评价结果一般可根据得分的高低分为三个水准：

水准一：设计方案良好；

水准二：设计方案可以接受；

水准三：设计方案不理想。

第一阶段的评价方法可以参考前一种方法抽取部分或全部因素进行评分。例如，抽取线条、体形、肌理、色彩、边仰坡、绿化、个性这七个要素，分五级指标，由专家进行打分，最后使用平均值法并考虑到标准差的大小决定出最终分值，判断该设计的水准。

各个因素的分值大小可直接套取方法一，若有方法一未列出的因素或者现场条件特殊需再做分析的，也可由专家组重新讨论决定。本例中的七个因素分值可定为：

线条：指洞口类型的选择是否恰当（1~5 分）。

体形：指洞口设计的几何参数选择是否恰当（1~5 分）。

色彩：指洞口色彩的运用是否与环境和设计思想协调一致（1~5 分）。

肌理：指洞口材料的选择及其装饰手法、明暗度等的运用是否恰当（1~5 分）。

环境：指边仰坡的形式和绿化恢复等的方案是否与环境和洞身相协调（1~5 分）。

背景：指与环境的协调程度是否理想（1~5 分）。

个性：指设计方案的鲜明程度是否强烈，并使设计方案具有“优美”特质的个性（1~5 分）。

除了直接取各因素平均值得分和差异度判断外，也可采用数量化的统计方式，将之前列举的7个因素进行回归预测，使用以下模型：

$$Y_i=\sum_{j=1}^{n}\sum_{k=1}^{m}\sigma(j,k)\cdot b(i,k)+\epsilon_i \tag{3-3}$$

式中：Y_i——第 i 个专家的打分；

n——专家的数目；

m——因素个数；

$\sigma(j,k)$——第 j 个专家对第 k 个项目的评分值；

$b(i,k)$——各因素的权重；

ϵ_i——误差项。

根据专家得分，可判断设计方案所处的水准，各分值与方案之间的对应关系如下：

水准一：分数 >28；

水准二：分数在 17~28 范围内；

水准三：分数 <17。

b）第二阶段评价——基于群众样本的心理学评价。

这一层次的评价是基于公众的实验心理学评价，其主要目的是分析景观因素之间的组分关系，回归数学模型。根据评价结果，可调整相应的景观因素，有目的地优化方案，并预测景观质量，是一种比较科学、可靠度好的评价，也可作为对设计方案的优化方法使用。

就隧道洞口问题而言，景观问题是高速公路景观问题的组成部分之一，对什么样的隧道洞口采用什么样的评价，应该由隧道洞口在整个景观系统中的重要程度决定。这里引入隧道洞口景观的重要性系数，由环境重要性条件、公路等级、隧道重要性决定（表 3-8），对应不同的值应进行不同的评价。

重要性系数 **表 3-8**

因素		重要性系数
环境重要性	风景区	1
	城市地带	1
	自然保护区及文化保护区	1
公路等级	观光线路	1
隧道重要性	投资规模大	1
	有影响的长大隧道	1
	与构筑物结合	1
	双洞以上	1

隧道洞口的景观重要性系数：

$$\lambda=\sum_{i=1}^{8}\lambda_i \qquad (i=1,2,\ \cdots,\ 8) \tag{3-4}$$

λ_i 取值见表 3-8，λ 与各阶段的评价对应关系见表 3-9。

重要性系数与评价阶段表 **表 3-9**

评 分	应进行的评价阶段
0	一阶段评价
1~5	二阶段评价
>5	补充影响度评价

值得注意的是，当隧道洞口的重要性系数不为零时，即隧道洞口具有一定的重要性的时候，相关设计人员是有必要花费一定的时间和精力对隧道洞口景观进行深入评价的，即采用心理学的方式进行不同属性群体的公众评价。

（3）隧道洞口景观的评价准则

怎样才算一个安全合理、生态和谐、充满美感的理想型隧道洞口景观呢？归结到底，就是该隧道洞口景观能让驾驶员和乘客产生视觉上的舒适感，缓解高速公路行驶过程中的审美疲劳，给人以美的享受的同时又不分散驾驶员的注意力，确保行车安全。目前，国内外还没有一个系统合理，且得到业界人士普遍认同并遵循的评判标准。本书认为，对驾驶员心理和生理特性的控制，原洞口景观设计与自然环境背景相协调，以及洞口景观设计与人文文化相结合，这三大原则应作为评价时的宏观控制准则。

①对驾驶员心理和生理特性的控制原则

据不完全统计，隧道长度占线路长度的5%时，隧道内的交通事故占全线的25%；比例达到20%时，隧道内的交通事故约占全线的50%。另外，隧道内的交通事故约61%发生在隧道进口处，其主要原因是高速行驶的驾驶员经过隧道洞口时会产生“黑洞现象”“黑框现象”、边墙效应等，此为视觉变换和高速度之间的矛盾，属生理特性；在即将进入隧道或在隧道内行驶时，驾驶员会产生恐惧、烦躁情绪，以及压抑、孤单的感觉，这些不良心理反应很容易导致驾驶员操作失误，进而诱发隧道内的交通事故，此为心理变化和高速度之间的矛盾，属于心理特性。

统计资料表明，驾驶员在行驶时的失误是造成交通事故的主要原因。驾驶人在高速公路环境中发生行为失误的基本原因，是驾驶员对外界条件有限的适应能力和现代交通工具高速行驶的矛盾。驾驶员集中注意力是保证高速公路上驾驶安全的关键，因此为了减少高速公路交通事故的发生，需要针对驾驶员的心理和生理特性，重点关注驾驶员的愉悦程度、不良心理反应、身体动作迟缓度等人为因素。

通过大量的问卷调查、已有景观案例的分析以及专家点评等手段的研究，认为基于驾驶员心理和生理特征上的高速公路隧道洞口景观设计应该是简约、美观且环保的，洞门及洞口周边工程要素应隐含且内敛，设计中应尽量减少洞口周围亮度并尽量减少视觉物象，洞口绿化设计应科学合理，并应尽可能避免不合逻辑的修饰和粉饰。

②洞口景观与自然环境背景相协调的准则

在确定隧道洞口景观元素时，要考虑其与环境景观要素在视觉感受上的协调，使其与路域内外的景观元素搭配协调，浑然一体，共同构成自然美观、均衡完美而又优美静雅的美妙空间，使人们在逐渐接近隧道洞口的过程中获得舒适感和愉悦感。

应以原有自然生态环境主色为底色，结合原始的自然景观进行景观设计，根据不同树种的高度、枝叶的大小、色彩的选择及与草本植物的搭配方式，最大限度地点缀、美化生态环境，使洞口元素融入不同的景观生态元素，达到赏心悦目的美学效果。

隧道洞口景观设计应充分尊重自然、尊重环境，尽可能利用“地方元素”进行景观设计，注重人与自然的和谐，把人为元素融入自然元素之中。设计过程中应把握色彩的感情，装饰色彩应搭配协调，进行合理的立体化植物绿化模式，尽可能给驾驶员带来轻松感，给乘客带来愉悦感。

③洞口景观设计与人文文化相结合的准则

公路隧道洞口景观设计应体现设计的人文关怀，这种关怀不仅在于关注人类本身，同时也在于关注人类生存的环境以及同人类密切相关的生物。在设计中的人文关怀，是指关爱人、尊重人，提高人类的生存能力、发掘人类的生存意义，保护人类的生存环境，促进人与自然的和谐。人文关怀在设计中主要表现在人性化的设计方面，就是要设计出更符合人性的环境，创造出更加和谐的室内外空间环境，将中国数千年以来的人文成果渗透在设计中，使设计充分体现当地的人文特性，创造一种人文境界和一种体现“以人为本”的文化空间。

隧道不仅仅是公路上行车的通道，也是文化的载体，环境中的象征符号。将隧道洞口作为展现文化历史的窗口，赋予洞口景观思想和内涵，可以大大提升公路景观的文化品位。洞口景观设计中充分体现“人文关怀”，可净化人们的心灵，展示地方文化，体现时代精神，激发人们的想象，还能够创造出一种宁静安详的氛围，有利于高速公路上的行车安全。但是，隧道洞口人文景观设计要把握好文化设计的尺度，不能太过于浮夸，以免分散驾驶员的注意力。同时，人文景观设计要以合理的方式展现其文化魅力，给人视觉上美的享受，要与自然环境相协调。

在景观设计中应体现地方民族文化特色，体现人文关怀精神，将民族文化融入设计理念中，体现本地区民俗风情的特色景观，使隧道洞口景观空间成为道路沿线不同地域文化的展现空间，增加隧道洞口景观的文化内涵和地域文化特色。在景观设计中依据每座隧道洞口进行合理布局，一山一石、一草一木应烘托人文景观特色，使隧道洞口景观散发出浓厚的人文文化气息，令人沉醉于其中。

工作的目的在于改善一个你力图改变的环境。

——加雷特·埃克博（Garrett Eckbo）

洞口景观典型案例分析

4.1 隧道洞门形式简介

隧道洞口主要是用圬工砌筑并加以建筑装饰的支挡结构物，既可以联系衬砌和路堑，也是隧道进出口的标志，是整个隧道结构的主要组成部分。洞门作为隧道唯一的外露部分，经过适当的建筑艺术处理，可起到美化环境的作用，这对于城市和风景区附近的隧道尤为重要。

隧道洞门是隧道两端的外露部分，也是联系洞内衬砌与洞口外路基的过渡构造，它的主要作用有：保证洞口附近边坡、仰坡的稳定；防止洞口上方的落石以及在严寒地区洞口积雪等影响行车安全；汇集洞口附近边、仰坡上的地表水，并引离隧道；调整洞内外亮度对比的差异；作为隧道标志与周围的建筑物、地形条件相协调。

相关资料表明，隧道洞门从结构形式上可分为以下几类（隧道洞门形式和特点见表 4-1）：

①墙式洞门：如端墙式、拱翼式、翼墙式、台阶式、柱式、城堡式等；

②突出式洞门：如削竹式、环框式、喇叭口式等；

③特殊式洞门：如框架式、棚洞式、遮光棚式、其他形式等。

隧道洞门的形式和特点 **表 4－1**

洞门结构外观表现形式	洞门结构的立面表现形式	适用条件	特征	景观效果	备注
墙式洞门	端墙式	轴线与坡面基本正交，边仰坡坡率为 1：0.3~1：0.5	易于施工	壁面面积大，需降低其亮度；有重量感，行车人易感到压抑	应用很广泛
	翼墙式	边仰坡坡率为 1：0.75~1：1.5	抗滑、抗倾覆能力较好	壁面面积大，有重量感，驾驶员感到压抑	应用较广泛
	台阶式	边仰坡坡率为 1：0.5~1：1.25	可减少靠山侧仰坡开挖高度，一般与偏压衬砌配合使用	壁面面积大，需降低其亮度；有重量感，驾驶员易感到压抑	一般应用于偏压地段
	柱式	边仰坡坡率为 1：0.5~1：0.75	洞口受地形限制，无法布置翼墙式洞门	较为雄伟	应用较为广泛

续上表

洞门结构外观表现形式	洞门结构的立面表现形式	适用条件	特征	景观效果	备注
墙式洞门	拱翼式	地面横坡连绵起伏，仰坡较大的地段	端墙结构设计为拱翼形式	洞门后方的起伏相协调	应用较为广泛
	城堡式	适用于地形开阔地带，旅游风景区、少数民族聚居地区	施工复杂，造价相对也较高	彰显当地的民土风情，很好的景观效果	应用范围较小
突出式洞门	削竹式	洞口周围地形平坦	模型板、配筋较费事，耗资较大	修饰周围的景观，使洞门与之协调	应用广泛
	喇叭口式	地形、地质条件较好，洞口周围开阔	模型板、配筋较费事，耗资大	对车辆行驶影响小，最适合洞口周围地形	应用较广泛
	环框式	洞口山体坡度较陡、围岩稳定性，整体性较好	用于距离城市较近或桥隧相连地段	与洞口周围山体协调性很好	应用较广泛
特殊式洞门	框架式	城市矩形隧道	矩形断面	与城市周边环境协调	应用较少
	棚洞式	傍山隧道，洞口存在较大长度的偏压	减少圬工数量，节约建设资金	过渡洞口光线，保护周边的生态环境	应用较广泛
	遮光棚式	适用于隧道群纵向间距较小、洞内外亮度反差较大的情况	遮光、节能、环保	过渡洞口光线，轻盈、明快、简洁	应用较少
	其他形式	—	结构造型新颖	洞口景观兴奋点	应用较少

目前，从舒适性、稳定性、个性等方面对各种洞门形式及相应洞口景观进行综合评价显示：削竹式洞门综合评价较高；拱翼式洞门舒适性、稳定性和个性方面都比较好，是一种比较理想的洞门形式；喇叭口式洞门个性评价高。从与环境协调的角度评价，设计方案的选择依次为削竹式、拱翼式、喇叭口式和直线端墙式洞门。不过该排序并非绝对，在设计时应具体问题具体分析。

随着隧道工程建设的迅速发展，隧道设计理念也发生了相应变化。在设计洞门结构时，设计人员在传统观念上往往首先考虑如何保证洞门满足结构受力要求，即根据计算结果或地形地质条件等确定洞门类型或形式，进而确定具体的景观要素并进行验算，最后再根据所处环境及隧址区特殊要求对洞门形式进行修正或对其进行特殊的装饰设计。但是，当隧道洞口段地形、地质条件相对较好时（尤其是长大或者具有标志意义的公路隧道），若仍然只是按照安全性、功能性的要求进行设计，那么很可能不能对隧道洞口进行适当的艺术设计，从而造成隧道形式千篇一律，没有新鲜感，观赏性大打折扣，不能充分体现洞门景观效果和标志作用，故应将洞口工程设计（包括洞门设计）与景观设计融为一体综合考虑。因此，在隧道洞口结构设计中，洞门结构在传统观念上所重视的承载功能被削弱，更加强调的是其安全、景观功能及美学价值。目前，突出式洞门、无洞门、特殊洞门得到了广泛的运用，传统“路堑式”洞口结构已经大幅减少，这为洞口景观设计提供了极大的设计空间和自由度。

隧道洞口景观设计的最大难题，就是如何将不是实体的美，和谐地融入隧道洞口实体中。解决这个难题最重要的是要形成一个以技术创新为主线的思维模式，技术创新的成果必然体现审美性的提升，形成一个“技”、“美”双赢的统一体。

下面用一组隧道洞门设计实例进行说明。

如图 4-1 所示是瑞士某隧道入口端的景观，它将隧道的挖掘技术细化至如内科手术般细腻，使洞门面貌给人们带来全新的感受。该工程在设计中考虑的重点是如何呼应山体的自由起伏和达到遮蔽隧道的目的，故最终确定了这种形式。可以设想的是，在隧道洞口地段确定后，设计师在进行洞口景观设计前或设计中先萌发了创新的心理，然后才有了创新的实践，最终达到创新的目的，这是符合马克思主义美学基本原理的——人们在已有实践基础上，发挥主观能动性，进行技术创新，最终丰富实践。

如图 4-2 所示是位于国道 214 线隔界河（藏滇界）至德钦公路段的石就棚洞。该隧道在考虑洞口周围地形地质条件后，决定选择结构受力与防护功能较佳的棚洞结构，而后又有机地在细节中融入

图 4-1 瑞士某隧道入口端

图 4-2 石就棚洞

藏文化元素。该设计以棚洞构筑物作为载体，较为简洁地体现出了历史悠久、博大精深的藏文化，属于较为成功的隧道洞口景观设计案例。

近年来，国内按这种思维模式进行隧道及洞口设计的案例较多，其中不乏很多优秀的作品，但同时也有很多需要斟酌的设计案例。以下将根据不同隧道洞口结构形式，分析不同结构类型的洞口景观特点，并对相应的洞口景观做出简要的评价。

不同的相关设计单位、个人对洞口景观设计的理解不尽相同，因此对于相同的隧道洞口景观设计将会有不同的评价。本书只是从个人感受和认知角度，从不同视角对已存在的公路隧道洞口景观进行简要评价。受作者本身阅历和知识储备所限，本书对隧道洞口景观美学设计的理解尚存在不足之处，对书中所引用的各个洞门景观的分析也较为片面。在此，对这些丰富多彩的洞口景观缔造者表示谢意的同时，也深表歉意！

4.2 不同洞门类型典型景观

4.2.1 墙式洞门

“墙式”洞门，从外观形式上看起来像一堵墙，适用于仰坡陡峻地形、山凹地形或斜交地形的狭窄地带，具有承受背后土体压力、支挡边仰坡的作用。隧道洞门的端墙或翼墙是抵抗边仰坡土压力的支挡结构，须按承受主动土压力的挡土墙结构来进行设计，对地基承载力的要求较高。这类洞门的突出特点在于：端墙壁面面积大，有重量感，对驾驶员易产生心理上的压迫感，墙面对光线敏感。该类型的洞门形式可随地形条件变化而变化，具有多种不同样式，因此设计人员有较宽广的创作空间。

墙式洞门的造型及装饰饰面的处理方法对洞门景观影响较大，端墙的造型可根据洞口周边地形及所需承受的土压力确定。墙式洞门的形状有直线形和曲线形两种，直线形和曲线形均可分为左右对称和不对称两种形式。其中曲线比直线给人的印象要柔和、明亮、轻快和开放，选择何种端墙造型主要是考虑与周围环境的协调，应注意其要与作为背景的地形条件吻合，同时体形上尽量对称或与地形结合。

墙式洞门具有结构简单、工程量小、施工简便的优点，其缺点是洞口顶部排水条件较差，若横向山坡一侧较低时，应当开挖沟槽横向引排；圬工体积较大时，进行相应的植被绿化工作较困难。墙式洞门可通过采用合理选材、精心布局、科学配置、突出主题等手段，在满足结构功能的前提下，结合当地的环境、人文特点，使隧道洞门与大自然融为一体，给高速公路增色添景。

公路隧道墙式洞门装饰材料主要有石材、涂料、人工塑石和素混凝土四种；装饰手法主要有建筑式装饰手法、浮雕式装饰手法、雕塑式装饰手法、造型式装饰手法、贴面式装饰手法。设计时应从现场环境条件、洞门形式、地方文化习惯等方面综合考虑，遵循“整体协调性和自然性原则”，选择适合隧道的装饰。选择墙面装饰材料的颜色时，应以冷色系为主，不宜采用暖色；墙面不宜处理成光面，应处理成亚光或用反光弱的材料来进行装饰。

墙式洞门主要分为：端墙式洞门、拱翼式洞门、翼墙式洞门、台阶式洞门、柱式洞门、城堡式洞门。

（1）端墙式

端墙式洞门在自然山坡陡峭、隧道轴线与坡面基本正交、洞口地形开阔、岩层稳定、有一定的山体压力、开挖坡度为1：0.3~1：0.5的洞口地段较为常见。在洞口岩层较好时使用这种形式的洞门最为经济，也是最常见的一种洞门，缺点是洞门顶部排水条件较差。当隧道洞口处于仰坡陡峻、沟谷、斜交地形的狭窄地带或桥隧相连、延长明洞困难时，也经常采用端墙式洞门。端墙式洞门的主要参数有：

①体形参数（即端墙的造型）

无论是直线还是拱形端墙，洞口宜选择净空高度大，拱顶到洞口顶距离短的形式。直线端墙偏单调，而拱形端墙如果两侧有立柱，则偏复杂、厚重。

②端墙肌理

端墙肌理可分为竖向肌理和横向肌理，根据设计需要，可以对墙面进行适当的人工肌理处理。经过普通凿毛处理的洞门是最单调的，而壁画装饰的洞门给人耳目一新之感，横槽和竖槽的处理比较适宜，但壁画装饰的洞口景观评价高。这说明，人们潜意识中是希望对端墙进行美化处理的。同时，端墙洞口上部形状不同，复杂度也是不同的。装饰端墙时，采用描绘的形象比几何线条图形的要显得柔软、轻快。

下面列举出一组我国部分已建成的公路隧道端墙式洞口景观。

板仑隧道

洞门形式	端墙式洞门	国家及省份	中国云南
建成通车时间	2015 年 12 月	隧道类型	长隧道
公路或道路类型	高速公路、双向四车道		
设计单位	云南省交通规划设计研究院		
主体工程施工单位	中铁一局集团有限公司		

◆ 工程概况：

板仑隧道为左、右线分离式双向隧道，位于富龙高速公路富宁县境内，设计行车速度为 80km/h。隧道全长 1977.5m，属于长隧道。路线起讫桩号位于 K2+885 ～ K4+895，隧道大部分位于直线段内，其中 K4+074.19 ～ K4+340 位于 R=1200m、L_s=105m 的平曲线内。

◆ 简要评价：

该隧道洞门形式采用端墙式洞门。该洞门整体造型雄伟、刚劲、稳重、朴实，且很有画面感。洞门壁面以蓝色为背景，壁面进行了喷漆处理，字体采用人造砂岩浮雕形式，其他采用复合水泥浮雕，“富龙高速欢迎您！”的字样使用 LED 显示屏滚动。整个画面的布局和谐典雅，明快，轻松。洞门壁以云朵、海浪、帆船、郑和像等要素来组成“郑和下西洋”的故事。这反映了富龙高速不仅是云南最便捷的出海走廊，也是国家西部大开发战略的西南出海大通道。隧道洞口周围没有对边仰坡进行大的刷坡，很好地保护了周围土体和植被，避免了原有自然生态环境遭受破坏。根据植被适应性，隧道洞口两旁以及中央分隔带选择适于当地生长的植被，植被布局整齐，错落有致，且色彩鲜明，具有美化路容、引导视线、明暗过渡、协调景观等功能，能给驾乘人员带来新鲜感和情趣。

平耶 4 号隧道

洞门形式	端墙式洞门	国家及省份	中国云南
建成通车时间	2015 年 12 月	隧道类型	短隧道
公路或道路类型	高速公路、双向四车道		
设计单位	云南省交通规划设计研究院		
主体工程施工单位	中铁十二局集团有限公司		

◆ 工程概况：

平耶 4 号隧道为左、右线分离式双向隧道，位于富龙高速公路富宁县板仑乡平耶村，设计行车速度为 80km/h。隧道全长 448.5m，属于短隧道。隧道进口高程 836.20m，出口高程 849.10m，隧道纵坡为 2.71%。

◆ 简要评价：

洞口采用端墙式洞门，整体造型刚劲，稳重，给人以厚实的感觉。洞口轮廓面采用壮族纹饰，并刻有壮族图腾，很好地结合并彰显了当地壮族传统文化，显得大气洗练而具有民族特色。隧道洞名设置在洞口旁，并采用人造砂岩字体刻在岩石上，显得遒劲有力。隧道墙面颜色清新脱俗，且用横向条纹来装饰，给人以明快的感觉。给人以美的体验。同时洞口边仰坡的植被恢复很好，与山体背景协调一致，符合生态设计和整体协调性原则。

大荒沟隧道

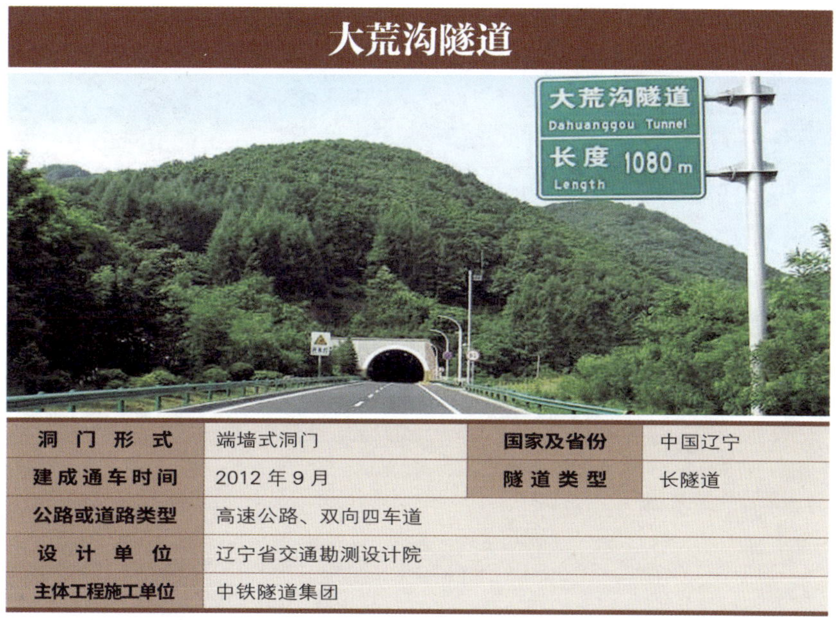

洞门形式	端墙式洞门	国家及省份	中国辽宁
建成通车时间	2012 年 9 月	隧道类型	长隧道
公路或道路类型	高速公路、双向四车道		
设计单位	辽宁省交通勘测设计院		
主体工程施工单位	中铁隧道集团		

◆ 工程概况：

大荒沟隧道位于丹东市宽甸县青山沟乡弯沟村与本溪市桓仁县向阳乡和平村之间，走向南西 210°～225°。隧道左线起讫桩号 ZK55+660 ～ ZK56+780，长 1120m；右线起讫桩号 YK55+700 ～ YK56+780，长 1080m。通化端设计为双向分离式隧道，其范围为左线 ZK55+675 ～ ZK56+378.68，右线 ZK55+710 ～ ZK56+375。丹东端左线 ZK56+378.680 ～ ZK56+735，右线 YK56+375 ～ YK56+740，左右线隧道毛洞间距范围为 4.095 ～ 14.812m，属于小净距隧道。隧道单洞开挖的最大宽度 11.0m，建筑限界净高 5.0m，检修道净高 2.5m，设计行车速度 80km/h。洞口段为 V 级围岩，洞身为Ⅲ、Ⅳ级围岩。

◆ 简要评价：

隧道所处位置地形开阔、仰坡陡峭，且洞口位置山体左右不对称，采用左右不对称、单侧削角的端墙式洞门，对洞口段的 V 级围岩起到了很好的支撑、稳定作用。隧道洞门修建后，对洞口仰坡的植被进行了恢复，但由于开挖后的仰坡坡度较大，并没有完全将裸露的山体覆盖。隧道洞门的主题以白色为主，且洞门墙壁面粗糙，很好地降低了洞门墙的亮度，保证了视线的舒适性及交通的安全性。路线中央分隔带种植的高大植物可以有效降低对向行车的互相影响，同时和山体上原有的高大植被相呼应，增加了景观的舒适性。从整体来看，除洞口仰坡局部处理不当外，该隧道洞口景观整体效果较好，生态和工程结合得较为理想。

四角田隧道

洞门形式	端墙式洞门	国家及省份	中国云南
建成通车时间	2002 年 9 月	隧道类型	长隧道
公路或道路类型	高速公路、双向四车道		
设计单位	云南省公路勘测设计院		
主体工程施工单位	中铁二十局集团二公司		

◆ 工程概况：

云南大理保山高速公路四角田隧道位于大理州永平县西南部。该隧道是上下行分离的双车道隧道，上下行线间距最小处为 20m，隧道断面为双曲半圆拱，设计净宽 10.9m，净高 7.2m，其中上行线长 1533m，下行线长 1500m，设计行车速度为 100km/h。

◆ 简要评价：

该隧道洞口边仰坡防护时充分考虑了洞口景观要求，保护自然景观的完整性，维护了植被密度并保持了植被的多样性，自然生态环境保护得较好，注重乔灌草立体植被群落的构建，植被恢复效果较理想。洞门墙面采用浅灰色进行装饰，颜色与周围环境相匹配，应用效果良好。中央分隔带种植绿草，能够提高司机视觉舒适性。隧道洞门的体型和位置在图幅中显得较为协调，整个画面呈现出安逸轻松的氛围。但隧道洞名设计背景与隧道墙面颜色均为冷色，导致洞名不够醒目。

米脂二号隧道

洞门形式	端墙式洞门	国家及省份	中国陕西
建成通车时间	2012年9月29日	隧道类型	长隧道
公路或道路类型	高速公路、双向四车道		
设计单位	中交公路规划设计院有限公司		
主体工程施工单位	中铁十八局集团第五工程有限公司		

◆ 工程概况:

榆绥高速公路米脂二号隧道为双洞分离式隧道，左线长1893m，右线长1888m。隧道最大埋深约130m。地貌属黄土梁峁沟壑区，地势总体南高北低，垂直隧道轴向两侧低中部高，且起伏较大。隧址区高程879～1016m，相对高差约137m。

◆ 简要评价:

该隧道洞门形式设计为端墙式，洞口边仰坡植被恢复较差，只有零星的植被加以点缀，再加上刷坡严重，破坏了自然环境和生态环境。由于该地貌属黄土梁峁沟壑区，植被稀少，植被并不宜生存，造成隧道周围背景显得有些单调、生硬。隧道洞门的位置和体型与周围背景环境相对协调，色彩上也比较一致。中央分隔带采用乔木加灌木的绿化模式，增加了绿化面积。总体而言，整个画面显得有些突兀，缺乏生气和美感。

南岭隧道

洞门形式	端墙式洞门	国家及省份	中国陕西
建成通车时间	2009 年 9 月 26 日	隧道类型	长隧道
公路或道路类型	高速公路、双向四车道		
设计单位	中交第一公路勘察设计研究院		
主体工程施工单位	中铁十二局集团有限公司		

◆ 工程概况:

宝天高速公路南岭隧道为左、右线分离式双向隧道，南岭隧道左线全长 1201.7m，其中Ⅲ级围岩 1080m；右线全长 1186m，其中Ⅲ级围岩 1070.m。

◆ 简要评价:

隧道洞口位置山体陡峭，树木茂盛，为了保护原有的生态环境，采用“零”开挖进洞技术，并在施工完成后及时对山体周围植被进行恢复。隧道洞口周围的植被采用乔木 + 灌木 + 草的立体模式进行恢复，丰富的景观层次不仅能丰富隧道洞口的景观形式，也能更好地维护洞口结构的安全，使景观具备较高审美价值。隧道洞门墙以粉白色为主题色，在阳光的直射下，洞门墙非常的“抢眼”，与隧道内的暗环境形成鲜明的对比，在整体深绿色的背景中显得突兀、不和谐。隧道洞门墙上红色的“南岭隧道”字样，在整个大背景下显得简单、醒目，给每一位驱车通过过该隧道的驾驶员、乘客留下深刻的影响。

卧佛山隧道

洞门形式	端墙式洞门	国家及省份	中国内蒙古
建成通车时间	2004 年 12 月	隧道类型	中隧道
公路或道路类型	高速公路、双向四车道		
设计单位	铁道第三勘察设计院（现改为中国铁路设计集团有限公司）		
主体工程施工单位	中铁第十九工程局		

◆ 工程概况：

卧佛山隧道位于内蒙古自治区乌兰察布市卓资县，属于 G6 京藏高速，设计为上下行分离式隧道，设计行车速度 100km/h，建筑限界宽为 (2×3.75+0.5×2+0.5+1.25) m=10.25m，建筑限界高为 5.0m。双向四车道，隧道左洞长度为 735m，右洞长度为 725m。

◆ 简要评价：

该隧道所处地方属于大陆性气候，气候干燥。在进洞时，对洞口坡面大挖大刷，对山体造成了很大的破坏。仰坡位置人工痕迹很明显，且植被恢复很差，对当地生态造成了严重破坏，不符合生态设计理念。隧道洞门墙采用仿古建筑，两侧以城墙形式点缀。墙面以白色为主题色，在端墙上边缘以及隧道洞口轮廓采用朱红色涂料装饰，隧道铭牌设置在两洞口之间，采用黑色作为底色。隧道白色墙面比较明亮，在光线较强时，会让驾驶员有刺眼、不舒适的感觉。再者，隧道中央分隔带植被绿化不足，这也与当地生态有关。总的来说，整体洞门装饰略有新意，稍显醒目。

洞门形式	端墙式洞门	国家及省份	中国内蒙古
建成通车时间	2004 年 12 月	隧道类型	长隧道
公路或道路类型	高速公路、双向四车道		
设计单位	铁道第三勘察设计院（现改为中国铁路设计集团有限公司）		
主体工程施工单位	中铁第十九工程局		

◆ 工程概况：

福生庄隧道位于 G6 京藏高速上内蒙古卓资县城西约 10km 处，设计为上下行分离式隧道，设计行车速度 100km/h，隧道纵坡为 -0.4%。隧道左线总长 1569.5m，里程桩号为 ZK427+210.5 ～ ZK428+780；右线总长 1519m，里程桩号为 YK427+246 ～ YK428+765。建筑限界宽为（2×3.75+0.5×2+0.5+1.25）m=10.25m，建筑限界高为 5.0m。隧道位于低中山区，山势陡峻，植被较发育，冲沟深切，呈 V 字形，冲沟方向大致垂直线路，隧道最大埋深约 200m。

◆ 简要评价：

该隧道所在地区属于大陆性气候，降水少且降水量随季节变化大，气候干燥，仰坡植被呈点状分布。因此，为了保护当地的生态环境，修建隧道洞门时，并没有采用大量开挖的进洞方式，基本上做到了微开挖。隧道洞门墙以白色为主题色，在端墙上边缘以及隧道洞口轮廓采用朱红色涂料装饰，隧道铭牌采用黑色作为底色。整体洞门装饰简约，不醒目。隧道白色墙面比较明亮，在光线较强时，很刺眼，驾驶员会产生不舒适的感觉。隧道中央分隔带也只是种植少量的灌木，整体上基本符合当地的生态。

笔架山隧道

洞门形式	端墙式洞门	国家及省份	中国四川
建成通车时间	2011 年 12	隧道类型	短隧道
公路或道路类型	高速公路、双向四车道		
设计单位	四川省交通规划勘察设计院		
主体工程施工单位	中国中铁二局四公司		

◆ 工程概况：

笔架山隧道是绵遂高速的控制性工程之一，为双向分离式隧道，设计行车速度80km/h。笔架山隧道左右洞全长790m，其中右洞长385m，最大埋深81m。该隧道属于小净距短隧道，隧道埋深不大，地质条件较差，风化及裂隙发育，围岩破碎。

◆ 简要评价：

隧道轴线与坡面斜交，隧道洞口左右切面不对称，该隧道洞门采用端墙式洞门，具有承担侧向土压力、稳定开挖边坡的作用。该隧道施工过程中，对边坡以较大的角度进行切削，施工后没有进行植被的恢复和绿化，大部分的岩体裸露在外，裸露的岩体不仅可能造成边仰坡不稳定，而且影响洞口景观的美观性，给周边的生态环境造成较大的影响。洞门墙颜色采用浅灰色，和周边景色较好地融合，避免了视线上的突兀感。隧道洞门将金黄色的“笔架山隧道”字样置于深灰色的背景框中，在隧道浅灰色的背景中显得简约、大方。路线中央分隔带利用草坪进行点缀，为洞口景观增添了生机、活力，但植被高度不够，对消除对向行车的相互影响效果较差。路线中央分隔带中的小品建筑采用酒桶的样式，上书“诗酒之乡”，给人深刻的影响，将当地的诗酒文化和隧道的景观有效结合，做到隧道的“入乡随俗”。隧道洞口整体景观和谐、雅静，具有浓郁的文化气息，但局部处理欠妥。

财神梁隧道

洞门形式	端墙式洞门	国家及省份	中国重庆
建成通车时间	2009 年 9 月	隧道类型	特长隧道
公路或道路类型	高速公路、双向四车道		
设计单位	中交第一公路勘察设计院		
主体工程施工单位	中铁十五局集团		

◆ 工程概况：

财神梁隧道是奉节至云阳高速公路中的重点工程，是一座上下行分离的双向四车道特长隧道。隧道左线 4928m，右线 4943m。财神梁隧道洞身段地质条件复杂，洞身大部分位于Ⅳ和Ⅴ级围岩（Ⅳ和Ⅴ级围岩达 2350m）软弱层、破碎体以及小规模的断层及破碎带之中，风化体等对洞身段围岩稳定较为不利，易出现拱顶大变形、塌方等地质灾害。

◆ 简要评价：

隧道所处位置地质条件较差，洞门承受较大的水平推力，故采用端墙式洞门。洞门修建过程中对边坡进行了较大面积的切削，而且在洞门修建完成后采用混凝土进行覆盖，这种做法虽然可以保护切削岩体不继续风化、破坏，但是给山体原有的生态环境造成较大的破坏，影响洞口景观的舒适性、美观性。隧道墙面采用灰色系，洞名色彩为“白底红字”平稳置于直线形的端墙式洞门上，整体稳重、醒目。道路两旁采用高大植物和草坪进行绿化，可以增加行车的安全性，同时给黑灰色的路面、浅灰色的墙面组成的大背景增加绿色和生机。

潭峪沟隧道

洞门形式	端墙式洞门	国家及省份	中国北京
建成通车时间	1998 年 11 月	隧道类型	特长隧道
公路或道路类型	高速公路，单向三车道		
设计单位	北京市市政设计研究总院		
主体工程施工单位	铁道部十六局四处		

◆ 工程概况：

八达岭高速公路潭峪沟隧道位于延庆县与昌平的交界处，潭峪沟隧道全长 3455m，隧道进口段有 268.3m 位于曲线段上（R=1650m），其余洞身段均为直线，隧道内不设置紧急停车带。潭峪沟隧道为单向三车道高速公路隧道，隧道设计行车速度为 60km/h。隧道断面采用拱形曲墙式断面，其净宽为 13.1m，净高为 7.3m。隧道内路面横向采用单面坡（由东向西坡），横坡坡度为 1.5%。采用 2.7% 单一纵坡度，变坡点及相应竖曲线均设在隧道以外，隧道的最大埋深为 181.04m，最小埋深（洞口部分除外）为 30.14m。隧道所处地区地质条件构造复杂，挤压破碎带和断层多，地下水较丰富，Ⅳ、Ⅴ级围岩占 60% 以上。

◆ 简要评价：

隧道采用端墙式洞门，主要作用是承担洞口上部及背部的山体压力，稳定洞口附近的岩土体。隧道所处位置树木茂盛，在洞门修建完成后，对周围的植被及时进行恢复，使得洞口周围的生态环境得到较好的保存。隧道洞门墙采用浅黄色材料进行装饰，搭配洞门墙粗糙的肌理降低了洞门的压迫感。潭峪沟隧道是八达岭高速公路八达岭隧道群的重要组成部分，隧道位于军都山中，端墙式洞门的造型采用长城的经典元素，让经过该隧道的驾驶员和乘客自然而然地联想到巍巍长城，隧道洞门很好地融入当地的长城文化中，并成为长城文化的代表符号。隧道洞门上的名称为浅色的文字，置于黑色的背景上，虽然不那么醒目，但这种样式和古城门有几分相似，同样体现了长城文化的特点。

居庸关隧道

洞门形式	端墙式洞门	国家及省份	中国北京
建成通车时间	1998 年 11 月	隧道类型	中隧道
公路或道路类型	高速公路，单向三车道		
设计单位	北京市市政设计研究总院设计		
主体工程施工单位	中铁十六局集团北京轨道交通工程建设有限公司		

◆ 工程概况：

八达岭高速公路居庸关隧道是位于北京市八达岭高速公路 55km 处的八达岭隧道群中的一条公路隧道，八达岭隧道群主要由潭峪沟、八达岭、居庸关等隧道组成，于 1998 年建成通车。居庸关隧道属于八达岭高速公路工程的二期工程，全长 600m，该隧道为进京方向。隧道行车道宽度为 3×3.5m，隧道内建筑限界（有效）净宽 12.5m，隧道内建筑限界净高 5.0m，检修道净高 2.5m，隧道断面采用拱形曲墙式断面，其净宽 13.1m，净高 7.3m，设计行车速度为 60km/h，交通流量为 2700 辆 /h。

◆ 简要评价：

居庸关位于军都山地，山峦间花木郁茂葱茏，有“居庸叠翠”之称，被列为“燕京八景”之一；军都山地形险要，号称“天下九塞”之一，“太行八陉”之八。隧道洞门采用关塞形式，形态沉重、个性突出、有气势，很好地体现了居庸关的气势，显得气派非凡，令人肃然起敬。隧道洞门墙用浅黄色材料进行装饰，墙壁面的粗糙肌理有效降低了洞门的亮度，提高了行车的安全性和景观的舒适性。隧道洞门施工完成后对隧道周边的植被进行了恢复，保护了洞口自然生态环境，有效降低了高速公路隧道建设对路域内自然生态环境质量、生态系统功能和结构等产生的直接或间接破坏和影响。

大华岭隧道

洞门形式	端墙式洞门	国家及省份	中国河北
建成通车时间	2010 年 9 月	隧道类型	特长隧道
公路或道路类型	高速公路，双向四车道		
设计单位	河北省交通规划设计院		
主体工程施工单位	中铁三局集团五公司、隧道集团工程有限公司		

◆ 工程概况：

大华岭隧道是张承高速公路重点控制性工程，位于张承高速公路张家口至崇礼段内，总长 10.515km，是当时华北地区在建的最长公路隧道。大华岭特长隧道设计为分离式双向四车道，左线全长 5215m，右线全长 5300m。隧道设计行车速度 80km/h。单洞净宽 12.50m，内轮廓净高 7.5m，建筑限界高 5m，衬砌断面采用三心圆方案。车行横洞净宽 4.50m，限高 5.00m，采用直墙拱形断面。人行横洞净宽 2.00m，限高 2.50m，采用直墙拱形断面。隧道左右线间距 40m。

◆ 简要评价：

该洞门不仅发挥其承载作用，更在形式和装饰上寻求突破，美观性较好。将隧道洞口边坡按斜坡台地处理，“化高为低”，但缺少必要的绿化处理措施，显得有些生硬。利用草本植物点缀仰坡和洞口间绿化带，但绿化效果并不好。从近处看，隧道洞门将黑褐色作为主题色，采用该种颜色与周围环境背景很好地结合，能够提高行车视线的舒适感。两洞口间建造带有当地文化特色壁画的城墙式建造物，其前方摆放一假山建筑，使隧道更加富有人文文化气息。隧道洞门形态富有个性，但整体略显沉重且有压迫感。

东山隧道

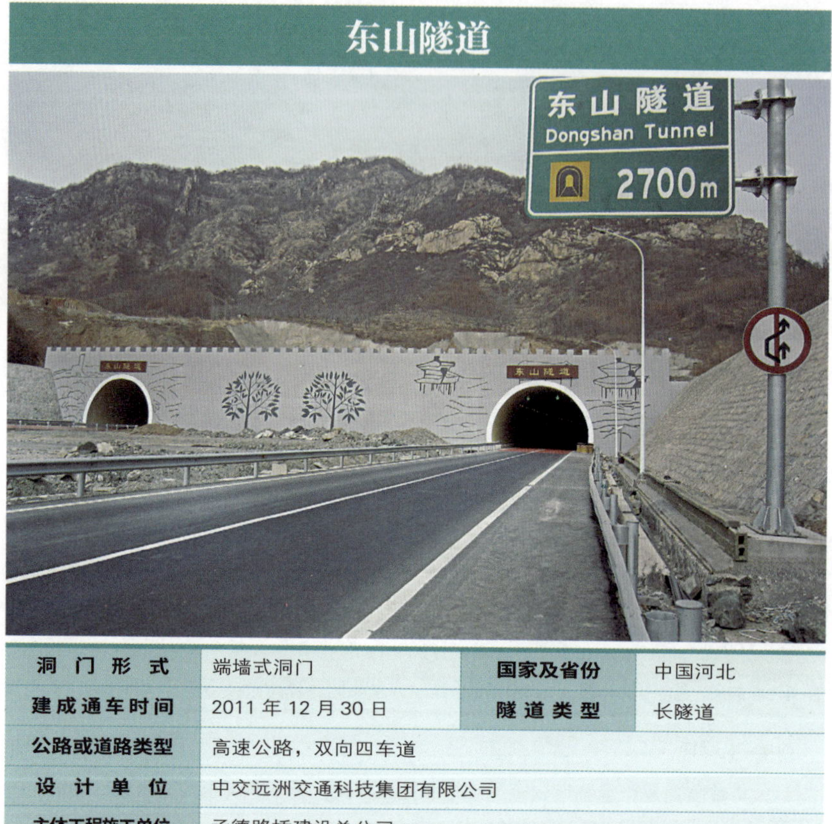

洞门形式	端墙式洞门	国家及省份	中国河北
建成通车时间	2011年12月30日	隧道类型	长隧道
公路或道路类型	高速公路，双向四车道		
设计单位	中交远洲交通科技集团有限公司		
主体工程施工单位	承德路桥建设总公司		

◆ 工程概况：

承秦高速东山隧道设计为上下分离式的双洞四车道隧道，隧道的建筑限界设计净空断面为10.25m×5.0m，内设双侧检修道，采用曲墙复合式衬砌结构。隧道全长2716m，属于长隧道，设计行车速度80km/h。隧道内轮廓设计考虑结构受力良好及便于施工，采用单心圆方案。

◆ 简要评价：

该隧道的端墙式洞门除了承受洞口背后较大的土体压力，其结构形式和色彩的应用也为洞口景观增添了美观性。该隧道洞门，仰坡位置能看出有刷坡痕迹，是因为洞门修建完成后未及时对隧道周边的植被进行恢复。隧道洞门以浅蓝色为主题，有效地降低了洞口的亮度，与周边的环境相协调。壁面绘制带有当地文化色彩的图案，与洞口的树木、花草相辅相成，突出“环保与传统文化并重”的主题。

麦积山隧道

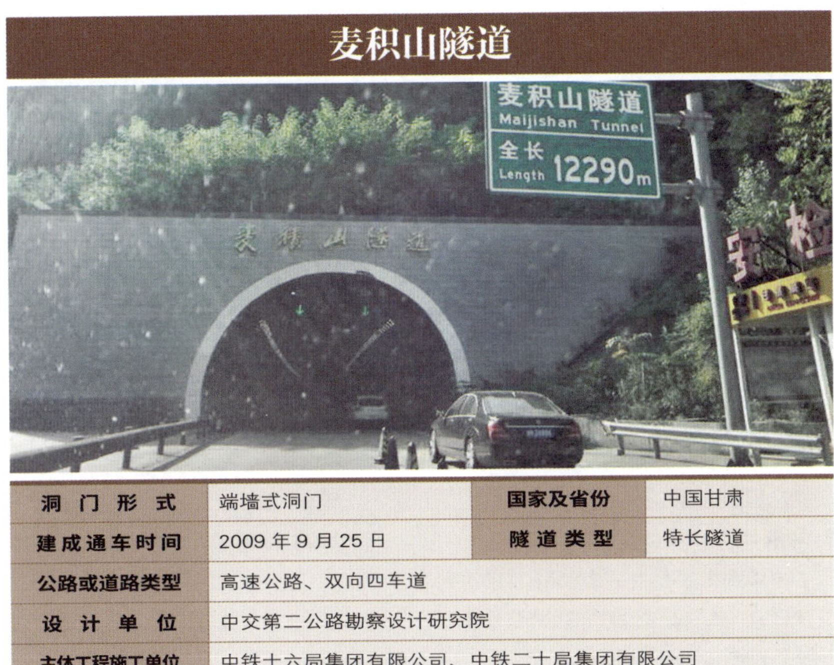

洞门形式	端墙式洞门	国家及省份	中国甘肃
建成通车时间	2009年9月25日	隧道类型	特长隧道
公路或道路类型	高速公路、双向四车道		
设计单位	中交第二公路勘察设计研究院		
主体工程施工单位	中铁十六局集团有限公司、中铁二十局集团有限公司		

◆ 工程概况：

宝天高速麦积山特长隧道是连霍国主干线（GZ45）宝（鸡）天（水）高速公路牛背至天水段的控制性工程，进口东端位于天水市麦积区东岔镇境内，穿越秦岭主脊，出口西端位于天水市麦积区利桥乡境内。麦积山隧道是一座上下行分离式四车道高速公路特长隧道，建成为当时亚洲第二长公路隧道。左线全长12286m，纵坡+1.562%，右线全长12290m，纵坡为1．58%，宝鸡至天水端为下坡。隧道建筑限界净宽10.25m，净高5.0m，拱高7.09m，设计为单心圆曲墙结构，紧急停车带（同景观照明带）内轮廓净宽13.75m，拱高7.56m，为三心圆曲边墙结构。隧道为双洞单向交通，洞内设计行车速度80km/h。

◆ 简要评价：

隧道洞门修建后，洞口边仰坡上的植被被完好的保留下来，生态环境没有遭到人为严重破坏。洞门采用灰白色材料装饰，在洞门墙面上镶有金色的“麦积山隧道”字样，这种处理风格简约、醒目，给人留下深刻的印象。端墙上边线制作成仿古城墙的样式，与邻近小陇山麦积国家森林公园牧马滩景区的先秦文化有机地结合起来，形成了地方特色与风格，使生硬的构造物具有了历史文化气息。对路线中央分隔带地面采取硬化处理，这种处理方式和周边的景观不相协调，给整体的洞口景观增加了几分造作之感。

凉风垭隧道

洞门形式	端墙式洞门	国家及省份	中国贵州
建成通车时间	2015 年 12 月	隧道类型	特长隧道
公路或道路类型	高速公路、双向四车道		
设计单位	中铁隧道勘察设计院		
主体工程施工单位	中铁十二局		

◆ 工程概况：

凉风垭隧道位于贵州省桐梓县境内，系贵州省崇遵高速公路上的特长隧道，于 2002 年 7 月 1 日正式开始建设。该隧道设计行车速度为 60km/h，里程桩号为左线 ZK44+770 ～ ZK48+855，长 4085m；右线 K44+750 ～ K48+835，长 4085m。隧道净高 7.2m，净宽 7.5m，设计纵坡为 2%。隧道地表主要构造为剥蚀型岩溶地貌，地质条件特别差，节理裂隙发育，隧道围岩级别较高，其中Ⅳ、Ⅴ级围岩占隧道总长的 97% 以上，隧道穿越灰岩、泥质页岩、碎屑岩、岩溶、涌水、暗河、地表浅层、滑坡、瓦斯、断层及断层破碎带等不良地质段，堪称一个地质博物馆。

◆ 简要评价：

隧道洞口处的地质条件较差，采用墙式洞门结构可以承担墙背后土压力，洞口上方的植被恢复也较好，洞口边仰坡充分尊重自然，自然植被绿化处理效果较好。洞门墙面采用浅灰色的材料进行装饰，色彩单纯而不明亮，可以避免视觉的突兀感；粗糙的肌理，降低了墙面对驾驶员的压迫感。端墙中间的“贵州第一隧”，突出了该隧道的地位，给单调的洞门墙增加了几分新意，但该铭牌处理粗糙，效果略差。采用当地植被进行环境恢复，将原有自然景观与隧道洞口景观设计有机结合起来，运用景观融合理念，使洞门结构与周围景观巧妙组合，互为映衬，浑然一体。

诗经隧道

洞门形式	端墙式洞门	国家及省份	中国湖北
建成通车时间	2014 年 12 月	隧道类型	短隧道
公路或道路类型	高速公路、双向四车道		
设计单位	湖北省交通规划设计院		
主体工程施工单位	中铁隧道集团		

◆ 工程概况：

十房高速公路诗经隧道位于湖北房县，该隧道位于十房高速第 12 合同段。隧道设计为双向四车道，设计行车速度为 80km/h。

◆ 简要评价：

该端墙式洞门结构形式新颖而美观，富有诗经文化的韵味，景观性较好。该洞门可以起到稳定洞口周围边仰坡，承载洞口背后土体压力。洞口边仰坡注重自然环境的保护，中央分隔带采用草本植物点缀景观。洞门采用浅黄色石材进行装饰，颜色的应用效果较好。隧道洞门为竹简造型，显得个性而新颖，竹简上的文字，宛如一篇打开的古代书册，散发出浓浓的文化气息，彰显出房县地域文化的丰厚底蕴，也折射出我国传统文化的灿烂光辉，意境优美。整个画面布局雅致，富有文化气息，营造出一种清新、诗意、静雅的氛围。

六郎山隧道

洞门形式	端墙式洞门	国家及省份	中国山西
建成通车时间	2014 年 7 月 25 日	隧道类型	特长隧道
公路或道路类型	高速公路、双向四车道		
设计单位	山西交科公路勘察设计院、山西路晟交通建筑建设有限公司和北京交科公路勘察设计研究院有限公司联合体		
主体工程施工单位	山西路桥集团有限公司		

◆工程概况：

六郎山特长隧道位于朔州市平鲁区，设计为左右线分离式，设计行车速度为100km/h。隧道建筑限界净宽 10.75m（0.75m 检修道 +0.50m 左侧侧向宽度 +2×3.75m 行车道 +1.00m 右侧侧向宽度 +1.00m 检修道），净空限界高度 5.0m。右线全长5493m；左线全长 5412m。隧道底板最大埋深左线 190m，右线 215m。

◆简要评价：

隧道边仰坡采用喷射混凝土进行防护，致使自然植被的恢复十分困难，不符合当今主流的隧道洞口景观设计理念，即“形式新颖美观，意境优美，与自然环境协调”。喷射混凝土防护随着时间的推移，混凝土墙面会风化、老化，不但防护效果减弱而且越发变得毫无生气，缺乏生态效果，且难以恢复因开挖致破坏的原有植被。隧道洞门墙面采用银白色材料进行装饰，颜色与周围背景相协调，墙面上绘有黄山的松、云画像，使人得到身心上的放松，增添了隧道景观的人文文化气息，缓和驾驶员进洞时的心理紧张感，但该景观的布局与内涵与当地的地域文化并未能达到很好的协调与统一，景观元素未能与自然环境及当地人文背景相结合，整个画面背景显得十分生硬和突兀。

吉家村隧道

洞门形式	端墙式洞门	国家及省份	中国陕西
建成通车时间	2010 年 11 月 10 日	隧道类型	长隧道
公路或道路类型	高速公路、双向四车道		
设计单位	中交第一公路勘察设计研究院有限公司		
主体工程施工单位	中铁隧道股份有限公司、中交第一公路工程局有限公司		

◆ 工程概况：

青兰高速公路吉家村隧道位于延安市富县交道镇吉家村，为左、右线分离式隧道，隧道设计行车速度为 80km/h，单洞建筑限界净宽 10.25m，净高 7.0m，建筑限界高度为 5.0m。隧道左线长 2575m，右线长 2540m，是青兰项目重点控制性工程之一。该隧道为黄土深埋隧道，最大埋深为 145 ～ 154m。

◆ 简要评价：

吉家村隧道位于延安市，隧道洞口段由黄土覆盖，洞口段地质条件较差，仰坡陡峭，洞门修建后周边的环境得到较好的恢复。洞口边仰坡的自然植被保护完整，采用立体化的绿化模式进行植被恢复，呈现出了健康、生态、充满人情味的多样立体空间环境。植物的合理应用，不仅能丰富景观层次，增加审美愉悦，同时还具有改善景观质量、恢复生态的功能。中央分隔带所栽植的绿色植物，与生机盎然的背景相呼应。洞门名字醒目且大方，但缺乏美观性。洞门墙面采用灰色进行装饰，色彩单纯而不明亮，可以避免视线的突兀感。洞口局部采用黑、黄线条装饰，起强调作用，更好地引导车辆安全驶入隧道。整体来讲，隧道洞门的暗色与周围环境的颜色较相称，使整体景观和谐统一。

赵家楞杆隧道

洞门形式	端墙式洞门	国家及省份	中国甘肃
建成通车时间	2002 年 10 月	隧道类型	中隧道
公路或道路类型	高速公路、双向四车道		
设计单位	甘肃省交通规划勘察设计院		
主体工程施工单位	中铁十六局集团有限公司、中铁二十局集团有限公司		

◆ 工程概况：

巉柳高速公路赵家楞杆隧道位于白虎山隧道西侧，穿过赵家楞杆山梁，上行线长 973.3m，纵断面设计纵坡 +1.62%，下行线长 995m，纵断面设计纵坡 +2%，最大埋深 160m，隧道设计行车速度为 60km/h。隧道位于直线上，土质除洞口附近有 55 ～ 195m 风积黄土及黄土风化层外，其余均为老黄土层。隧道净空尺寸：宽 8.5m，高 7.1m，该隧道设计为单心圆断面。分别在上、下行线中部设有行车横洞，其断面净宽 4m，净高 4.5m，为曲墙式变截面三心圆，与隧道轴线夹角为 60°。

◆ 简要评价：

赵家楞杆隧道洞口段为风积黄土及黄土风化层，该段的围岩条件较差。但隧道施工过程中对山体进行了大面积的开挖，并通过砌石进行防护。采用这种处理方式对西北地区脆弱的生态环境易造成较大的影响。隧道所处位置植被稀少，有大面积的黄土，隧道所选洞门墙颜色为灰色，与周围环境的颜色较为相近。隧道洞名采用红底黄字形式，位于洞口上方，十分醒目。中央分隔带栽植植物颜色与整体环境相呼应，为整个洞口景观环境增加一份绿意与活力，减少沉重、压迫之感。

大西山隧道

洞门形式	端墙式洞门	国家及省份	中国青海
建成通车时间	2010年10月	隧道类型	长隧道
公路或道路类型	高速公路、双向四车道		
设计单位	中交第二公路勘察设计研究院		
主体工程施工单位	中交第三公路工程局有限公司		

◆ **工程概况：**

大西山隧道是西宁过境高速公路控制性工程之一，线路右线位于YK2十660～YK5+190处，隧道总长2530m，左线位于ZK2+660～ZK5+205处，隧道总长2454m，建筑限界宽度为10.75m，高度为5.0m，为分离式双洞公路隧道，V级围岩，采用复合式衬砌。工程地质全部为第四系黄土，其中湿陷性黄土占较大比重，湿陷性等级为VI级（很严重），为自重性湿陷黄土，隧道黄土天然密实度仅为60%～70%。进口段经过冲沟回填段，该段为建筑垃圾回填，厚度达35m，洞顶原状湿陷性黄土厚度仅为6m。

◆ **简要评价：**

大西山隧道进口段上方采用35m厚的建筑垃圾回填，下部为6m厚的湿陷性黄土层，隧道洞口附近围岩条件差。隧道边仰坡进行了绿化处理，但由于当地气候干燥，植被绿化效果较差。洞门墙面采用灰白色进行装饰，反光较强，影响行车安全；洞门墙面积较大，容易对驾驶员造成较强的压迫感。隧道洞名位于洞口上方，简单醒目，朴素大方。隧道洞门形态显得单调、平淡、沉重，个性不突出。整个画面布局搭配较为和谐，景观设计虽没有太多亮点，但基本上保证了隧道洞门形式与环境背景相协调。

赛里木湖隧道

洞门形式	端墙式洞门	国家及省份	中国新疆
建成通车时间	2011 年 9 月	隧道类型	长隧道
公路或道路类型	高速公路、双向四车道		
设计单位	新疆铁道勘察设计院有限公司		
主体工程施工单位	中铁隧道集团三处有限公司		

◆ 工程概况：

连霍高速赛里木湖至果子沟口段高速公路赛里木湖隧道为分离式隧道，该隧道右线长 1827m，左线长 1802m，进口段从双连拱隧道逐渐过渡为分离式双洞。隧道进口 600m 纵坡为 -0.4%，中间 1100m 纵坡为 -2.95%，其他地段纵坡为 -2.4%（左线出口 -2.464%）。进口高出湖面约 9m，出口逐渐远离赛里木湖，高程低于湖面 36m，隧道埋深较浅，围岩以Ⅳ级、Ⅴ级为主，约占全隧道长度的 65%。隧道的设计行车速度标准为 80km/h，隧道建筑限界：行车道宽度 2×3.75m，建筑限界高度 5m。右线隧道最大埋深为 120m，左线隧道最大埋深为 126m。

◆ 简要评价：

该隧道埋深较浅，作为隧道背景的蓝天白云，与周边环境的组合显得十分自然。隧道洞门形态轻快、简洁，结构形式新颖，洞门上方雕刻有象征着赛里木湖样式的浮雕，展现了当地独特的人文景观特色；洞门造型质朴，艺术风格活泼而清新，实现了内容与形式的较好结合。隧道洞名采用蓝色字体，位于洞口上方，简单醒目，朴素大方，又与蓝天白云的背景相呼应。隧道洞门修建后没有进行及时的绿化处理，洞门后有较大面积的土体外露，没有将隧道周围的景色融入周边的环境，同时对生态环境造成了一定程度的破坏。

洞门形式	端墙式洞门	国家及省份	中国内蒙古
建成通车时间	2011年11月	隧道类型	长隧道
公路或道路类型	一级公路，双向四车道		
设计单位	新疆铁道勘察设计院有限公司		
主体工程施工单位	河北北方公路工程建设集团公司、四川武通路桥工程局		

◆ 工程概况：

巴勒根达板隧道是省道203线乌兰浩特至零点段一级公路的重要组成部分。隧道大致东西走向，起讫桩号K143+225～K144+950，隧道全长1725m，最大埋深116m，采用“人”字形纵坡，纵坡为2.95%～0.31%，进、出口明洞长各40m。隧道设计为双向分离式，设计行车速度为80km/h，建筑限界净宽为10.25m，限界高度为5m。

◆ 简要评价：

隧道洞口所处地段，山体连绵不断，仰坡较小。施工完成后，隧道洞口两端边坡及隧道顶部采用植被进行绿化，使草原生态得以恢复。隧道洞门墙面的主色是灰白色，并进行了肌理处理，减弱了端墙的压迫感。但隧道洞门墙颜色仍偏亮，在深绿色的大草原中略有几分突兀，与整体自然景观不协调。隧道洞名采用白底黄字，位于洞口之上，简单醒目，美观大方。防护栏采用红、白两色装饰，比较醒目，提高了行车的安全性。

渭河隧道

洞门形式	端墙式洞门	国家及省份	中国甘肃
建成通车时间	2009 年 9 月 26 日	隧道类型	中隧道
公路或道路类型	高速公路、双向四车道		
设计单位	中交第二公路勘察设计研究院		
主体工程施工单位	中交第二公路工程局有限公司		

◆工程概况：

宝（鸡）天（水）高速公路柿树湾（渭河）隧道为一座上、下行分离的四车道高速公路中隧道，位于陕西省与甘肃省交界处。地质构造复杂，相对高差大，约 300m。隧道最大埋深 290m。隧道左线起讫桩号为 ZK0+336 ～ ZK1+000，全长 664m；右线起讫桩号为 YK0+353 ～ YK0+995，全长 642m。隧道左线两端及右线分岔端为直线段，左线洞内部分及右线牛背端位于平曲线上，平曲线半径分别为 R=1300m 和 R=2500m。隧道洞内最大超高为反向 3.0%（左线洞内）。纵面线形左、右线均为 +1.3% 单向坡。该隧道设计行车速度为 80km/h，隧道建筑限界净宽 10.25m，净高 5.0m。隧道均以Ⅲ级围岩为主，围岩总体稳定性较好。

◆简要评价：

隧道洞口所处地段，山体陡峻，地形开阔，仰坡较陡。洞口周围自然植被保护较好，整体绿化效果明显，但局部有山体裸露，生态恢复效果欠佳。从近处看，隧道洞门采用灰白色装饰，洞门形式单调、平淡、沉重而有压迫感，结构不够新颖。洞口局部采用黑色装饰，起强调作用，引导驾驶员安全驶入隧道。隧道洞名采用金黄色字体，位于洞口上方，美观但不醒目。整个画面的协调性一般，在视觉上给人一种压抑的冲击感。该隧道的景观设计可以在洞门的装饰寻求突破，例如可以采用浮雕的装饰手法，绘上带有当地文化色彩的壁画，但应注意把握装饰的尺度，应注重色彩和形式均与周围环境相协调。

静游隧道

洞门形式	端墙式洞门	国家及省份	中国山西
建成通车时间	2010年12月24日	隧道类型	长隧道
公路或道路类型	高速公路、双向四车道		
设计单位	山西省城乡规划设计研究院		
主体工程施工单位	中交一公局第三工程有限公司		

◆ 工程概况：

太佳高速静游隧道位于山西省娄烦县静游镇漫咀岩村与步斗村境内，该隧道左线长1465m，右线长1400m，属于长隧道，该隧道设计为分离式双向四车道，设计行车速度80km/h。

◆ 简要评价：

隧道洞口所处地形开阔，岩质稳定，洞口与坡面基本正交，对隧道洞口边仰坡进行了小规模的刷坡，洞门结构仅单纯地考虑了结构受力要求，而忽视了自然生态景观的重要性，观赏性一般。洞名采用红色字体，位置处于两隧道洞口之间，简单醒目，朴素大方。中央分隔带栽植少量灌木，为洞口景观增添了一份绿意和活力。从近处看，隧道洞门采用黑白色装饰，墙面进行了人工肌理处理，竖向的线条可以降低大面积端墙产生的压迫感，个性比较鲜明，突出隧道的存在。但整个图幅画面背景显得有些突兀，景观元素搭配不太协调，难让人产生视觉上的美感。

明堂山隧道

洞门形式	端墙式洞门	国家及省份	中国安徽
建成通车时间	2016 年 1 月	隧道类型	特长隧道
公路或道路类型	高速公路、双向四车道		
设计单位	安徽省交通规划设计研究院		
主体工程施工单位	中铁十二局集团第二工程有限公司		

◆ 工程概况：

明堂山隧道是岳武高速关键控制性工程，为分离式特长隧道，全长 7.53km。隧道地质构造复杂，以穿越全、强、中风化片麻岩和花岗岩层为主。

◆ 简要评价：

隧道洞口所处地段，仰坡较缓，岩质比较稳定。洞名颜色与背景对比度较大，且位于隧道洞口右上方，简单醒目，朴素大方。洞口边仰坡注重绿化处理，以原有自然生态环境为底色，维护原有自然地形地貌，实现洞口景观设计与生态环境的有机结合。同时注重自然生态的恢复，结合原始的大地景观进行景观设计，根据不同树种的高度、枝叶的大小、色彩的选择及与草本植物的搭配方式，最大限度地点缀、美化生态环境。隧道洞门采用银白色装饰，色彩略显明亮，未能使洞门很好地融入周围背景环境中。洞门周围采用人造石的装饰手法点缀洞口景观，削弱了人工痕迹，丰富了景观效果。防护栏和隧道洞口局部采用红、黄两种颜色装饰，起强调作用，提高了行车的安全性。

八庙隧道

洞门形式	端墙式洞门	国家及省份	中国四川
建成通车时间	2014 年 1 月	隧道类型	特长隧道
公路或道路类型	高速公路、双向四车道		
设计单位	四川省交通运输厅公路设计院		
主体工程施工单位	中铁一局集团有限公司		

◆ 工程概况：

八庙特长隧道是巴陕高速公路的重要组成部分，属分离式隧道，左线长 4089m，右线长 4088m，隧道左右洞起讫桩号分别为 ZK109+808 ～ ZK113+957、K109+806 ～ K113+956。隧道位于南江县八庙乡境内的峡谷地带，地势险峻起伏，且地质情况复杂，围岩岩性多变。

◆ 简要评价：

隧道洞口边仰坡注重环境的保护，自然生态环境几乎没有遭受破坏，植被恢复效果良好，为驾乘人员提供了安全、舒适、优美的环境。隧道洞门形态复杂、轻快而有个性，采用红褐色人工塑石砌筑，使人耳目一新；墙面装饰着带有当地民族文化特色的壁画，弘扬了中国红色文化，给人以历史厚重感和沧桑感，实现了文化与环境的统一。在图幅中，洞口景观设计充分把握色彩的感情，进行合理的植物配置，注重装饰色彩搭配和颜色设计，洞门装饰与整体环境色彩较协调。但该洞门的装饰过于华丽，容易分散驾驶员的注意力。

擦罗 2 号隧道

洞门形式	端墙式洞门	国家及省份	中国四川
建成通车时间	2011 年 12 月	隧道类型	长隧道
公路或道路类型	高速公路、双向四车道		
设计单位	四川省公路规划勘察设计研究院		
主体工程施工单位	中铁十四局集团三公司		

◆工程概况：

雅西高速公路擦罗 2 号隧道左线洞身全长 1881m，右线洞身全长 1940m，穿越的围岩主要为早震旦世花岗岩，强弱风化程度不均，受构造影响严重。其中 V、IV级围岩，主要为第四系全新统崩坡积层，多为强风化花岗岩，受构造影响严重，岩体破碎，呈碎石状，节理裂隙发育，隧道围岩开挖后无自稳能力；III级围岩为弱风化花岗岩，受构造影响严重，岩体稍破碎；II级围岩主要为弱—微风化花岗岩，坚硬岩，受构造影响轻微，呈块状结构，岩体较完整，II级围岩占洞身全长的 60%。

◆简要评价：

洞口地形开阔，洞口与坡面基本正交，对隧道边仰坡进行了局部绿化处理，使本来光秃的山体环境显得不协调，没有对边仰坡的植被绿化进行全面考虑。该隧道洞门上方采用曲线形式，给人呈现柔和、轻快的视觉效果，一定程度上降低了端墙式洞门的压迫感。隧道洞门采用浅浮雕式装饰手法，同时采用壁画和塔形建筑进行洞口装饰，体现了当地的历史文化特色和人文情怀，该隧道洞门装饰手法不会影响工程结构安全，设计施工便捷，内容丰富，但人文环境与自然环境结合欠佳，易让人产生视觉上的突兀感。

清水沟一号隧道

洞门形式	端墙式洞门	国家及省份	中国云南
建成通车时间	2003 年 11 月	隧道类型	短隧道
公路或道路类型	高速公路、双向六车道		
设计单位	云南省公路规划勘察设计院		
主体工程施工单位	云南路桥股份有限公司		

◆ 工程概况:

清水沟一号隧道是云南省昆石高速公路的控制性工程，隧道设计为双向六车道，设计行车速度为 100km/h。隧道起讫桩号为 K45+782 ～ K46+105，长约 383m。隧道净宽 14.8m，净高 8.9m，最大埋深约为 86.64m。隧道进口端设计为 -4% 的纵坡，出口端为 -3% 的纵坡。

◆ 简要评价:

洞口位置地形开阔，自然山体陡峻。隧道洞口周围自然生态环境的破坏较为严重，整体上植被恢复效果不好，且边坡防护采用传统的混凝土挡墙，不能满足生态环保的要求。隧道洞口前的中央隔离带使用花卉+草本植物的绿化设计，色彩与周围背景搭配协调，能提高驾驶员视觉舒适感，为整个画面较为突兀的背景增添了绿意和活力。洞名设置采用白底黑字形式，位于隧道洞口上方，朴素大方，简单醒目。从近处看，该隧道洞门采用颜色较深的人工塑石砌筑，并以人工塑石的方式装饰洞门，洞门形式富有时代性和创造性，比起传统的洞门形式，给人一种视觉上的刺激感。采用人工塑石砌筑，洞门上端线条不再是传统端墙样式的直线或曲线，有利于降低端墙式洞门产生的压迫感。但其装饰成本较高，施工难度较大，影响施工工期。造型采用仿石林地貌的喀斯特形态，不仅给旅途增添了意境特色，还在本段高速公路上起到了地标作用，告知过往的车辆石林就在眼前。

拍盘隧道

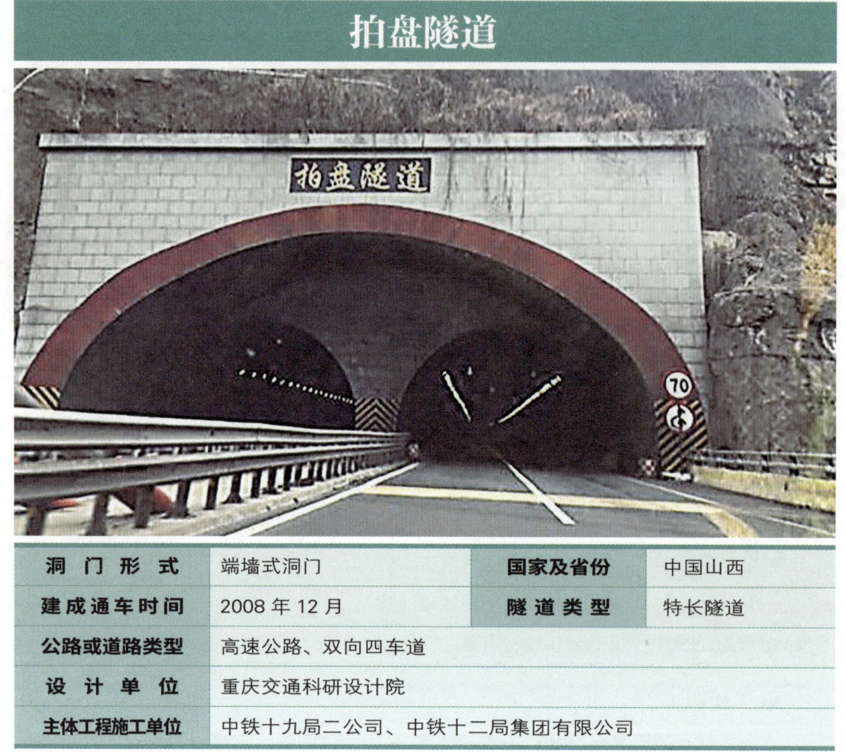

洞门形式	端墙式洞门	国家及省份	中国山西
建成通车时间	2008 年 12 月	隧道类型	特长隧道
公路或道路类型	高速公路、双向四车道		
设计单位	重庆交通科研设计院		
主体工程施工单位	中铁十九局二公司、中铁十二局集团有限公司		

◆ 工程概况：

山西晋济高速公路桥隧混合结构型隧道—拍盘隧道，隧道左洞长 3447.45m，右洞长 3479m，为双洞四车道分岔式特长隧道。隧道设计行车速度 80km/h，隧道宽 9.75m（单洞），高 5.0m，净空面积为 60.98m^2。隧道进口端平面布置为分岔式结构形式，从进口往出口逐渐由双洞单跨上下双层桥隧混合结构、双洞连拱上下双层桥隧混合结构过渡为双洞普通连拱结构，再过渡为双洞小净距结构和双洞分离式结构，其中单跨段、连拱段加上小净距段结构总长 752.32m。

◆ 简要评价：

洞口周围地势险峻，仰坡较陡端墙式洞门“镶嵌”在周围的岩体中，保证了洞口岩体的稳定性，对自然环境的破坏较小。洞口设计采用黑色背景，位于隧道洞口上方，较为醒目突出。隧道洞门墙采用灰白色装饰，既融入周围的山体这个大背景中，又与桥梁相呼应，岩体、洞门、桥梁相互映衬，和谐统一。连拱隧道共用一个洞门，具有鲜明的特色。洞门局部采用红色装饰，起强调作用，引导驾驶员更安全地驶入隧道。隧道洞口与桥梁紧密相连，整体设计气魄、宏伟，但景观效果一般。

孔家庄隧道

洞门形式	端墙式洞门	国家及省份	中国云南
建成通车时间	1994 年 1 月	隧道类型	短隧道
公路或道路类型	高速公路，双向六车道		
设计单位	云南省公路规划勘察设计院		
主体工程施工单位	云南路桥股份有限公司		

◆ 工程概况:

孔家庄隧道全长 260m，为直线隧道，从国道 320 线下方穿过，埋深仅为 16m。在该隧道的设计中，采用了能充分发挥围岩自承载能力的“新奥法”，软弱围岩段采用小导管超前注浆结合格栅钢架支护及双侧壁导坑法的施工和设计技术，避免了坍塌等事故的发生。该隧道的建成，实现了云南高等级公路隧道建设史上零的突破，填补了云南高等级公路建设史上的一个空白。

◆ 简要评价:

隧道洞口段存在偏压地形，洞口断面呈单向坡，且地面横坡坡度较缓。隧道洞口段几乎没有对自然环境造成破坏，绿化处理效果较为理想，实现了洞口景观与自然环境的协调。隧道洞口地带通过草本、灌木、乔木、花卉等不同种类和多样化的植物组合配置方式，形成了一个色彩丰富、搭配协调的人工植物生态群落，极大丰富了景观层次，增加了行人审美的愉悦感。生机勃勃的植物创造出温暖、开阔、自然的和谐氛围，隧道洞口环境与周围环境比较协调，不易分散驾驶员的注意力，保证行车安全。从近处看，洞门墙面采用浅褐色进行装饰，该颜色应用效果良好，易融于周围背景环境。洞名位于隧道上方，简单醒目。

（2）台阶式

台阶式洞门亦是墙式洞门的一种，台阶式洞门可分为对称台阶式洞门和不对称台阶式洞门。一般来说，傍山隧道洞口断面呈单向坡，且地面横坡坡度较大时，为了减少开挖，顺应地形，多采用台阶式洞门。此种洞门通常情况下会结合偏压隧道衬砌共同设计，故也被称为偏压隧道洞门。台阶式洞门通常需在靠山侧设置挡墙来降低边坡所需开挖高度，低山坡一侧，如地质较差，地面较高，也可采用短挡墙进行支挡。台阶式洞门的设计要点在于台阶的长短和高低，两者的设计应顺应地形。

对称形式的台阶式洞门与端墙式洞门相比，具有明快而轻巧的特点，个性和舒适性高，一定程度上减轻了端墙的压迫感，同时相应的工程量也减少了。

台阶式洞门墙壁面积较大，两侧需修凿打毛壁面以降低其亮度，虽然可以减少靠山侧仰坡开挖的高度，但是边仰坡面积大，不利于环保，有厚重感，易对人的心理产生压迫感。

下面列举一组我国部分已建成的公路隧道台阶式洞口景观。

秦岭关隧道

洞门形式	台阶式洞门	国家及省份	中国甘肃
建成通车时间	2009 年 9 月 26 日	隧道类型	长隧道
公路或道路类型	高速公路，双向四车道		
设计单位	甘肃省交通规划勘察设计院		
主体工程施工单位	武警交通指挥部工程项目局（安通建设有限公司）		

◆ 工程概况：

宝天高速秦岭关隧道位于连霍国道主干线宝（鸡）天（水）高速公路牛背至天水段内，上行线全长 2581m，洞内设人字坡，纵坡分别为 +0.6% 和 −0.6%。下行线全长 2600m，洞内设人字坡，纵坡分别为 +0.5% 和 −0.6%。洞内计算行车速度为 80km/h，隧道的建筑限界为：限界净宽 10.25m，净高 5.0m，隧道直线段路面横坡为 2% 的单面坡，曲线段路面最大横坡为 4%。隧道内轮廓净宽 10.86m，净高 7.03m。

◆ 简要评价：

隧道洞口断面处呈单向坡，且地面横坡坡度较大，隧道洞口周围植被保护较好，边坡和中央分隔带强调植被的绿化作用，采用当地植物进行立体化、层次化的生态恢复设计，美中不足的是，仰坡留有部分人工痕迹，绿化效果欠佳。从近处看，洞门墙面采用银白色进行装饰，颜色稍显明亮，反光较强，影响行车的安全性。洞名设置在隧道洞口上方，朴素大方，简单醒目。同时洞口前方设置铭牌，标明隧道长度，让驾驶员能够清楚地了解即将驶入隧道的长度，心理上增加了一份安全感。洞口间设置雕塑小品建筑，使隧道富有人文气息。中央分隔带，栽植绿色植物，既可以提高驾驶员的视觉舒服性，又可以与生机盎然的背景相协调。

将军沟隧道

洞门形式	台阶式洞门	国家及省份	中国新疆
建成通车时间	2011 年 9 月	隧道类型	长隧道
公路或道路类型	高速公路、双向四车道		
设计单位	新疆铁道勘察设计院有限公司		
主体工程施工单位	中铁十三局集团第三有限公司		

◆ 工程概况：

连霍高速赛里木湖至果子沟口段高速公路将军沟隧道为分离式隧道，该隧道进出口地势较陡，沟谷近似“V”字形，沟面岩石破碎，山坡植被生长旺盛，隧道最大埋深 295.7m。将军沟隧道为左右分离式隧道，其中左线长 1450m，右线长 1524m。隧道建筑限界净宽 10.25m，净高 5.0m，隧道内轮廓净宽 11.12m，隧道的设计行车速度为 80km/h，全隧道采用三心圆曲墙式内轮廓。将军沟隧道地质复杂，围岩变更率达 90% 以上。

◆ 简要评价：

隧道洞口段围岩条件较差，仰坡较缓，洞口施工时刷坡量较小。隧道洞门施工后，采用立体化植被恢复模式，取得了较好的恢复效果，保护了生物多样性和生态系统的稳定性，实现了路域内生态系统的生态平衡和可持续发展，提高了洞口景观质量。隧道洞门墙面采用灰白色进行装饰，反光较强，会影响行车安全。隧道洞口局部采用黑、黄线条进行装饰，路面铺设彩色沥青色彩划分鲜明有序，可提高车辆进洞的安全性。隧道洞名采用黄色字体，美观但不醒目。

花石山隧道

洞门形式	台阶式洞门	国家及省份	中国甘肃
建成通车时间	2009 年 9 月 26 日	隧道类型	长隧道
公路或道路类型	高速公路，双向四车道		
设计单位	甘肃省交通规划勘察设计院		
主体工程施工单位	湖南省建筑工程集团总公司		

◆工程概况：

宝（鸡）天（水）高速公路花石山二号隧道（花石山隧道）为上下行分离式双洞四车道隧道。该隧道上行线全长 2940m，下行线全长 2899m，设计行车速度为 80km/h，隧道标准段建筑限界净宽为 10.25m、净高为 5.0m，紧急停车带净宽 13.00m、净高 5.0m。

◆简要评价：

该隧道洞口边仰坡虽然进行过少量刷坡处理，但植被的恢复效果较为理想，乔、灌、草相互配合的模式，也充分考虑了景观效应。洞名位于隧道洞口上方，简单但不美观，铭牌设置在洞口前方，标明隧道长度，使驾驶员能够清楚地了解到即将驶入的隧道长度，从心理上增加一份安全感。从近处看，洞门墙面采用灰色进行装饰，色调与周围环境融合得较好，也可以起到一定的引导作用；对墙面进行过肌理处理，有效减弱了反光情况。

蝴蝶谷隧道

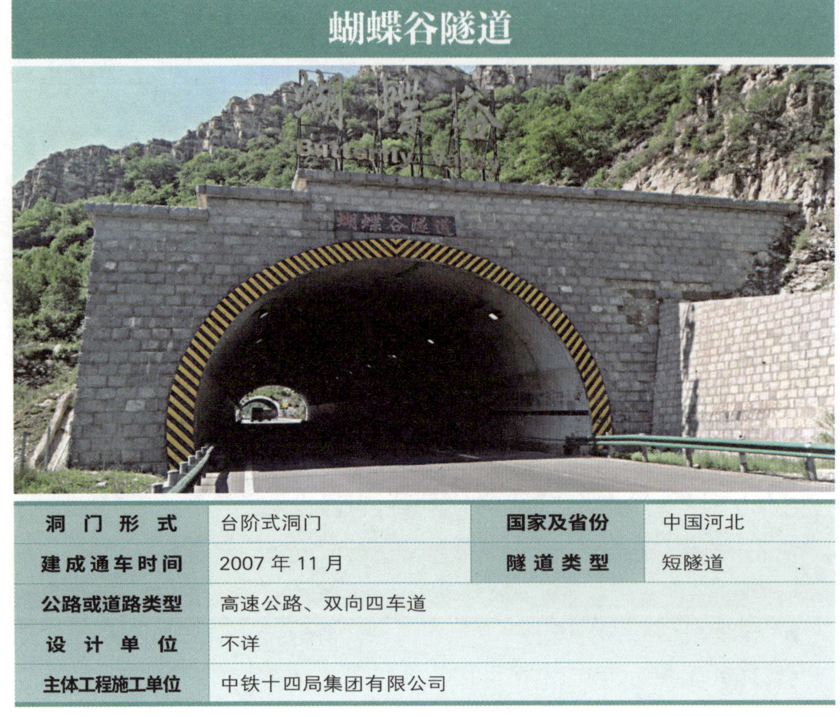

洞门形式	台阶式洞门	国家及省份	中国河北
建成通车时间	2007 年 11 月	隧道类型	短隧道
公路或道路类型	高速公路、双向四车道		
设计单位	不详		
主体工程施工单位	中铁十四局集团有限公司		

◆工程概况：

张石高速蝴蝶谷隧道位于河北蔚县城南 30km 的飞狐峪风景区，设计为双向分离式四车道结构，隧道右线起讫桩号为 TRK68+370 ～ TRK68+485，全长 115m；左线起讫桩号为 TLK67+920 ～ TLK68+265，全长 345m，属短隧道，设计行车速度为 100km/h，隧道单洞净宽 13.25m，建筑限界高度 5.0m，隧道净高 7.8m。左洞进洞口浅埋偏压段最薄覆盖层为 3.75m，右洞进洞口浅埋偏压段最薄覆盖层为 3.1m。

◆简要评价：

隧道洞口所处地段山体险峻，仰坡较陡，洞口与山体斜交。洞口断面呈单向坡，地面横坡坡度较大。隧道边仰坡进行了一定的安全防护，同时注重自然环境的保护，并进行了一定程度的植被恢复，然而，洞门墙后的山体仍然遭到了少量破坏，导致裸露岩面较为明显。洞名采用金黄色字体，位于隧道洞口上方，简单醒目，但与整体背景略显不协调。从近处看，洞门墙面采用灰黑色进行装饰，并进行人工肌理处理，减轻端墙壁面的压迫感。洞门轮廓采用棕黄色予以标识，起强调作用，能更好地引导驾驶员进入洞内。

安远隧道（乌鞘岭二号隧道）

洞门形式	台阶式洞门	国家及省份	中国甘肃
建成通车时间	2013年7月30日	隧道类型	特长隧道
公路或道路类型	高速公路，双向四车道		
设计单位	甘肃省交通规划勘察设计院		
主体工程施工单位	中铁五局集团第一工程有限公司、甘肃路桥建设集团五公司		

◆ 工程概况：

永古高速安远隧道是乌鞘岭隧道群中的第一特长隧道，该隧道为分离式上、下行双洞隧道，断面轴线距50m，属于特长越岭公路隧道，设计行车速度为80km/h，隧道建筑限界净宽10.25m，净高5.0m。隧道右幅全长6868m，纵坡为－2.10%～2.54%，进口位于R=1500m的曲线上，隧道洞身段为直线，出口位于R=1100m的曲线上。左幅全长6848m，纵坡为－2.10%～2.54%，进口位于R=1500m的曲线上，隧道洞身段为直线，出口位于R=1250m的曲线上。隧道最大埋深470m，属深埋基岩型石质特长隧道。

◆ 简要评价：

洞口处地形开阔，山体连绵起伏，根据受力特点和山坡走向，设计为台阶式洞门。该洞口进洞时对边仰坡进行了大开大挖。刷坡痕迹明显，对周围生态环境造成了破坏，不符合生态性设计。中央分隔带没有进行绿化设计，看上去毫无生气，死气沉沉，没有很好地结合周围自然环境，同时也没有很好地点缀洞口景观。洞口采用墙式结构，墙面以白色为主色，在端墙上边缘以及隧道洞口轮廓采用朱红色涂料装饰，隧道铭牌设置在两洞口之间，字体醒目、简约。隧道洞门整体上形态轻快、简洁、色彩装饰简单而有力，可降低眩晕感，缓和驾驶员视觉疲劳。

云蒙山三号隧道

洞门形式	台阶式洞门	国家及省份	中国河北
建成通车时间	2012 年 12 月 22 日	隧道类型	长隧道
公路或道路类型	高速公路、双向四车道		
设计单位	河北省交通规划设计院		
主体工程施工单位	张石高速公路涞源至涞水段 LJM–N13 标项目经理部		

◆ 工程概况:

张石高速公路涞源段至涞水段项目 LJM-N13 标段工程位于保定市易县境内，桩号 K85+463.883 ～ K90+200.191，全长 4.7363km，设隧道 3 座。隧址区位于太行山中山区，山脉走向为近东西向，左右幅进口位于冲沟附近，山体较为陡峭，坡度为 35°～ 50°。左幅地形较陡，坡度 40°～ 50°；右幅地形略缓，坡度为 35°～ 45°，均为基岩裸露。三座隧道均为分离式隧道，公路等级为双向四车道高速公路。云蒙山Ⅲ号隧道左幅起讫桩号为 LK88+028 ～ LK89+990，总长 1962m；右幅 RK87+994 ～ RK90+014，总长 2020m。

◆ 简要评价:

从上图可以看出，该处山体连绵不断，仰坡较缓，洞口与山体斜交。隧道洞口对自然环境破坏较小，并进行了绿色植被恢复，有效地改善了行车环境，给驾驶员呈现了舒适、柔和的视觉效应。在隧道洞口左前方修筑一挡土墙，防止洞口土体滑落，但使洞口景观显得生硬、单调。洞名采用白底红字的样式，位于隧道洞口左侧，简单醒目，朴素大方。隧道洞门壁面采用浅灰色进行装饰，颜色较亮，一定程度上会影响行车安全。灯杆的布置，相对隧道洞门高度略显突出，与整个洞口环境不协调。

响河隧道

洞门形式	台阶式洞门	国家及省份	中国青海
建成通车时间	2003年6月	隧道类型	短隧道
公路或道路类型	一级公路、双向四车道		
设计单位	青海公路科研勘测设计院		
主体工程施工单位	中铁隧道集团		

◆ **工程概况：**

响河隧道是西（宁）至湟（源）一级公路上的控制工程，该隧道为分离式单洞双向行驶公路隧道，隧道的左线长345m，右线长470m，隧道内轮廓净宽9.997m，平挖宽度11.93m。隧道的建筑限界净宽9.25m（0.75m+0.25m+0.5m+2×3.50m+0.5m+0.25m），净高5.0m，设计行车速度为60km/h。

◆ **简要评价：**

隧道洞口位置处地形较开阔，边仰坡较为陡峭。隧道洞口上方局部仰坡采用菱形方格+草本植物+矮小灌木的方式进行防护，在稳固土体的同时，还可以适当点缀洞口景观。该地区的地理位置和气候不适合植被的生长，进行植被恢复比较困难，整体背景显得有些单调突兀、与周围环境不协调。隧道洞门形态较为陈旧、沉重、呆板，洞门墙面采用浅灰色进行装饰，可缓和驾驶员进入洞口的紧张感；洞口轮廓局部采用朱红色装饰，可以提高行驶的安全性。

凤居隧道

洞门形式	台阶式洞门	国家及省份	中国山西
建成通车时间	2014 年 7 月 28 日	隧道类型	长隧道
公路或道路类型	高速公路、双向四车道		
设计单位	山西交科公路勘察设计院		
主体工程施工单位	中交一公局第一工程有限公司		

◆ 工程概况：

阳左高速凤居隧道为分离式双向四车道隧道，设计行车速度为 80km/h，隧道建筑限界净空 10.25m×5m。隧道右幅起讫桩号为 K27+850 ～ K29+975，全长 2125m，左幅起讫桩号为 ZK27+850 ～ ZK29+970，全长 2120m。隧道进洞处于一半径为 1500m（左幅 1500m）的左转圆曲线上，出口处于一半径为 1400m（左幅 1000m）的右转圆曲线上，左线进口设计明洞长度为 8m，右线明洞长度 30m，出口左线明洞长度 10m，右线 8m。

◆ 简要评价：

本隧道属傍山隧道，山体陡峻，仰坡较陡，隧道洞口与山体斜交。从近处看，洞门墙面采用浅黄色进行装饰，颜色与周围环境相结合，洞口局部采用黑、黄相间的线条进行装饰，靠近洞口的路面为朱红色，可以引导驾驶员安全地驶入洞内。洞名设置在隧道上方，简单醒目，但缺乏美观性。洞门左侧栽植了少量绿色植物，为整体环境增加了一份绿意与活力。从远处看，隧道洞门与周围背景环境相融合。但岩质边仰坡的植被恢复效果并不是很理想，背景显得有些突兀，应该使用坡面防护新技术，提高防护绿化效果，以与自然最大的融合为目标，来营造一个和谐的交通环境和“虽为人工，宛自天成”的洞口景观。

鸡雄山隧道

洞门形式	台阶式洞门	国家及省份	中国广东
建成通车时间	2004 年 12 月	隧道类型	短隧道
公路或道路类型	高速公路，双向四车道		
设计单位	广东省交通规划设计研究院		
主体工程施工单位	中铁二十一局		

◆ 工程概况：

鸡雄山隧道位于广东省梅州市南口镇维山村鸡雄山，是广东梅（州）—河（源）高速公路程江华城段上的一座上、下行合建的四车道连拱高速公路隧道，长 220m。隧道纵坡为 +2.5%，路面横坡为 2%。隧道净宽 23m，净高 5m。进口位于半山腰，高程为 215m；出口位于小山沟，高程为 220m。隧道最大埋深 50.61m。

◆ 简要评价：

该隧道洞门与周围背景环境融合较好，给人一种赏心悦目的感受。隧道洞口边仰坡注重生态植被的恢复，其景观效果十分明显，生机勃勃的植被，能给驾乘人员带来新鲜感和亲切感。其设计意念是：运用象征的表现手法，以渐变的手法构成画面——绿色树形演变成一行巨雁，强调森林与鸟类的生态平衡关系，突出广东梅河高速公路生态环保的主题。在设计上运用比喻、象征与直观相结合的手法，体现创建绿色生态文化的思想。将客家传统文化内涵与现代表现方式相结合，工程建设和环保绿化相结合，实现梅河高速公路在浓浓的客家文化氛围中穿行，在绿树成荫、花香四季的环境中穿行，在安全和舒适的氛围中穿行的总体设计理念。隧道洞口颜色与墙面颜色反差较大，起强调作用，能更好地引导驾驶员驶入隧道。美中不足的是，隧道洞名设置略小，不突出。

（3）翼墙式

翼墙式洞门俗称八字式洞门，是在端墙式洞门两侧或一侧加设翼墙（挡墙）而成。翼墙起着支撑端墙和保持路堑边坡稳定的作用，同时有利于减少洞口的开挖高度，可减少端墙的宽度。翼墙顶面一般与仰坡的延长面一致，其上设置水沟，将仰坡和洞顶汇集的地表水排至路堑侧沟。

当边仰坡坡度为 1∶0.75 ~ 1∶1.5 且岩层较差时，如采用端墙式洞门，由于边坡较缓，端墙宽度会增加很多，相应得加大工程量，不经济，采用翼墙式洞门会是更好的选择。由于翼墙和端墙接触部分面积较大，设计时考虑两者间的共同作用，达到节省工程量的特点，且能增加洞门的抗滑和抗倾覆稳定性。因此，当地质条件较差、边仰坡较缓时，通常均采用翼墙式洞门。

尤其当洞门墙背后土压力较大，洞口外侧较狭窄，且边坡不稳定时，或需要开挖路堑的地方，宜采用翼墙式洞门。翼墙式洞门抗滑、抗倾覆性能好，但边仰坡面积大，不利于环保，需采取相应措施降低洞门的亮度。洞门有较强的重量感，行人易产生心理压抑感。

下面列举出一组我国部分已建成的公路隧道翼墙式洞口景观。

元墩一号隧道

洞门形式	翼墙式洞门	国家及省份	中国陕西
建成通车时间	2003 年 11 月 18 日	隧道类型	短隧道
公路或道路类型	高速公路，双向四车道		
设计单位	西安公路研究院		
主体工程施工单位	中铁隧道集团		

◆ 工程概况：

勉宁高速公路元墩一号隧道为上、下行分离的双洞单向行驶两车道隧道。隧道上行线起讫里程桩号为 K0+875～K1+175，全长 300m，设计纵坡为 3.685%（上坡）；下行线起讫里程桩号为 K0+853～K1+160，全长 307m，设计纵坡为 3.800%（上坡）。隧道设计净宽 9.75m，净高 5.0m。

◆ 简要评价：

洞门墙面以浅灰色为主题颜色进行装饰，颜色单调而不明亮；墙面的粗糙肌理可以减轻光的反射，降低端墙产生的压迫感。隧道洞门形态显得较为单调、笨重、呆板，个性化程度不高，端墙显得比较有重量感。隧道进洞时刷坡程度较轻，自然生态环境保护得较好，植被的恢复效果也不错。洞门名字采用红色字体较醒目地镌刻在墙面上方，洞口轮廓处采用局部棕黄色装饰，可引导驾驶员安全进入洞内。整体看来，隧道洞门的色彩与周围背景环境较为协调。

谢家梁隧道

洞门形式	翼墙式洞门	国家及省份	中国陕西
建成通车时间	2003 年 11 月 18 日	隧道类型	短隧道
公路或道路类型	高速公路、双向四车道		
设计单位	西安公路研究院		
主体工程施工单位	中铁隧道集团		

◆ 工程概况：

勉宁高速公路谢家梁隧道为上、下行分离式隧道，上行隧道起讫里程为 K16+980～17+420，全长 440m，设计行车速度 80km/h，隧道进口至出口设计为上坡，坡度 3.57%，隧道轴线方向近乎平行于所处背斜轴线，部分位于曲线上。下行隧道起讫里程为 K16+995～K17+492，全长 497m。出口至进口设计为上坡，坡度 3.63%，隧道部分位于一半径为 R=845.507m 的曲线上。

◆ 简要评价：

隧道采用“零”开挖技术进洞，洞口周围的自然生态环境被保护得较完整，边仰坡植被的恢复效果也不错，体现了人与自然和谐发展的环保理念。洞门墙面以浅灰色为主题颜色进行装饰，颜色单调而不明亮；墙面的粗糙肌理可以减轻光的反射，降低端墙产生的压迫感。隧道洞门形态显得较为单调、笨重、呆板，个性化程度不高，端墙显得比较有重量感。洞门名字采用红色字体较醒目地镌刻在墙面上方，洞口轮廓处采用局部棕黄色装饰，可引导驾驶员安全进入洞内。

石板沟隧道

洞门形式	翼墙式洞门	国家及省份	中国青海
建成通车时间	2003 年 6 月	隧道类型	短隧道
公路或道路类型	一级公路、双向四车道		
设计单位	青海公路科研勘测设计院		
主体工程施工单位	中铁十九局集团公司第一工程有限公司		

◆ 工程概况:

石板沟隧道是西(宁)至湟(源)一级公路(丹东—拉萨国道主干线的重要组成部分)上的控制工程，该隧道为分离式单洞双向行驶公路隧道，为穿山咀隧道。隧道左线长360m，右线长 385m，隧道内轮廓净宽 9.997m，平挖宽度 11.93m。隧道设计采用一级公路山岭重丘区标准，隧道的建筑限界净宽 9.25m（0.75m+0.25m+0.5m+2×3.50m+0.5m+0.25m），净高 5.0m，设计行车速度为 60km/h。

◆ 简要评价:

洞口位置处地形较开阔，边仰坡较为陡峭，洞门墙背后需承受的土压力较大。此处的翼墙式洞门能承受墙面背后较大的土体压力，起到稳定洞口边仰坡的作用。隧道洞口边仰坡局部采用喷射混凝土进行防护，大量裸露的基岩使得自然生态恢复工作较困难，恢复效果不是很理想，整体背景显得有些单调，应考虑将原有自然景观与隧道洞口景观设计有机结合起来。洞门名字采用简洁而醒目的红色字体镌刻在洞门上方，洞门墙面采用浅灰色进行装饰，缓和驾驶员进入洞口的紧张感。

（4）柱式

柱式洞门是由端墙式洞门演变而来的，属于墙式洞门的一种，只是墙面横向不等厚。当洞口仰坡岩层侧压力较大时，如果仍像端墙式洞门那样采用同等厚度的端墙，则会显得过于浪费。此时，可以根据墙面受力大小的不同，将端墙设计成横向不等厚形式，最厚部位呈现柱形，这就是柱式洞门。柱式洞门通常适用于洞口地形开阔、山体雄伟、仰坡坡度较陡，且岩层有较大侧压力的地段；若洞口处地形狭窄，在没有良好基础设置翼墙的情况下，也可采用此类型洞门。一般情况下，其仰坡开挖坡度为 1 ∶ 0.5 ~ 1 ∶ 0.75。

此外，柱式洞门在视觉上能给人一种雄伟的气势，故在一些城市、风景区或有建筑艺术装饰要求的地区，采用柱式洞门可以起到一定的景观装饰效果。

柱式洞门的缺点是工程量较大，故其造价也相对较高，施工也较为复杂。同时为了满足洞门稳固的要求，柱式洞门的柱子需嵌入路堑基底岩层内，其嵌入形式及深度可根据具体情况而定。

下面列举出一组我国部分已建成的公路隧道柱式洞口景观。

平耶 2 号隧道

洞门形式	柱式洞门	国家及省份	中国云南
建成通车时间	2015 年 12 月	隧道类型	短隧道
公路或道路类型	高速公路，双向四车道		
设计单位	云南省交通规划设计研究院		
主体工程施工单位	中铁十二局集团有限公司		

◆ 工程概况：

平耶 2 号隧道为左、右线分离式双向隧道，位于富龙高速公路富宁县板仑乡平耶村，设计行车速度为 80km/h。路线起讫桩号位于 K11+580 ～ K11+948，隧道全长 368m，属于短隧道。隧道进口高程 7990.18m，出口高程 802.65m，隧道纵坡为 2.71%。

◆ 简要评价：

洞口采用柱式洞门，整体造型就像两幅卷轴摊开，大气雄伟。洞门的浮雕景观柱采用复合水泥做浮雕，浮雕图案有云朵等，显得飘逸、灵动。整个墙面以及浮雕柱表面均喷刷外墙艺术真石漆，表面肌理处理很好，不会很突兀。另外，中央分隔带放有红砂石浮雕群和标有洞名的景观塑石，并用矿物颜料来饰面，紧扣当地历史事件彰显了当地红色革命文化特色。洞口处用爬藤植物覆盖，两侧栽种乔灌木，中央分隔带使用五颜六色的花卉以及草坪绿化，色彩鲜明，给人以赏心悦目的感觉，也有美化道路及缓解驾驶员视觉疲劳的作用。

王家梁隧道

洞门形式	柱式洞门	国家及省份	中国陕西
建成通车时间	2009 年 9 月 26 日	隧道类型	长隧道
公路或道路类型	高速公路、双向四车道		
设计单位	中交第一公路勘察设计研究院		
主体工程施工单位	中铁隧道集团		

◆ 工程概况：

宝天高速王家梁隧道为分离式双洞单向行驶隧道，其右线起讫桩号为 ZK184+365 ～ ZK185+930，全长 1565m；左线起讫桩号为 ZK184+349.91 ～ ZK185+865，全长 1515.09m，为浅埋隧道。隧道设计行车速度为 80km/h，公路等级为一 I 级。

◆ 简要评价：

洞口地形开阔，隧道洞门与周围背景环境融合较好。洞口边仰坡绿化效果较为理想，维护原有自然地形、地貌，以自然式种植为主，采用乡土植物进行自然环境恢复。洞门墙面以灰色为主题颜色进行装饰，立柱上刻有体现当地文化特色的浮雕，人文文化气息浓厚，体现了本地区的民俗风情，增加了隧道洞口景观的文化内涵和地域文化特色。整体上，洞门形态平淡而略显沉重，洞门名字十分显眼，起到突出强调作用。

石门隧道

洞门形式	柱式洞门	国家及省份	中国陕西
建成通车时间	2009 年 9 月 26 日	隧道类型	短隧道
公路或道路类型	高速公路，双向四车道		
设计单位	中交第一公路勘察设计研究院		
主体工程施工单位	宝天高速宝鸡段 BT10 标段工程部		

◆ 工程概况：

宝天高速公路石门隧道为左、右线分离式双向隧道，右线全长 360m，左线全长 372m。设计行车速度为 80km/h。

◆ 简要评价：

洞口处地形开阔，山体雄伟，仰坡坡度较陡。该隧道柱石洞门可以起到承载背后的土体压力、保持边仰坡稳定的作用。洞门墙面采用灰白色装饰材料，颜色不明亮而与洞口周围背景较协调，给驾驶员视觉上的舒适感，隧道洞门形态单调、轻快、简洁，富有一定的节奏和韵律感。隧道进洞时避免了大开大挖，对洞口周围环境破坏程度较小，洞口边仰坡利用植被进行绿化处理，绿化效果较为理想，体现了“人与自然，和谐发展”的理念，同时采用当地植被进行生态恢复，以乔木 + 矮小灌木 + 草的层次立体化的绿化模式进行恢复，呈现出了一个立体化的绿色空间。

雁门关隧道

洞门形式	柱式洞门	国家及省份	中国山西
建成通车时间	2003 年 9 月 28 日	隧道类型	特长隧道
公路或道路类型	高速公路、双向四车道		
设计单位	中交第一公路勘察设计院		
主体工程施工单位	中铁十二局集团有限公司、中铁十八局集团有限公司		

◆ 工程概况：

雁门关公路隧道位于二河国道主干线山西省境内的新广武—原平高速公路上，是大同至运城高速公路的咽喉工程，双洞单向交通，两洞中心线相距 50m。隧道区域地形复杂，山岭险峻，峰峦叠嶂，中间段隧道最大埋深超过 1000m。右线设计长度 5235m，左线设计长度 5160m，两隧道内均设有人字坡，右线进口段 420m 坡度为 1.56%，其余 4815m 为 −1.84%；左线进口 4830m 坡度为 1.84%，其余 330m 为 −1.7%。隧道内设计最大行车速度 80km/h，建筑限界宽度为 10.5m、高 5.0m，双洞总长 10395m，设计为双向四车道。

◆ 简要评价：

洞口边仰坡采用草本植物进行绿化处理，景观效果明显，达到点缀、美化生态环境的美学效应，运用景观融合理念，让隧道洞口景观设计与周围的自然景观有机融合。从近处看，洞门墙面采用灰白色材料进行装饰，颜色与洞口周围背景相协调。隧道洞门形态显得气势非凡，洞名“雁门”二字遒劲有力，与雁门关险峻雄伟的气势相呼应。洞口正上方局部边仰坡进行相关处理，为旅途增添了景观兴奋点，但色彩方面显得十分突兀，与背景结合得不好。

鹿山隧道

洞门形式	柱式洞门	国家及省份	中国云南
建成通车时间	2013 年 12 月	隧道类型	短隧道
公路或道路类型	高速公路，双向四车道		
设计单位	云南交通规划设计研究院		
主体工程施工单位	中铁十五局集团		

◆ 工程概况：

鹿山隧道是云南保山至腾冲段高速公路的控制性工程，设计为双向四车道分离式隧道。隧道左线起讫桩号为 K30+393 ～ K30+605，长约 221m，最大埋深约为 39.9m；右线起讫桩号为 K30+378 ～ K30+563，长约 185m，最大埋深约为 36.2m。该隧道路面宽度为 8.75m，高度 7.05m，左右检修道为 1.075m，设计行车速度为 80km/h。

◆ 简要评价：

该柱式洞门不仅能够承载背后的土体压力，保持边仰坡的稳定，而且其结构形式和装饰色彩与环境背景相协调。隧道洞口边仰坡强调植被恢复，但局部区域采用了矩形框格防护工程，空隙带绿化处理不到位，这块区域显得较为突兀，在一定程度上破坏了洞口景观的整体效果，绿化恢复采用乔木 + 灌木 + 草的层次空间化模式，丰富了景观层次，改善了洞口景观质量，体现了腾冲地区丰富的自然生态资源。从近处看，洞门墙面采用浅灰色进行装饰，颜色与洞口周围背景较为协调，减轻了驾驶员进洞时的心理压抑感。

铁峰山 1 号隧道

洞门形式	柱式洞门	国家及省份	中国重庆
建成通车时间	2005 年 12 月	隧道类型	长隧道
公路或道路类型	高速公路、双向四车道		
设计单位	重庆甲多公路设计咨询有限公司、四川省交通厅公路规划勘察设计研究院		
主体工程施工单位	中铁隧道集团		

◆ **工程概况：**

铁峰山一号隧道是万开高速公路全线的重点控制工程之一，双线全长 4634m，其中左线长 2316m，右线长 2318m。

◆ **简要评价：**

洞口处地形开阔，边仰坡坡度较为陡峭，隧道设计采用柱式洞门，可以发挥其承载背后土体压力、保持边仰坡稳定的作用。隧道洞口边仰坡进行分级刷坡防护处理，然后采取相应的绿化处理，利用相应的植被进行合理的生态恢复。中央隔离带运用色彩丰富的灌木和草坪进行绿化。洞门墙面采用灰色装饰材料镶面，颜色与周围环境背景相适应，避免了视线的突兀感。墙面采用具有文化特色的浮雕装饰，使隧道更富有人文文化气息，实现了洞口景观与人文景观的有机结合。

铁峰山 2 号隧道

洞门形式	柱式洞门	国家及省份	中国重庆
建成通车时间	2005 年 12 月	隧道类型	特长隧道
公路或道路类型	高速公路，双向四车道		
设计单位	四川省公路规划勘察设计研究院		
主体工程施工单位	四川武通路桥工程局、中铁三局		

◆ 工程概况：

重庆万开高速公路上的铁峰山 2 号隧道，左线长 6029.8m（ZK22+044 ～ ZK28+073.80），右线长 6024.8m（K22+060 ～ K28+084.80），单洞开挖尺寸为 12.10m，建成后隧道净宽为 9.25m；隧道左、右线纵坡均为－1.800%（开县至万州方向上坡为正）。

◆ 简要评价：

该隧道洞门墙面采用两种颜色的材料镶面，色彩应用效果较佳，颜色与周围背景相协调，其中淡粉色起着强调突出作用。墙面进行了人工肌理处理，粗糙的肌理可以适当减轻端墙的压迫感。洞门波浪状的肌理线条，使墙面富有节奏感和韵律感。边仰坡采取相应的绿化处理，注重自然植被恢复，体现了“人与自然，和谐发展”和“可持续发展”的设计理念，实现隧道洞口景观设计与环境保护的协调发展。

（5）城堡式

城堡式洞门相对于其他洞门来讲，是一种高层建筑物式的洞门形式，即在洞门上设计修建较高的建筑物，隧道从建筑物的底层穿过。这种洞门形式特别强调隧道的存在，起到了一种很好的隧道标志作用。但是，城堡式洞门的结构庞大，造价相对也较高。城堡式洞门通常修建在地形开阔地带，在旅游风景区、少数民族聚居地区，带有民族特色的城堡式洞门，彰显了当地的民族风情和区域特色，并且具有很好的景观效果。但是，城堡式洞门的结构过于庞大，施工复杂，造价相对也较高。

在欧美等发达国家，设计者更注重洞门的实际使用价值，类似于城堡式的洞门结构物实际上是隧道运营机构的所在地，这样可以最大限度地利用资源，避免了无端的浪费，这种设计观念值得我们的设计人员借鉴。

下面列举出一组我国部分已建成的公路隧道城堡式洞口景观。

洞门形式	城堡式洞门	国家及省份	中国四川
建成通车时间	2001年1月	隧道类型	长隧道
公路或道路类型	国道，双向二车道		
设计单位	中交第一公路勘察设计研究院		
主体工程施工单位	中铁十六局、中铁隧道股份有限公司		

◆ 工程概况：

川藏公路二郎山隧道主洞长4176m，开工时是国内最长、埋深最深、海拔最高、地应力最大、地质条件极为复杂的特长山岭公路隧道。隧道为直线隧道，单洞双向行车，中部设变坡点，采用单心圆轮廓，其内轮廓半径为4.83m，净宽9m，净高6.85m。路面横坡采用双向人字坡，坡度为1.5%；设置双车道，行车道路面宽度7.50m。

◆ 简要评价：

该柱式洞门的标志作用非常明显，在彰显当地风俗民情的同时也具有很好的景观效果。隧道洞口边仰坡强调植被的保护，使其显得自然、生态、环保；绿化效果较为理想，采用当地植被进行有层次和立体感的绿化设计模式，营造出一种健康的、生态的、和谐的立体化绿色空间；利用灌木加草坪的绿化点缀中央隔离带，对整个洞口景观效果增色不少。从近处看，洞门墙面采用灰白色进行装饰，粗糙的肌理可以降低端墙的压迫感；隧道洞门形态显得厚重、严肃、雄壮，其藏式建筑风格不由让人联想到川藏地区独特的民俗风情。

长城岭隧道

洞门形式	城堡式洞门	国家及省份	中国河北
建成通车时间	2011 年 12 月	隧道类型	特长隧道
公路或道路类型	高速公路，双向六车道		
设计单位	吉林省公路勘察设计院		
主体工程施工单位	中铁十一局集团五公司、中国中铁一局集团有限公司		

◆工程概况：

长城岭隧道位于山西和河北的交界上，是晋冀高速的重要组成部分。长城岭隧道左线起讫点的里程桩号为 ZK146+040 ～ 150+720，全长 4755m；右线起讫点的里程桩号为 K146+085 ～ K150+710，全长 4670m。属特长隧道。

◆简要评价：

隧道所处位置山体陡峭，进洞时对洞口处的山体进行了较大面积的开挖。虽然，施工过程中对洞口周边的生态环境造成影响，但是后期边仰坡植被的恢复效果较好。隧道洞门采用浅蓝色涂料装饰，浅蓝色应用效果明显，既降低了亮度，又保证了行车视线的舒适性。隧道洞门上方修筑有一阁楼样式建筑，体现了当地的历史文化古韵，实现了洞口景观与文化的结合。整体看来隧道洞门形态简洁而有个性，让人耳目一新，给人以历史文化的厚重感，能够陶冶情操，净化心灵，给驾乘人员视觉上美的享受。

西平台隧道

洞门形式	城堡式洞门	国家及省份	中国河北
建成通车时间	2013 年 12 月	隧道类型	长隧道
公路或道路类型	高速公路，双向六车道		
设计单位	河北省交通规划设计院		
主体工程施工单位	河北省高速公路承赤筹建处		

◆ 工程概况：

承赤高速西平台隧道是一座上、下行分离的六车道高速公路隧道。西平台隧道出口段覆盖层较厚，最大厚度超过 30m，地层以粉质黏土、圆砾、强风化片麻岩为主，围岩稳定性差，开挖易坍塌。隧道左洞长 1940m，右洞长 1880m。隧道设计行车速度为 100km/h，建筑界限净宽为 14.5m，净高 5.0m，设计最大纵坡为 3.0%，单向横坡 2.0%，二次衬砌混凝土抗渗等级不小于 S8。

◆ 简要评价：

西平台隧道洞门采用墙壁和牌坊相结合的造型，将中国传统的建筑风格融入洞门的设计中，但是该处山体较为荒芜，这种新颖的设计与周围的景色不相融合。洞门采用亮白色，使洞门整体显得有些突兀。隧道洞门修建过程中对原有的山体以较大的角度进行开挖，开挖后没有进行及时的处理，使大面积的土体裸露，破坏了洞口整体景观的美观性和舒适性。

（6）拱翼式

拱翼式洞门，属于墙式洞门的一种，它的特点就是将洞门的端墙结构设计成拱翼形式，如何设计拱翼的曲线，取决于地形横断面的起伏情况。拱翼式洞门适用于地面横坡连绵起伏，仰坡较大的地段，特别是洞口地形呈现中间拱起、两端缓慢下降的弧形时。其端墙曲线的设计应和隧道身后地形的起伏相协调，从而实现人工建筑物与大自然的和谐、统一。

拱翼式洞门的特点为：洞门优美的弧线能够和山势的舒缓背景相协调，体现节奏和韵律的美感，端墙曲线给人的印象是柔和、明亮、轻快、开放、多情。

下面列举出一组我国部分已建成的公路隧道拱翼式洞口景观。

明月山隧道

洞门形式	拱翼式洞门	国家及省份	中国四川
建成通车时间	2008 年 12 月	隧道类型	特长隧道
公路或道路类型	高速公路，双向四车道		
设计单位	四川省公路规划勘察设计研究院		
主体工程施工单位	中铁二局集团第二工程有限公司、中铁十二局集团有限公司		

◆ 工程概况：

垫邻高速公路明月山隧道左线全长 6557m、右线全长 6555m，为分离式双车道单向高速公路隧道，是全线控制性工程。隧道主洞建筑限界净宽 10.25m，净高 5.0m，紧急停车带建筑限界净宽 13.0m，净高 5.0m。

◆ 简要评价：

洞口处山体横断面连绵起伏，拱翼式洞门正好可与洞口身后山体的舒缓背景相协调，体现出了节奏韵律的美感。洞门墙面采用浅灰色材料进行装饰，颜色不明亮且与环境背景协调；墙面上刻有五角星形状的浮雕，洞门名字简洁大方；洞口边仰坡进行防护的同时强调生态的恢复，尊重自然，保护自然，与自然环境融为一体；生机勃勃的植物创造了温暖、开阔、自然的环境氛围，植被合理搭配形成了一个错落有致的绿色系统。隧道洞门形态柔软、轻快、开放，整个画面布局呈现出和谐静雅的氛围。

秦岭二号隧道

洞门形式	拱翼式洞门	国家及省份	中国陕西
建成通车时间	2007 年 9 月 30 日	隧道类型	特长隧道
公路或道路类型	高速公路、双向四车道		
设计单位	陕西省公路勘察设计院		
主体工程施工单位	中铁十八局集团隧道公司		

◆ 工程概况：

西汉高速公路秦岭 II 号隧道左洞长 6125m，右洞长 6145m，该隧道为双向四车道分离式隧道，隧道设计行车速度 80km/h，净宽 9.75m，净高 5.0m。隧道单洞长度 12000m 有余，出口端 1400m 为 0.56% 上坡，余下长度为 0.5% 下坡。

◆ 简要评价：

隧道洞口地面横坡连绵起伏，仰坡坡度较大，地形起伏，拱翼式洞门中间拱起、两端缓慢下降的弧形形式能够和山势的舒缓弧线背景相协调。隧道边仰坡自然植被恢复效果较好，采用乔木 + 灌木 + 草本植物的植被绿化设计模式，创造了健康、安全、生态的立体化空间，充分贴近自然，融于自然，与自然景观相协调。洞门墙面采用浅灰色进行装饰，颜色单纯而不明亮，应用效果较好；端墙面进行了人工肌理处理，减小了墙面亮光的反射，有利于行车安全。隧道洞门形态显得柔和、轻快、舒缓，洞门名字设为红色字体，大方而醒目。

中梁山隧道

洞门形式	拱翼式洞门	国家及省份	中国重庆
建成通车时间	1995 年 9 月	隧道类型	特长隧道
公路或道路类型	高速公路，双向四车道		
设计单位	铁道部第二勘察设计院		
主体工程施工单位	中铁隧道集团		

◆ 工程概况：

中梁山隧道左洞长（不含遮光栅）3167m，右洞长（不含遮光栅）3104m。设计行车速度为 60km/h。中梁山隧道位于重庆市沙坪坝区内，除左线隧道西、东洞口段分别位于半径为 2000m 和 1500m 的平曲线上，及右线隧道西门位于半径为 2000m 的圆曲线上外，其余地段均为直线。直线地段左、右线线间距为 50m。隧道施工区域内地质复杂，有危岩、瓦斯、溶洞煤层、涌水、断层破碎等不良地质灾害，施工难度极大。

◆ 简要评价：

隧道弧形洞门形态显得柔和、轻盈、明快，富有节奏韵律感，与周围背景地形环境结合得较好。隧道边坡按斜坡台地处理，采用弧形网格并辅以空隙地绿化措施进行防护；隧道仰坡采用栽植灌木或小乔木进行生态绿化处理，通过植物的合理配置，形成了较为理想的生态景观；中央分隔带利用草本植物点缀洞口景观，增添旅途景观的亮点。从近处看，洞门墙面采用浅灰色材料进行装饰，颜色与周围背景较为协调；隧道口之轮廓局部采用蓝色装饰，起到突出作用，引导驾驶员安全进入洞内。隧道左右线洞口间设置有隧道运营管理的场所，保证隧道后期的正常运营。

牛营子隧道

洞门形式	拱翼式洞门	国家及省份	中国宁夏
建成通车时间	2011 年 11 月	隧道类型	短隧道
公路或道路类型	高速公路、双向四车道		
设计单位	宁夏公路勘察设计院		
主体工程施工单位	中铁五局集团第三工程有限公司		

◆ 工程概况：

同沿高速牛营子隧道是银武高速公路固什段唯一一座连拱隧道，位于宁夏固原市原州区大湾乡牛营村以北董庄沟村五组东侧，在 R=600m 的平曲线内，进、出口里程桩号为 GK174+040、GK174+310，长 270m，单向坡，纵坡为 2.5212%，最大埋深为 45.88m。岩性以亚黏土和全风化砂泥岩为主。该隧道洞口段右侧自然斜坡高差为 20m，地表植被不发育，覆盖层最薄处厚为 4.8m，最厚处为 21m。

◆ 简要评价：

隧道弧形洞门形态显得柔和、轻盈、明快，这种类型隧道洞口形式易给人们以视觉上的柔和舒适感，充分体现出节奏韵律的美感。隧道洞门墙面采用色彩艳丽的材料进行装饰，洞门颜色与边仰坡背景环境的颜色较为协调，色彩的应用效果较好；隧道口轮廓局部采用银白色装饰，起到强调突出作用，合理引导驾驶员安全进入洞内；隧道边仰坡刷坡严重，对周围土体的破坏程度较大，考虑当地的气候和自然条件，原始山体的地表植被并不发育。从整体上来看，隧道洞口与周围背景环境较为协调。

北河隧道

洞门形式	拱翼式洞门	国家及省份	中国陕西
建成通车时间	2010 年 11 月 10 日	隧道类型	长隧道
公路或道路类型	高速公路，双向四车道		
设计单位	陕西省公路勘察设计院		
主体工程施工单位	中铁五局集团第四工程有限公司、中铁二十局第六工程有限公司		

◆ 工程概况：

青兰高速公路北河村隧道为双洞分离式隧道，左线长 1642m，右线长 1649m，设计行车速度为 100km/h，隧道设计净空为 66.86m^2，双洞间距 22m。

◆ 简要评价：

洞口处地形开阔，山体连绵起伏，拱翼式洞门的弧形能够与山体的舒缓弧形背景相协调，体现出节奏和韵律的美感。洞门墙面采用浅灰色材料，其暗淡的颜色可与周围背景环境较为协调，洞门名字简洁大方，可以点缀洞口景观。隧道进洞时并没对周围山体产生较大影响，洞口边仰坡注重环境保护，尊重自然的同时强调植被的绿化恢复，进行相关的绿化处理。在整个画面中，景观元素搭配协调，布局优雅，良好合理的生态绿化使隧道洞口显得美观和谐，生机勃勃的自然植被创造了清新、安逸、静雅的气氛。

大榕树隧道

洞门形式	拱翼式洞门	国家及省份	中国云南
建成通车时间	2008 年 9 月	隧道类型	中隧道
公路或道路类型	高速公路、双向四车道		
设计单位	云南省公路规划勘察设计院		
主体工程施工单位	中铁十九局集团		

◆工程概况：

大榕树隧道是云南保龙高速公路的控制性工程，隧道设计为双向四车道分离式隧道。隧道上行线起讫桩号为 K566+600 ～ K567+155，长约 555m；下行线起讫桩号 K566+579 ～ K567+090，长约 511m。隧道设计行车速度为 80km/h，进出口洞门形式均设计为拱翼式洞门。

◆简要评价：

隧道洞口处地形开阔，山体较为陡峭，洞口景观充分尊重自然环境，没有对自然山体进行大面积开挖，植被被保护得较完整，生机勃勃的各类植物创造了清新、和谐、诗情画意的气氛，充分体现了人与自然和谐共处的理念，给人视觉上带来唯美而静谧的视觉体验。洞门名字醒目地镌刻在洞口前石碑上，醒目而大方，不失为洞口景观的景观兴奋点，为旅途增添视觉亮点。周围景观元素，如植被、房屋建筑等能够体现出腾冲地区独特的民族文化。隧道洞门采用灰白色材料进行装饰，颜色略显明亮，应用效果较为良好。洞门形式简约而不单调，显得轻快而柔和。

小团山隧道

洞门形式	拱翼式洞门	国家及省份	中国云南
建成通车时间	2003 年 11 月	隧道类型	长隧道
公路或道路类型	高速公路、双向六车道		
设计单位	云南省公路规划勘察设计院		
主体工程施工单位	中铁十二局集团公司		

◆ 工程概况:

云南昆石高速公路小团山隧道位于呈贡县黄土坡境内，设计行车速度 100km/h，上行线长 1125m，下行线长 1195m，单洞开挖高度 8.9m，宽 14.8m，为双向六车道隧道，最大埋深约为 135m。隧道采用 1.9% 的单向纵坡，进出口均采用拱翼式洞门。

◆ 简要评价:

拱翼式洞门的端墙采用曲线形式,其弧形端墙可以和山势的舒缓弧线背景相协调。洞口处地形开阔，边仰坡坡度较大，进洞时对山体的影响程度较小。洞口边仰坡采用灌木加草坪的绿化模式进行环境恢复，将自然景观与隧道洞口景观设计有机结合起来。隧道洞门形态显得柔和轻盈，优美弧形体现出节奏和韵律的美感。洞门采用浅蓝色材料进行装饰，颜色稍显明亮，也使隧道洞口与周围环境背景融合得较好。洞门采用浅浮雕式手法进行装饰，墙面上以金黄色的浮雕作为文化主题，将当地的民族文化元素融入景观设计理念中，实现文化与洞口景观的有机结合。

4.2.2 突出式洞门

突出式洞门即非受力式洞门，是按照洞门结构不承受山体岩层侧向压力的原则来设计的，周围没有相应的支挡结构来支挡山体，实际上可以看作是与隧道主体连接的洞口段衬砌突出于山体坡面之外而形成的突出环框结构。突出式洞门可以根据仰坡坡度合理选取削切坡度及切削方式，以减少洞口附近的刷坡，甚至不刷坡，保护周围的自然环境。突出式洞门的突出特点在于：洞门面积小，视觉效果良好，能很好地与周围自然环境融为一体，在修筑突出式洞门的时候，对洞口周围山体应尽量少挖或不挖，仰坡顺其自然，不破坏山体的整体性及地表植被，有利于环境保护。

突出式洞门适用于坡面稳定、无路堑或浅路堑、短路堑的地形地质条件。通常，在地形开阔、边仰坡不高、仰坡较平缓、隧道轴线与地形等高线正交或接近正交的地带，突出式洞门应用范围较广。根据具体的仰坡坡度和与周围地形相适应的要求，可将突出式洞门分为顺切式、倒切式、扩张式和直切式四种形式。突出式洞门的仰坡坡率平缓、洞门结构简单，边仰坡便于恢复植被，易与周围景观协调，可以有效地减少施工对自然环境的破坏，符合现在的环保观念。从行车安全方面考虑，车辆进入隧道前，仰坡正面反射光较弱，光的反差小，不会给驾驶员造成较大的心理压抑感，有利于行车安全。

突出式洞门主要分为：削竹式洞门、喇叭口式洞门、环框式洞门。

（1）削竹式（斜切）

随着人们环境保护意识的逐渐提高，近年来出现了结合绿化和景观效果的新型洞门结构，其中最有代表性的就是斜切式洞门，也叫削竹式洞门。目前这种洞门形式运用得非常多，特别是在山区和桥隧相连较多的地区。这种洞门的结构形式可以根据仰坡坡度选取削切坡度减少洞口附近的刷坡，甚至不刷坡，保护了周边环境。这种洞门造型美观，表现大方，符合隧道设计“早进晚出”原则，也成为新型隧道洞门研究的重要形式。削竹式洞门在形式上分为（正）削竹式洞门和逆削竹式洞门。

其中，削竹式洞门适用于洞口山体坡度较缓、距离城市较近或桥隧相连地段的隧道。当隧道洞口段为松软的堆积层时，为了避免边仰坡的大刷大挖，也可通过加长明洞方式，采用削竹式洞门。削竹式洞门可以适应地形需要确定削坡坡度，并且可以在护坡上种植草木，起到保护生态环境的作用，所以削竹式洞门在土质隧道中的应用也较广泛。

下面列举出一组我国部分已建成的公路隧道削竹式洞口景观。

洞门形式	削竹式洞门	国家及省份	中国云南、广西
建成通车时间	2015 年 12 月	隧道类型	长隧道
公路或道路类型	高速公路、双向四车道		
设计单位	云南省交通规划设计研究院		
主体工程施工单位	中铁十二局集团有限公司		

◆ 工程概况：

隧道为广西壮族自治区靖西至那坡（弄内）高速公路那圩隧道，接线点为云南省富宁县板仑乡龙留村与广西壮族自治区那坡县城厢镇那圩村交界处的那圩隧道内，是云南至广西的最后一个隧道。设计行车速度为 80km/h，该隧道全长为 1060m，云南境内段长 339.746m。隧道大部分位于直线段内，隧道最大埋深为 126.11m。

◆ 简要评价：

该洞门整体造型雄伟、刚劲、稳重，洞门顺应地势向一侧倾斜。由于该区域属于滇桂交界处，作为云南出海的“门户”。设计中吸取阳光、白云、大海、沙滩等海边元素，并与地形结合，打造为西南内陆通向大海的标志性景观。中间铭石指向海的方向，正面镜面抛光，暗含云南人对大海的向往。中间分隔带选用红叶石楠，并与黄色灌木以及草坪相结合。洞口处采用爬藤植物，两侧用油茶和红叶石楠相结合的绿化模式，植被选用符合当地特色，搭配合理。整体错落有致，具有美化路容、引导视线、明暗过渡、协调景观等功能，能给驾乘人员带来视觉上的享受。

秦岭终南山隧道

洞门形式	削竹式洞门	国家及省份	中国陕西
建成通车时间	2007年1月20日	隧道类型	特长隧道
公路或道路类型	高速公路，双向四车道		
设计单位	铁道部第一勘察设计院承担设计，陕西省公路勘察设计院、重庆交通科研设计院参与		
主体工程施工单位	中铁一局、中铁五局、中铁十二局、中铁十八局		

◆ 工程概况：

秦岭终南山公路隧道是国家高速公路网包头至茂名线控制性工程，位于陕西省西安至安康柞水段，全长18.020km，为分离式双洞四车道隧道。洞内设人字形纵坡，最大纵坡为1.1%，最大埋深为1640m，设计行车速度为80km/h，隧道净空宽10.5m、高5m。隧道内路面为水泥混凝土路面。共设置三座通风竖井，最大井深661m，最大竖井直径11．5m，竖井下方均设大型地下风机厂房，通过竖井抽风、送风保持隧道空气流畅。

◆ 简要评价：

秦岭终南山隧道是我国公路建设的里程碑，所以该隧道的景观设计显得尤为关键。从环境保护和少扰动山体的角度考虑，设计选择了削竹式洞门。边仰坡及两洞口间地带充分考虑了景观影响，绿化效果明显，各种植被恢复良好，展现了秦岭山脉丰富的动植物资源。为纪念这个伟大的工程，特在两洞门间设立了尺度较大的铭牌，洞门名字大方而简洁地镌刻在两洞口间的铭牌上，使该隧道工程更显神圣、宏伟。再者，洞口前部位也有做绿化，显得绿意十足。隧道洞门形态轻快、简洁而优美，自然而无压迫感，降低了行车驾驶员进洞时的心理压抑感，洞门的位置和体形在整个画面中是协调的，呈现出了大气而庄重的氛围。

洞门形式	削竹式洞门	国家及省份	中国湖南
建成通车时间	2007 年 11 月	隧道类型	特长隧道
公路或道路类型	高速公路、双向四车道		
设计单位	中交第二公路勘察设计研究院		
主体工程施工单位	贵州桥梁工程总公司		

◆ 工程概况：

雪峰山隧道位于邵阳市、怀化市两市交界处，横穿雪峰山脉。隧道上、下行线分离，按两座独立隧道设计。隧道左洞起始桩号为 ZK95+865 ～ ZK102+807.56，总长 6942.56m；隧道右洞起始桩号为 ZY95+866.395 ～ ZY102+825，总长 6958.605m。隧道平均长度 6951m，属特长隧道。两洞室净距在洞口段约为 20m，在洞身埋深段为 35m 左右，纵坡整体为一单坡，纵坡坡度为 0.938%，在邵阳端洞门设计高程为 520m 左右，怀化端洞门设计高程为 462m 左右。隧道最大埋深约为 850m，其中约 50% 的洞身埋深大于 450m。

◆ 简要评价：

该隧道设计采用削竹式洞门，基本上是以“零”开挖方式进洞，对山体的扰动很小。很好地保护了洞口周边生态环境。仰坡植被恢复很好，选用当地植被进行合理搭配，整体具有空间层次感，营造出了一个宁静的空间。该隧道洞门旁边的铭牌，不仅起到了介绍隧道简要概况的作用，而且还能起到提醒进洞的作用。隧道洞口前面的红色沥青路面也起到缓和驾驶员视线的作用。整体看来，隧道洞门形态轻快、柔和、舒美、自然亲切而无突兀、压迫感，做到了与周边景观协调，有种与自然融于一体的感觉。

包家山隧道

洞门形式	削竹式洞门	国家及省份	中国陕西
建成通车时间	2009年5月28日	隧道类型	特长隧道
公路或道路类型	高速公路，双向四车道		
设计单位	陕西省交通规划设计研究院、陕西省公路勘察设计院		
主体工程施工单位	中铁十二局集团有限公司、中铁隧道股份有限公司、中铁十八局集团有限公司		

◆ 工程概况：

包家山特长隧道位于小康高速公路的咽喉部位，为小康高速的控制性工程。包家山隧道北倚秦岭，南连巴山，穿越1100余米海拔的青山、玉皇山、包家山，全长11.2km。设计行车速度80km/h，隧道净宽10.25m，隧道净高5.0m。该隧道上行线进口位于R=1100m的圆曲线上，曲线长度460m；出口位于R=6000m的圆曲线上，曲线长度480m。下行线进口位于R=4000m的圆曲线上，进口段曲线长度100m；出口位于R=1240m的圆曲线上，出口段曲线长度595m。隧道线路纵断面为人字坡，上下行线线路最大坡度为1.95%。

◆ 简要评价：

隧道设计采用削竹式洞门，可以保护洞口生态环境和尽可能减少对山体的扰动。隧道几乎是以“零”开挖方式进洞，对山体的扰动很小。洞口周围充分考虑了景观影响，边仰坡利用高低灌木搭配种植，具有空间层次感，植被的合理搭配，营造出了一个兼具意识与物质层面的宁静空间。而且，中央分隔带采用花卉和草坪的绿化模式，并有些许灌木，合理搭配，和山体背景协调一致。隧道洞口利用巨石作为隧道名字的基石，使得洞口在直壁山脚下不至于单调乏味。隧道洞门形态轻快、自然亲切而无压迫感，并且与周边景观协调。

秦岭灞源隧道

洞门形式	削竹式洞门	国家及省份	中国陕西
建成通车时间	2012 年 8 月 14 日	隧道类型	特长隧道
公路或道路类型	高速公路，双向六车道		
设计单位	陕西公路勘察设计院		
主体工程施工单位	中铁十二局集团二公司、中铁十八局隧道工程有限公司		

◆ 工程概况：

西商高速公路秦岭灞源隧道，是该高速公路赫赫有名的控制性工程，其进口段位于蓝田县灞塬乡，出口段位于商洛市商州区大荆镇，为曲线形特长隧道，隧道左线长 5445m，右线长 5450m，单洞总长 10895m，左线最大埋深约 511m，右线最大埋深约 512m，双向 6 车道设计标准，设计行车速度 80km/h，隧道建筑限界净宽 14.25m，净高 5.2m。

◆ 简要评价：

该隧道设计采用削竹式洞门。其洞口边仰坡及两洞口间地带的绿化效果很好，以高低灌木搭配种植，郁郁葱葱，立体层次感明显，借此呈现出健康生态的空间环境。隧道上下行洞口有机组合，视觉鲜明，营造出了自然、明快、清新、简洁的环境氛围。隧道洞门的色彩明亮，能起到较好的标识作用。而且，洞门的位置和体形在画面中协调性较强，整个画面布局浑然天成，无缝衔接，给人和谐、平衡的视觉美感。

黄沙岭隧道

洞门形式	削竹式洞门	国家及省份	中国陕西
建成通车时间	2012年8月14日	隧道类型	特长隧道
公路或道路类型	高速公路，双向六车道		
设计单位	中交公路规划设计院有限公司		
主体工程施工单位	中铁隧道集团		

◆ 工程概况：

西商高速黄沙岭隧道进口位于甘沟口村东约200m处山体半山坡上，出口位于苏家村西侧约150m处后河河谷阶地上，左线长3979m，右线全长4017m，隧道建设标准为双向六车道，建筑限界净宽14.50m，净空限界高度5.2m，设计行车速度100km/h。

◆ 简要评价：

该隧道设计采用削竹式洞门。隧道边仰坡及两洞口间地带进行了有效的绿化处理，自然植被被保护得很完整，植被恢复效果非常好，采用乔木+草本植物+花卉的绿化模式，色彩丰富，搭配协调。洞口视觉鲜明，洞门结构与周围环境背景融合于一体。利用天然石块作为隧道洞名的基石，使得洞口在直壁山脚下不至于单调乏味。隧道洞门的位置和体形与画面整体布局均是恰到好处，协调性强。美中不足的是，洞口一侧山体的边坡因安全需要，做了较为厚重的挡土墙防护，与整个和谐的自然景观显得不相匹配，在一定程度上影响了整体的美感。

洞门形式	削竹式洞门	国家及省份	中国山西
建成通车时间	2012 年 3 月 13 日	隧道类型	特长隧道
公路或道路类型	高速公路、双向四车道		
设计单位	山西省交通规划勘察设计院		
主体工程施工单位	中铁十五局集团五公司、中交一公局第三工程有限公司		

◆ 工程概况：

抢风岭隧道是荣（成）乌（海）高速灵丘至山阴段的控制性工程，位于山西省大同市浑源县境内，设计线位近东西向展布，为上下行分离式隧道，设计速度采用山岭区高速公路标准 100km/h，隧道轴线直线段间距约 30m，左线隧道长 5480m，右线隧道长 5495m，纵坡采用双向人字坡，最大纵坡为 1.91%。隧道主洞设计为双向四车道，净高 5.0m，净宽 10.75m（0.75m+0.5m+2×3.75m+1m+1m），两侧设检修道。

◆ 简要评价：

该洞口设计采用了削竹式洞门。洞门整体形态轻盈而柔和，明快而简洁。洞口位置的仰坡高度较小，没有大填大挖，直接将洞口伸出，做成削竹式，尽可能保留原有的生态环境。洞门铭牌设计很有艺术感觉，给人眼前一亮之感。与此同时，洞口中央分隔带绿化处理得较好，灌木加草坪的绿化方式，植被恢复效果明显，美观而不炫目，为整个突兀的背景注入了些许活力，增加了旅途景观兴奋点。

渭河隧道

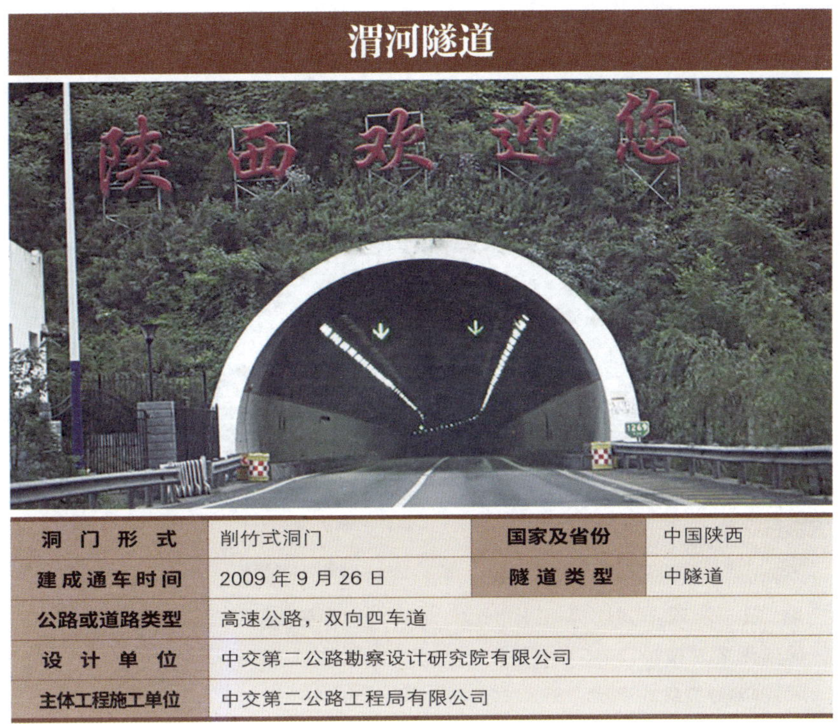

洞门形式	削竹式洞门	国家及省份	中国陕西
建成通车时间	2009年9月26日	隧道类型	中隧道
公路或道路类型	高速公路，双向四车道		
设计单位	中交第二公路勘察设计研究院有限公司		
主体工程施工单位	中交第二公路工程局有限公司		

◆ 工程概况：

宝（鸡）天（水）高速公路柿树湾（渭河）隧道为一座上、下行线分离的四车道高速公路隧道，位于是陕西省与甘肃省交界处。隧道所在地位于秦岭北麓渭河南侧，山高水深，属高山峡谷地貌，地质构造复杂，相对高差大，约300m。隧道最大埋深290m。左线起讫桩号为ZK0+336～ZK1+000，全长664m；右线起讫桩号为YK0+353～YK0+995，全长642m。隧道洞内最大超高为反向3.0%。纵面线形左、右线均为+1.3%单向坡，设计行车速度为80km/h，隧道建筑限界净宽10.25m，净高5.0m。

◆ 简要评价：

该隧道设计选用削竹式洞门。隧道洞门整体形态轻快、柔和而无压迫感，给人的印象较开放、轻松、优美和静雅。与此同时，洞门很好地融入了周围环境当中，曲线线条给人柔和、轻快的感觉，能缓解驾驶员进洞时的心理紧张感。隧道洞口几乎是“零”开挖，毫无人工开挖的痕迹，仰坡山体植被保护得较完整，采用当地的植被物种进行环境恢复，使洞口完全融入山体之中，生机勃勃的植被极大地丰富了景观层次，增加了行人的审美愉悦感。

石鼓山隧道

洞门形式	削竹式洞门	国家及省份	中国福建
建成通车时间	2015 年 6 月	隧道类型	特长隧道
公路或道路类型	高速公路，双向六车道		
设计单位	福建省交通规划设计院		
主体工程施工单位	中铁三局集团有限公司、河北交建集团		

◆工程概况：

石鼓山隧道是南安（金淘）至厦门高速公路泉州段的控制性工程。隧道设计为分离式双向六车道，隧道全长 6005m。隧道设计行车速度为 100km/h，建筑限界净宽 14.5m，净高 5m。隧道场区表层为薄层的残坡积土、坡积碎石，下覆基岩为侏罗系南园组凝灰熔岩及其风化层、局部凝灰熔岩中夹有薄层的砂质泥岩、粉砂岩。

◆简要评价：

隧道洞口所处地段，植被比较茂盛。洞口边仰坡刷方量较小，虽然，边仰坡遭受了一定的破坏，但通过当地植被物种进行了有空间层次感的绿化恢复，树种采用乡土植物，突出地域特色。很明显看出植被恢复得很好。洞口采用削竹式洞门，使得整条隧道很好的融入山体中，没有突兀之感，不会过多地分散驾驶员的注意力，同时，整体感觉轻盈，没有压迫之感。洞名设置在隧道两洞口之间，简单醒目，朴素大方。中央分隔带采用绿化恢复设计，植被高低错落有致，点缀景观，营造良好的视觉形象。整体看来，该隧道比较简约、明快，与当地自然环境协调得很好。

南阳山隧道

洞门形式	削竹式洞门	国家及省份	中国甘肃
建成通车时间	2010 年 12 月 27 日	隧道类型	特长隧道
公路或道路类型	高速公路，双向四车道		
设计单位	甘肃省交通规划勘察设计院有限责任公司		
主体工程施工单位	甘肃路桥集团第四公路工程有限公司		

◆ 工程概况：

康临高速南阳山隧道为兰（州）磨（憨口岸）西部大通道康家崖至临夏高速公路的一条特长隧道，为双车道上下行分离式隧道，两座隧道的轴线间距为 40m，浅埋段洞身上方 S309 二级公路通过，该段隧道埋深为 4 ～ 21m，洞顶最大埋深 147m，最小埋深 61m。上行线全长 3290m，起讫点桩号为 SK48+970 ～ SK52+260；下行线全长 3328m，起讫点桩号为 SK48+962 ～ SK52+290，隧道设计净高 5.0m，净宽 10.25m，设计行车速度为 80km/h。

◆ 简要评价：

该隧道上方的坡度较缓，在开挖的过程中对边仰坡的影响较小，如图所示，边仰坡植被的保存和恢复都较好，真正实现了尊重自然、融于自然、贴近自然的目的，取得了较好的景观效果。隧道洞名写在洞口的正上方，简洁而大方，为洞门增添了一些艺术气息。洞口边框颜色为上白下黄的组合，色彩比较显眼，在一定程度上起到了进洞提醒作用。洞门与周围环境背景较好地融于一体，起到了缓解驾驶员疲劳和心理紧张的作用。洞口的曲线线条韵律感和美感，显得柔和、轻快。

蝴蝶兰隧道

洞门形式	削竹式洞门	国家及省份	中国云南
建成通车时间	2008 年 9 月	隧道类型	短隧道
公路或道路类型	高速公路、双向四车道		
设计单位	云南省公路勘测设计院		
主体工程施工单位	中铁隧道集团		

◆ 工程概况：

蝴蝶兰隧道是云南保龙高速公路的控制性工程，隧道设计为双向四车道连拱隧道。隧道起讫桩号为 K580+594 ～ K580+812.6，长约 218.6m；隧道设计行车速度为 80km/h，进出口洞门形式均为削竹式洞门。

◆ 简要评价：

该处山体本身的绿化情况就很好，隧道开挖过程中也并未造成太大的影响，植被恢复情况也很好，故该隧道洞门对环境十分友好。该隧道的洞门除边缘部分为白色之外，整体使用了柔和的色调，不仅能起到提醒进洞的作用，而且柔和色调能给驾驶员放松、舒缓的感觉。同时，这种色调与周边环境绿化的颜色并不冲突，有种与自然融于一体的感觉。隧道洞门形态轻快、柔和、舒美而无压迫感。隧道的两个洞门相连，如同蝴蝶一般，生动形象，栩栩如生。在整个图幅中，隧道洞门的位置和形式均较为协调，整体画面平衡而又和谐。

保神庙隧道

洞门形式	削竹式洞门	国家及省份	中国河北
建成通车时间	2010年11月8日	隧道类型	长隧道
公路或道路类型	高速公路，双向四车道		
设计单位	中交公路规划设计院有限公司		
主体工程施工单位	中铁五局集团第二工程有限公司		

◆ **工程概况：**

承朝高速公路重点控制工程保神庙隧道地处燕山山地槽与内蒙古高原过渡区，境内地形复杂，山脉交错，为左右线分离的双向四车道隧道，左线起止里程 ZK65+940 ～ ZK67+335，长 1395m；右线起止里程为K65+930 ～ K67+335，长 1405m。最小埋深为 2.8m，最大埋深为 85m。隧道主洞建筑限界净宽为 10.75m（0.75m+0.5m+2×3.75m+1.0m+1.0m），建筑限界净高 5.0m，设计行车速度为 100km/h，采用单心圆设计。该隧道洞门形式平泉端设计为端墙式，承德端设计为削竹式。

◆ **简要评价：**

该隧道洞口在边仰坡防护的同时注重植被的保护，采用当地植被有层次的进行恢复，贴近自然，与自然相协调。洞门前的建筑颜色与洞门相近，可能太过明亮，也许换成贴近山体的较暗的颜色会有更好的视觉效果。从近处看，隧道洞口线条简洁明快，通过植物配置与绿化，达到了洞口环境和景观效果的统一。从远处看，隧道洞门形态轻快、简约而柔和，洞门的位置和体形均较为协调，与周围背景环境相融合，生机勃勃，令人赏心悦目。

大岭后隧道

洞门形式	削竹式洞门	国家及省份	中国天津
建成通车时间	2008 年 6 月	隧道类型	长隧道
公路或道路类型	高速公路、双向四车道		
设计单位	北京国道通公路设计研究院股份有限公司		
主体工程施工单位	中国铁建十五局集团第七工程有限公司、中铁二局股份有限公司		

◆ 工程概况：

津蓟高速延长线的大岭后隧道是在京、津交界处的山体建设的一座隧道，主要联结“京平高速公路”（出京方向）和天津市“津蓟高速公路”（进京方向）。隧道左线（进京方向）全长 2738.64m（其中，北京段 1151.237m），隧道右线（出京方向）全长 2688.061m（其中，北京段 1138.308m）。

◆ 简要评价：

隧道洞口地段几乎是“零”开挖，边仰坡几乎没进行刷坡处理，植被恢复效果很好，真正实现了景观与自然环境的和谐统一。隧道洞口线条简洁明了，给人一种轻盈、柔和、明快的造型之美；洞门形式与周围环境背景完美地融为一体，让人耳目一新，消除了驾乘人员的视觉审美疲劳；洞口旁的小品建筑也给洞口增添了几分生趣。隧道的名字镌刻在洞门旁边小品建筑的侧壁上，显得赏心悦目。在图幅中，隧道洞门的位置和体形均比较协调，与周围背景环境相融合，整体画面和谐一致，给人视觉上美的享受。

金州隧道

洞门形式	削竹式洞门	国家及省份	中国辽宁
建成通车时间	2004 年 8 月	隧道类型	短隧道
公路或道路类型	高速公路、单向四车道		
设计单位	辽宁省交通勘测设计院		
主体工程施工单位	中铁十九局集团有限公司		

◆ 工程概况：

金州隧道位于大连市金州区北约 65km 处，是沈大高速公路改扩建的控制性工程，采用单洞四车道方案，最大开挖宽度 22.482m，最大开挖高度 15.52m。隧道洞内路面采用双向 2% 横坡，纵坡为 1.6%，位于半径为 5500m 的曲线上，洞门采用削竹式。

◆ 简要评价：

如图，该隧道洞口边仰坡几乎没进行刷坡处理，原有植被被保护得较好（或明洞回填后，绿化处理较好），边仰坡以草本植物为主景，坡面点缀矮小灌木，增加绿化效果的立体感。同时，草本植物进行了适当修饰，显得平整而简洁，与整体背景相协调。隧道的名字位于洞门的正方，色彩为暗金色，醒目而不刺眼。隧道设计为双向八车道隧道，所以该洞门显得较开阔，曲线形式很有美感，给人以开阔的感觉，减少了对驾乘人员的压迫感。该隧道整体景观自然、简洁，对环境十分友好。

挂牌岭隧道

洞门形式	削竹式洞门	国家及省份	中国辽宁
建成通车时间	2012 年 9 月	隧道类型	中隧道
公路或道路类型	高速公路、双向四车道		
设计单位	辽宁省交通勘测设计院		
主体工程施工单位	中交路桥建设有限公司		

◆ 工程概况：

挂牌岭隧道是辽宁丹通高速公路的控制性工程，位于辽宁省桓仁县桓仁镇境内，隧道全长约为 790m，为双向四车道高速公路隧道，设计行车速度为 80km/h。

◆ 简要评价：

隧道洞口位置地形开阔、边仰坡较平缓，洞口与坡面正交，洞门形式为削竹式。画面中，隧道洞门的位置和体形均显得比较协调，整体画面布局平衡、和谐。隧道边仰坡原有植被保护得较完整，中央分隔带采用矮小灌木 + 草坪的绿化模式点缀景观，整体植被恢复效果明显；植被绿化起到了保持水土、生态恢复、美化环境、丰富道路景观的作用，达到了洞口绿化与周围环境协调一致的效果。美中不足的是，局部绿化处理不当，洞口附近的明洞回填部分，人工痕迹尚存。

密江隧道

洞门形式	削竹式洞门	国家及省份	中国吉林
建成通车时间	2010 年 11 月	隧道类型	中隧道
公路或道路类型	高速公路，双向四车道		
设计单位	吉林省交通规划设计院		
主体工程施工单位	甘肃路桥公司		

◆ **工程概况：**

密江隧道是吉林省珲乌高速公路的控制性工程，隧道设计为双向四车道，左幅隧道长 1165m，右幅隧道长 1135m。

◆ **简要评价：**

从图幅中可以看到，隧道洞口原有植被没有被破坏（明洞回填植被恢复较好），采用以草本植物为主景，乔、灌木作为点缀的边仰坡绿化模式，整体看来，周边生态环境保护得很好，植被都郁郁葱葱。隧道洞口与大自然完美融合，呈现出开朗、明快的环境氛围。隧道洞门形态强调曲线线条韵律感和美感，线条简洁明了，给人一种轻盈、柔和、清新的造型之美。隧道洞门的位置和体形均显得比较协调，与周围背景环境相融合，画面如诗如画，浑然天成。

错草沟隧道

洞门形式	削竹式洞门	国家及省份	中国辽宁
建成通车时间	2012 年 9 月	隧道类型	中隧道
公路或道路类型	高速公路、双向四车道		
设计单位	辽宁省交通规划设计院		
主体工程施工单位	中国中铁股份有限公司		

◆ **工程概况：**

错草沟隧道是辽宁丹通高速公路的控制性工程，设计为左右分离式单向行车隧道，左洞长 3250m，右洞长 3333.5m。

◆ **简要评价：**

洞门本身并没有添加装饰，体现了削竹式隧道洞门的简洁性和直观性。隧道洞口周围边仰坡上的植被以草本植物为主，坡面点缀矮小灌木，增加了绿化效果的立体感，创造出了健康、生态的空间环境，生机勃勃的植物景观使人们感受到自然、亲切、温馨的静谧氛围，各景观元素和谐地整合在一起，显得别致而充满诗情画意。因隧道内外亮度差距较大，故在洞门外显眼处设有提醒开车灯的警示标志，在隧道洞口附近还设置了电子显示屏传递实时信息，使驾乘人员更感亲切。

五龙山隧道

洞门形式	削竹式洞门	国家及省份	中国辽宁
建成通车时间	2012 年 9 月	隧道类型	长隧道
公路或道路类型	高速公路，双向四车道		
设计单位	辽宁省交通规划设计院		
主体工程施工单位	中国铁建中铁五局集团		

◆ 工程概况：

五龙山隧道是辽宁丹通高速公路的控制性工程，全长 2570m，设计为左右分离式单向行车隧道，左线隧道长 1265m，右线隧道长 1305m。

◆ 简要评价：

从上图可以看出，隧道洞口施工对周围边仰坡的影响较大，该隧道洞门上方的植被恢复不是很理想，人工痕迹尚存。因隧道内外的亮度相差较大，故在洞口处有设置提醒开车灯警示标志，且设置有醒目的洞口导引系统。在洞门附近设置的建筑与山体相称，隧道洞门形态呈现出的轻盈、明快、柔和的韵律感和美感有一定的美观性。该隧道洞门景观整体的画面布局和谐，给驾乘人员创造了较为舒适的行车环境。

紫坪铺隧道

洞门形式	削竹式洞门	国家及省份	中国四川
建成通车时间	2012 年 11 月	隧道类型	特长隧道
公路或道路类型	高速公路、双向四车道		
设计单位	四川省交通运输厅公路规划勘察设计研究院		
主体工程施工单位	中铁一局集团、中铁二局集团		

◆ 工程概况：

紫坪铺隧道是国道 317 线（217 线）都汶高速公路的重点工程，隧道设计为基本平行的双洞，其中左洞长 4090m，右洞长 4060m，设计行车速度 80km/h，为双向四车道隧道。

◆ 简要评价：

从近处看，洞口强调曲线线条的造型之美，显得更加柔和、轻盈。从远处看，洞口边仰坡以当地乔和灌木植物为主景，坡面点缀草本植物，之前刷坡的地方不易被发觉，增加了绿化效果的立体感，给人视觉上的享受，能够减少视觉审美疲劳，提升行车安全性。然而中央分隔带只是简单地利用草坪进行绿化，效果欠佳。隧道的名称和长度设置在洞门旁的功能性建筑上方，而没有直接放在洞门的上方，有突出显示的作用，这种做法很有新意，可供其他工程参考。

龙岗隧道

洞门形式	削竹式洞门	国家及省份	中国吉林
建成通车时间	2011 年 10 月	隧道类型	长隧道
公路或道路类型	高速公路，双向四车道		
设计单位	中铁隧道勘测设计院有限公司		
主体工程施工单位	中铁十二局集团第三工程有限公司		

◆ 工程概况：

营松高速公路龙岗隧道位于吉林省东南部长白山区的龙岗山脉，为双向分离式隧道，隧道左线长度为1895m，右线为1870m，隧道纵面均为单向坡，左幅纵坡为2.715%，右幅纵坡为2.763%。隧道最大开挖跨度13m，最大开挖高度10.51m。

◆ 简要评价：

该隧道所处地区的植被覆盖率很高，隧道边仰坡及洞口前的中间绿化带以草本植物为主，适当位置点缀了当地乔、灌木，呈现出立体的绿化效果，色彩类型丰富，搭配和谐。隧道两旁绿色的防护栏与路边的植物相互呼应，显得生机勃勃。隧道洞门的白色边框很是显眼，起到引导驾驶员的作用。整体看来，隧道洞口的修建并未破坏周围的生态环境反而有种融入自然的感觉。它注重的是与自然的和谐，给人亲切、愉悦的感觉。

欢喜岭隧道

洞门形式	削竹式洞门	国家及省份	中国吉林
建成通车时间	2008 年 10 月	隧道类型	中隧道
公路或道路类型	高速公路、双向四车道		
设计单位	吉林交通规划设计院		
主体工程施工单位	中交隧道工程局有限公司		

◆ 工程概况:

欢喜岭隧道是吉林省通化至沈阳高速公路的控制性工程，位于吉林省通化县境内，隧道设计为双向四车道，设计行车速度为 100km/h。欢喜岭隧道左幅长 988m、右幅长 980m，左右线隧道均位于直线段内，隧道纵坡为人字坡，上坡为 2.4%，下坡为 1.8%。

◆ 简要评价:

该隧道洞门形式为削竹式，它具有保护水土、减少山体扰动的作用。隧道边仰坡采用菱形框格防护工程，边仰坡植被恢复很好，空隙地带用植被过渡，采用乔木搭配灌木 + 草坪的绿化设计，自上而下的绿化效果呈现出立体感；中央隔离带采用花卉加草坪的绿化模式，达到丰富的构图美和色彩美，可缓解在高速公路行驶过程中产生审美疲劳。但用来加固仰坡的框格梁加重了该洞口设计的人为痕迹，且不利于该处植被的全面恢复，在一定程度上造成了该洞口景观的突兀和枯燥感。

雪山隧道

洞门形式	削竹式洞门	国家及省份	中国台湾
建成通车时间	2006 年 6 月 16 日	隧道类型	特长隧道
公路或道路类型	国道、双向四车道		
设计单位	美国柏诚、瑞士电华、中兴工程顾问社		
主体工程施工单位	荣民工程公司		

◆ 工程概况：

雪山隧道，旧称坪林隧道，是台湾最长的公路隧道，位于蒋渭水高速公路（北宜高速公路）台北县坪林乡与宜兰县头城镇之间。隧道全长 12.9km。雪山隧道两座主隧道中间，有 28 座横向的人行联络隧道，8 座车行联络道，加上抽排风系统所挖掘的竖井、通风孔道等，大大小小长长短短共 58 组隧道。

◆ 简要评价：

隧道洞口边仰坡及两洞口间地带进行有效的绿化处理，采用乔木 + 灌木 + 草坪的立体化空间绿化模式，建立多样立体的绿色系统，植被恢复效果良好，充分体现了“人与自然，和谐发展”和“可持续发展”的设计理念，实现了隧道洞口景观设计与环境保护的协调发展。图幅整体画面搭配协调自然，营造了一种宁静、安逸、静雅的氛围，给驾乘人员以视觉上的舒适感。

九嶷山隧道

洞门形式	削竹式洞门	国家及省份	中国湖南
建成通车时间	2014 年 12 月	隧道类型	特长隧道
公路或道路类型	高速公路、双向四车道		
设计单位	中交公路规划设计院有限公司		
主体工程施工单位	中国铁建十二局集团三公司		

◆ 工程概况：

九嶷山隧道位于湘粤省界的南岭山脉，穿过湘南著名的九嶷山，隧址区地质构造发育，山高林密，沟谷纵横，地表最大高程 1099.1m，隧道最大埋深 530m。隧道左洞全长 6378m，右洞全长 6385m。

◆ 简要评价：

该隧道洞门形式采用削竹式洞门，可以在一定程度上保护环境和减小对山体的扰动。隧道洞口边仰坡及两洞口间地带的绿化处理效果良好，保护了自然环境，并与自然环境相协调。采用高大乔木为主景，矮小灌木和草本植物为辅景，建立多样立体的绿色系统，植被恢复效果良好，实现了隧道洞口景观设计与环境保护协调发展，体现了九嶷山脉丰富的自然生态资源。刻有隧道名称的立石置于中间的绿化带上，颜色与环境并不显得突兀，增添些许古朴的气息。

胶州湾隧道

洞门形式	削竹式洞门	国家及省份	中国山东
建成通车时间	2011年6月	隧道类型	特长隧道
公路或道路类型	高速公路、双向六车道		
设计单位	中铁隧道勘测设计院有限公司		
主体工程施工单位	中铁三局集团、青岛第一市政联合体		

◆ 工程概况：

青岛胶州湾隧道是连接青岛市主城与辅城的重要通道，南接薛家岛，北连团岛，下穿胶州湾湾口海岸，胶州湾隧道线路全长7120m，主隧道长度约6170m，跨越海域总长度约3950m，线路等级为城市快速路，设计行车速度为80km/h。设两条二车道主隧道和 条服务隧道，主隧道中轴线间距55m。主隧道开挖断面高11.2～12.0m，宽15.23～16.03m，隧道纵断面呈V形，最大纵坡3.9%，右线路面最低点高程为-74.14m，左线为-73.69m，海域段主隧道的埋深一般为20～30m。

◆ 简要评价：

隧道洞口边仰坡及两洞口间地带的绿化处理效果良好，在景观设计处理上做到源于自然并融于自然，将原有自然景观与隧道洞口景观设计有机结合起来，采用当地的乔木、灌木、草本植物以及花卉等进行生态恢复，绿化景观立体感强，色彩搭配合理，具有较强观赏性。隧道洞门的边框上添加了竖向的肌理修饰，增强了形式美感。红色隧道名称题字显得热情洋溢，给驾驶员舒适的感受。隧道洞口采用曲线形式，突出了曲线的造型之美，显得更加柔和、轻盈、简洁，同时富有节奏和韵律感。洞口景观整体搭配协调自然，浑然天成，意境优美，营造出一种温暖、和谐、静雅的氛围。

井冈山隧道

洞门形式	削竹式洞门	国家及省份	中国江西
建成通车时间	2013年10月	隧道类型	特长隧道
公路或道路类型	高速公路、双向四车道		
设计单位	中鼎国际市政公司、中铁二十五局		
主体工程施工单位	中铁隧道勘测设计院有限公司、江西省交通设计研究院有限责任公司		

◆工程概况：

井冈山隧道是一座上下行分离的四车道高速公路隧道，起点位于井冈山厦坪镇神源村附近，终点位于鹅岭乡神源村路下小组附近。左洞起止桩号ZK5+161.086～ZK12+002，长6841m；右洞起止桩号为YK5+143.6～YK12+002.12，长6859m。隧道进出口洞门形式均为削竹式洞门。隧道净宽10.25m，净高5.0m，设计行车速度80km/h。

◆简要评价：

该处隧道洞口边仰坡及两洞口间地带的绿化处理良好，利用当地植被进行生态恢复，建立了层次感和空间感强烈的绿色空间，实现了隧道洞口景观设计与环境保护协调发展，体现了“人与自然和谐”的新型环保理念。隧道采用雕塑式装饰手法点缀洞口景观，洞口名字“井冈山隧道”遒劲有力地镌刻在伫立于洞口的巨石上，体现了井冈山革命根据地丰富的历史文化内涵，给隧道赋予了浓厚的人文文化气息。隧道洞口前的中央分隔带采用草丛与灌木相结合的点缀手法，与道路两旁的植被交相辉映，浑然一体。

大茅隧道

洞门形式	削竹式洞门	国家及省份	中国海南
建成通车时间	2013年10月	隧道类型	长隧道
公路或道路类型	高速公路，双向四车道		
设计单位	第二公路勘察设计院		
主体工程施工单位	中国人民解放军第二炮兵金宇工程建设总局洛阳分局、铁道部第二工程局四处		

◆ 工程概况：

大茅隧道位于G98环岛高速公路东线三亚往海口方向，隧道全长1070m，净宽10.25m，净高5.1m，洞内进口坡度为2.7%，出口坡度为−1.3%。

◆ 简要评价：

该隧道洞门形式采用削竹式，在一定程度上可以保护环境和减少对山体的扰动。该隧道洞口边仰坡及两洞口间地带的绿化处理良好，以自然环境背景为底色，采用高大乔木、矮小灌木和草本植物的多样立体的绿色系统进行生态恢复，通过不同植物与建筑色彩的有机结合，最大限度地点缀、美化生态环境，实现了隧道洞口景观设计与环境保护协调发展。隧道的铭牌使用黑底金字的形式，直观明了，也不会造成视觉冲击。作为通往旅游胜地三亚的必经之处，这种曲线形洞门造型以及淡蓝色装饰给人轻松愉悦的感受，显得十分友好。

（2）喇叭口式（扩张式）

突出式洞门，根据洞门的正面表现形式，即洞门的扩张变化程度，可分为扩张式和非扩张式两大类。“扩张式”即喇叭口式洞门，对洞口光线过渡要求较高的地段、周边比较开阔的情况下采用较多。高速铁路隧道为了避免由于火车高速运行产生的气压对隧道结构的破坏，也多采用喇叭口式洞门。扩张式洞口具有一定的排水功能，故其也适用于排水要求较高的地段，有时为了达到更好的排水效果，也可采用加檐型扩张式洞门。

喇叭口式洞门对回填土的施工工艺要求较高，对洞口段地形及山体稳定性也有一定要求，当车辆行驶进入洞中时，此洞门形式空间收缩感小。同时，其与自然景观能很好地融合，利于环境保护。

下面列举出一组我国部分已建成的公路隧道喇叭口式洞口景观。

高岭隧道（乌鞘岭四号隧道）

洞门形式	喇叭口式洞门	国家及省份	中国甘肃
建成通车时间	2013 年 7 月 30 日	隧道类型	特长隧道
公路或道路类型	高速公路，双向四车道		
设计单位	甘肃省交通规划勘察设计院		
主体工程施工单位	中铁五局集团第二工程有限公司、中铁十七局第一工程有限公司		

◆ 工程概况：

永古高速高岭隧道进口位于张家河村北，出口位于冰沟墩，右线纵坡为−2.26%，全长 6333.45m，进口位于 R=2250m 的曲线上、出口位于 R=1900m 的曲线上，隧道洞身段为直线。左线纵坡为−2.2%，全长 6314.45m，进口位于 R=2200m 的曲线上，出口位于 R=1900m 的曲线上，隧道洞身段为直线。隧道最大埋深 376m，属深埋石质特长隧道。隧道设计行车速度为 80km/h。隧道建筑限界：行车道宽度 7.5m，左侧向宽度 0.5m，右侧向宽度 0.75m，检修道宽度各为 0.75m，限界高度 5m。

◆ 简要评价：

该隧道洞门形式为喇叭口式洞门。首先，扩大式的喇叭口再加上洞壁两侧开阔的进光口，增大了进光量，缓和洞口内、外亮度的差异，确保眼睛的舒适性，在进入隧道时，让人的视觉有个很好地适应过程。左右线洞门的形式风格相似，显得和谐统一，给人一种对称美。从近处看，洞口前的中央分隔带，采用草坪绿化形式，绿化的层次略显单薄，但总体来说，与背后山体协调一致。洞口边仰坡强调安全防护的同时，尽可能保护原有生态，避免大填大挖，实现保护自然生态环境的目的，对建设“环境友好型”景观生态公路意义重大。洞门形态轻快、柔美、简洁而有韵律感且个性十足。

吕家梁隧道

洞门形式	喇叭口式洞门	国家及省份	中国重庆
建成通车时间	2007 年 5 月	隧道类型	特长隧道
公路或道路类型	高速公路、双向四车道		
设计单位	重庆交通科研设计院		
主体工程施工单位	中隧股份集团		

◆ 工程概况：

该隧道左线长 6664m，右线长 6663m，是忠石高速公路第二特长隧道。为分离式隧道，建筑限界宽 10.5m，高 5.0m；纵向坡度为 1%～1.75% 的单向坡，设计算行车速度 80km/h。

◆ 简要评价：

该隧道洞门形式为喇叭口式。该洞门可以阻止洞口上方掉落的碎石，还具有缓和洞口内外亮度差异的作用。隧道洞口采用喇叭口的造型，有效增加了洞口部的宽敞感及入口段的长度，让驾乘人员能更快地适应洞内环境。洞名设计简单、朴素。洞口边仰坡采用立体感较强的绿化设计，植被恢复效果理想。中央隔离带采用灌木 + 花卉 + 草坪的绿化模式，空间层次比较丰富，搭配协调，色彩丰富，一片生机，既能防止炫光又能达到理想的景观效果。整体设计布局合理，洞门、隧道、公路、山体一脉相承。洞门结构与周围景观巧妙组合，互为映衬，浑然一体。

（3）环框式（直切）

环框式洞门属于突出式洞门的一种类型，该洞门适用于洞口山体坡度较陡、围岩稳定性和整体性较好的地段，也适用于距离城市较近或桥隧相连的地段。在现场调查中，环框式洞门在桥隧相连的石质隧道和洞口仰坡高度较小的地段应用广泛。它能很好地融入周围自然环境之中，与洞口周围山体协调性较好。

当洞口周围岩层坚硬、整体性好，节理不发育，且不易风化，路堑开挖后仰坡较为稳定，并且没有较大排水要求时或者地势比较平缓，左右挖方小时，为了防止落石等危害，也可采用环框式洞门，同时也可以增加一定的艺术造型。

当洞口背后为松软的堆积层时，通常应避免仰、边坡的大规模刷坡处理，此时亦可以通过接长明洞采用环框式洞门。但此时环框坡面应平缓，一般与自然地形坡度相一致。环框式洞门的周围应注重自然植被的恢复，或重新栽植根系发达的植物，以保持边、仰坡稳定性。

下面列举出一组我国部分已建成的公路隧道环框式洞口景观。

毛坝一号隧道

洞门形式	环框式洞门	国家及省份	中国陕西
建成通车时间	2011 年 3 月 10 日	隧道类型	特长隧道
公路或道路类型	高速公路、双向四车道		
设计单位	中交第二公路勘察设计研究院		
主体工程施工单位	中铁十八局集团有限公司、中铁十局集团有限公司		

◆ 工程概况：

安康至陕川界高速公路是国家高速公路包（头）至茂（名）线中的一段，毛坝一号隧道是该高速上的一座隧道，隧道的进、出口分别位于紫阳县联合乡和毛坝镇境内，为一座上下分离式的四车道高速公路特长隧道，设计行车速度为 80km/h。隧道的建筑限界为：净宽 10.25m，净高 5.0m，隧道最大埋深约为 710m。左右隧道长度分别为 3656m 和 3634m，隧道进口设计高程约 406.5m，出口设计高程约 442.8m。

◆ 简要评价：

洞口位置山体坡度较陡，围岩稳定性和整体性较好，设计选用了环框式洞门，符合“早进晚出”的原则和“零开挖”理念。陡壁上的洞口与伸出的桥梁相连，在空间上形成了很好的画面。洞口边仰坡绿化处理措施到位，当地植被恢复良好，实现了洞口与自然环境和谐统一，绿意盎然的背景呈现出了静雅安逸的氛围。隧道洞门体形和位置在图幅画面中显得协调自然。当驾驶员行驶经过洞口时，视觉上的舒适感会让驾驶员变得轻松、惬意，提升了行车的安全性。

龙玉隧道

洞门形式	环框式洞门	国家及省份	中国云南
建成通车时间	2013 年 12 月	隧道类型	中隧道
公路或道路类型	高速公路，双向四车道		
设计单位	云南省交通规划设计研究院		
主体工程施工单位	中国中铁隧道集团		

◆ 工程概况：

龙玉隧道是云南保腾高速公路的控制性工程，设计为双向四车道分离式隧道，设计行车速度为 80km/h。

◆ 简要评价：

该隧道的环框式洞门造型美观，表现大方，色彩和造型给人耳目一新的感觉，可缓解驾驶员的视觉疲劳。洞口边仰坡刷坡防护的同时注重自然生态的保护，根据不同树种的高度、枝叶的大小、色彩及与草本植物的搭配方式，最大限度地点缀、美化生态环境。洞口采用灰白色人工塑石装饰，造型自然逼真，并与周边环境完美协调地融合在一起，借此表现出了原有山体岩石的肌理，同时也体现了腾冲当地的旅游文化特色。整个画面显得和谐唯美，景观元素搭配协调，人文景观与自然景观互为映衬，意境优美，给驾驶员视觉上的愉悦感。

珙桐隧道

洞门形式	环框式洞门	国家及省份	中国云南
建成通车时间	2008年9月	隧道类型	中隧道
公路或道路类型	高速公路、双向四车道		
设计单位	云南省公路勘测设计院		
主体工程施工单位	中铁隧道集团		

◆ 工程概况：

珙桐隧道是云南保龙高速公路的控制性工程，隧道设计为双向四车道分离式隧道。隧道上行线起讫桩号为K577+727～K578+280，长约553m；下行线起讫桩号K577+770～K578+340，长约570m。隧道设计行车速度为80km/h。

◆ 简要评价：

考虑到洞口位置仰坡高度较小，其次为了减少洞口附近的刷坡，保护周围环境，同时满足隧道洞口绿化要求和景观效果，洞门选用了环框式洞门。可以看到，边仰坡防护的同时强调利用当地植被物种进行环境恢复，绿化效果明显，体现了当地植被的物种特色（珙桐是腾冲县特有的珍稀动植物之一），实现了洞口景观与自然环境的有机结合。隧道洞口采用浅黄色人工塑石进行装饰，强调了洞口曲线之美。洞门名字镌刻在雕塑上，彰显其文字美。隧道洞门的体形和位置在图幅画面中显得协调，营造出了一种自然、清新、安逸、静雅的氛围。

野象谷隧道

洞门形式	环框式洞门	国家及省份	中国云南
建成通车时间	2006 年 4 月	隧道类型	中隧道
公路或道路类型	高速公路，双向四车道		
设计单位	云南省交通规划设计研究院		
主体工程施工单位	中铁一局集团		

◆ **工程概况：**

野象谷隧道是云南思茅（现普洱市）—小勐养高速公路的控制性工程，隧道设计为双向四车道，隧道单洞长 760m，设计行车速度为 80km/h。此隧道位于云南热带雨林风景区，洞口景观的环保要求很高。

◆ **简要评价：**

野象谷隧道位于云南西双版纳自然保护区，该隧道所在高速公路沿线自然和生态环境比较敏感，人文历史环境独特。为体现当地文化的独特性和地域性，该隧道采用了框式洞门，隧道洞门形状模仿傣族公主皇冠，洞门的弧形与傣族公主皇冠的形状完美匹配。洞口旁的铭牌设计与雕塑相结合，显得很有质感。隧道洞口边仰坡采用乔木 + 灌木的绿化模式，与周围环境和谐统一。这些设计可以将傣族文化、热带雨林风光等通过隧道洞口景观表现出来，整个画面散发出浓厚的西双版纳热带雨林独特的地域气息，为驾乘人员呈现了一道靓丽而充满韵味的别样风景。

方斗山隧道

洞门形式	环框式洞门	国家及省份	中国重庆
建成通车时间	2006 年 12 月	隧道类型	特长隧道
公路或道路类型	高速公路、双向四车道		
设计单位	招商局重庆交通设计研究院		
主体工程施工单位	中铁隧道集团		

◆ 工程概况：

该隧道在（鄂渝界）至忠县高速公路上，左洞长 7562m，右洞长 7600m，属特长隧道。其位于重庆市石柱县境内，由东至西穿越方斗山山脉中段最大埋深 848m。隧道设计行车速度为 60km/h，按上下行分离设置，隧道轴线直线段相距 35m。隧道内轮廓按建筑界限宽 10.5m、高 5.0m 拟定，采用三心圆断面。

◆ 简要评价：

设计采用环框式洞门，该洞口能很好地融入周围自然环境之中，并与周围山体协调，隧道洞门整体形态轻盈、简洁，洞口几乎是“零”开挖，边仰坡刷坡防护的同时注重自然生态的保护和植被的恢复，取得了理想的自然景观效果。中央隔离带采用乔灌木、花卉与草坪的绿化模式，空间层次较丰富，搭配合理，并与周围环境相得益彰，既能防止炫光又能达到理想的景观效果。隧道洞门景观创造出了一个生态的、健康的、充满人情味的空间环境，给人以视觉上的享受，减轻了驾乘人员进入隧道时的紧张感。

洞门形式	环框式洞门	国家及省份	中国内蒙古
建成通车时间	2013年12月9日	隧道类型	特长隧道
公路或道路类型	高速公路，双向四车道		
设计单位	河北省交通设计院		
主体工程施工单位	武警安通建设有限公司		

◆ **工程概况：**

该隧道位于燕山山脉中山区，为上下行独立双洞四车道分离式隧道。该隧道右洞长6776m，左洞长6752m，设计行车速度80km/h。隧道主洞衬砌内轮廓几何尺寸为：隧道净宽10.75m，建筑界面净高5.0m，检修道净高2.50m。

◆ **简要评价：**

该隧道洞门形式为环框式洞门。从远处看，洞门整体布局独特，和旁边的建筑在色彩上协调一致，给人眼前一亮的感觉。但是，这种布局显得与周围环境背景不太协调，没有很好地融于自然。洞门颜色过于明亮，且较为杂乱，让人产生视觉上的突兀感，不能有效缓解驾驶员进洞时的心理压抑感。当然，洞门上绘有文化色彩的浮雕，使隧道富有人文价值内涵，在一定程度上实现了洞口景观和人文文化的统一。洞口边仰坡采取防护措施的同时，未能很好地注重自然环境的保护，植被恢复效果较差。整个画面显得有些单调而突兀，景观元素搭配不太协调，环境气氛略显得杂乱无序。

高黎贡山隧道

洞门形式	环框式洞门	国家及省份	中国云南
建成通车时间	2008 年 9 月	隧道类型	长隧道
公路或道路类型	高速公路、双向四车道		
设计单位	云南省公路勘测设计院		
主体工程施工单位	中铁十九局第三工程公司		

◆ 工程概况：

高黎贡山隧道是保龙高速公路最长的隧道，也是全线的控制性工程，隧道左线起讫桩号 K572+165 ～ K575+066，长 2901m，纵坡采用 +1.60% 的单向坡，最大埋深 474.85m；右线起讫桩号 K572+165 ～ K575+045，长 2880m，纵坡采用 +1.66% 的单向坡，最大埋深 480.16m。

◆ 简要评价：

该隧道设计采用了环框式洞门。洞门整体形态轻快、简单而平淡。此外，隧道边仰坡采用石块砌筑挡墙，局部贴有草皮，自然环境保护力度不够，植被恢复效果不佳，生态环境恢复力度不够。隧道洞门名字醒目地镌刻在洞口前石碑上，和当地“高黎贡山国家级自然保护区”景观相呼应，体现了自然与当地文化统一的主题。洞门前的绿化带和山后的环境背景协调一致，做到前后呼应。从近处看，隧道洞门采用灰白色的石块砌筑，颜色稍显明亮，未能很好地融入环境背景，但同时也有一定的标识作用。其壁面进行了肌理处理，在一定程度上降低了突兀感。

泗州岭隧道

洞门形式	环框式洞门	国家及省份	中国浙江
建成通车时间	2011 年 11 月	隧道类型	特长隧道
公路或道路类型	高速公路，双向四车道		
设计单位	浙江省交通规划设计研究院		
主体工程施工单位	中铁一局集团第四工程有限公司		

◆ 工程概况：

泗州岭隧道，又称西周岭隧道，位于浙江省丽水市云景高速公路泗洲坳下。该隧道设计为分离式（局部小净距），采用双洞单向行车双车道形式（上下分离）。隧道起讫桩号：右洞 K6+000 ～ K8+690，左洞 K6+000 ～ K8+665；隧道纵坡采用人字坡，坡率为 −1.5% ～ +1.63%，建筑限界宽 7.5m，净高 5m。

◆ 简要评价：

该隧道采用了环框式洞门。从远处看，隧道两个环框式洞口设计很像一幅“眼镜框”，简约而不落俗套，洞门形态轻快、柔和，很有赏心悦目的感觉。从近处看，隧道洞门采用灰白色的石块砌筑，单纯、暗灰的颜色避免了视觉上的突兀感，内圈显眼的白色也能够起到一定的警醒和提示作用。隧道边仰坡进行喷锚防护时留有明显的人工痕迹，不太符合生态恢复的理念。中央分隔带以灌木加草坪为主的绿化模式，绿化效果还可进一步提升。隧道名字醒目地镌刻在洞口前石碑上，起到装饰作用的同时，也能够引导驾驶员安全驶入隧道洞内。

4.2.3 特殊式洞门

目前，公路隧道洞口部分的设计大都只考虑保持洞口岩体的稳定性，即只考虑力学因素，而较少考虑景观和美学上的要求。因此，大多数线路上的隧道洞口均采用比较单调呆板的洞门形式。随着高速公路的发展，其隧道洞口景观设计也愈发显得意义非凡，洞门形式的美观性直接影响着景观设计的好坏。

景观设计应从创造与周围环境协调的视点出发，使隧道洞门的设计在满足其基本功能的同时，又与周边环境有机融合。以前的隧道洞门形式都比较传统，随着隧道工程建设技术的进步，人们也开始逐渐改变这种固化的洞门设计思维模式，开始追求形式上的突破，力图设计出结构形式新颖，同时与周围自然环境相协调的洞门。于是，一些结构形式新颖、打破常规审美的洞门形式应运而生。

特殊式洞门的结构形式美观，色彩和形式与洞口周围自然生态背景相协调，可丰富高速公路景观设计，吸引人们的眼球，缓解驾驶员的视觉疲劳感，给人视觉上美的享受。但是，如果洞门设计的尺度没把握好，过分追求形式的独特性，则有可能会适得其反，不仅让人在视觉上受到影响，更影响驾驶员的行车安全。

特殊式洞门主要分为：框架式洞门、棚洞式洞门、遮光棚式洞门及其他形式洞门。

（1）框架式

框架式洞门属于非扩张式洞门的一种类型，框架式洞门主要用于城市矩形隧道中，有时也作为一种特殊造型用于一般公路隧道。框架式洞门要求与城市周围地形、地物相协调，体现新时代主题的同时，要求该洞门具有良好的景观效果。框架式洞门具有缓和洞内外视线差异的作用；其结构注重美观性与时代特征，结构形式新颖，富有城市现代化的时代气息。

下面列举出一组我国部分已建成的公路隧道框架式洞口景观。

南湖隧道

洞门形式	框架式洞门	国家及省份	中国广西
建成通车时间	2011 年 1 月	隧道类型	中隧道
公路或道路类型	城市道路、双向四车道		
设计单位	广西交通规划勘察设计研究院		
主体工程施工单位	中建五局土木工程有限公司		

◆ 工程概况：

南宁市南湖隧道位于南宁市中心区东南部，路为城市 I 级主干路，双向六车道，隧道宽 24.5m，设计行车速度 50km/h。隧道起于青山路，经南湖公园，止于园湖南路，呈西北至东南方向。隧道长 879m，其中 K0+640 ～ K1+040 段设置湖底隧道。该工程位于邕江岸侧开阔地貌上，穿越南湖公园，北接园湖路与星湖路的交汇口，南接青山路与双拥路交汇口，场地处于 70 ～ 76m 黄海高程范围内，地势平缓。

◆ 简要评价：

南湖隧道采用框架式洞门。运用框架式洞门的隧道大多位于城市里，为了使隧道洞门与城市周围地形、地物相协调，体现新时代主题的同时要求该洞门具有良好的景观效果。从远处看，隧道洞口与周围的高楼建筑、道路相协调。从近处看，洞门采用灰白色进行装饰，色彩单纯，虽稍显明亮，但起到了较好的标识作用，可以引导并提醒驾驶员进入隧道。另外，洞名设计简约，整体比例合适。总的来说，隧道洞门形态略显单调、枯燥，容易使人产生疲倦感。

（2）棚洞式

当傍山隧道的地形受到限制，洞口存在较大长度的偏压，采用传统隧道洞口施工方法会造成洞口边坡高，存在安全隐患，且对环境影响破坏较大时，或路线是沿单斜陡坡地形条件下展开，没有回填反压条件时，可采用棚洞式结构。其不仅在很大程度上可以减少边坡防护工程数量和降低边坡高度，提高运营安全性，同时也可减少对自然环境的破坏。

棚洞式洞门的选择不仅是出于力学问题上的考虑，同时也能起到调节洞口段亮度、节省材料、保护环境、景观装饰的作用，并且后期可以通过回填耕植土进行洞口段的绿化，从而最大限度地恢复原有植被，保护洞口周边的自然生态环境。

下面列举出一组我国部分已建成的公路隧道棚洞式洞口景观。

老山隧道

洞门形式	棚洞式洞门	国家及省份	中国江苏
建成通车时间	2005 年 6 月	隧道类型	特长隧道
公路或道路类型	高速公路、双向六车道		
设计单位	招商局重庆交通科研设计院		
主体工程施工单位	中铁隧道集团		

◆ 工程概况：

老山隧道全长 3610m，双向六车道，隧道左线长 1425m，右线长 1800m，设计行车速度 100km/h。为了少挖土，保证自然景观，隧道右线出口设置了 376m 的棚洞。

◆ 简要评价：

隧道洞口周围地势险峻，山体陡峭，易发生落石等不良地质现象。从环保和安全这两方面考虑，采用棚洞式洞门既可以防止洞口上方的落石，还能缓和洞口内外亮度的差异，降低眩晕感，确保眼睛舒适性和行车安全性。隧道施工完成后，对洞口上方开挖部分进行土体回填，同时强调原有植被生态的恢复，采用当地特色植被进行有层次化的绿化设计，合理运用乔木、灌木、草本等植物使整个洞口完全融于自然，充分体现了尊重自然、人与自然和谐共处的生态环保理念。

（3）遮光棚式

在公路隧道洞口外或隧道群距离较近的洞口之间，为消除隧道进出口事故多发的隐患，隧道洞口设计必须充分考虑驾驶员的生理和心理因素，减弱或消除进洞的“黑洞”和出洞的“白洞”效应。该问题的解决可以根据洞口亮度，并结合照明设计综合考虑设置遮光棚，从而达到降低工程造价，节省隧道运营成本的效果。

遮光棚式洞门会在洞口前出现减光地段，形成亮光过渡带，从而具有与洞内适应段相同的作用，不仅可缓和洞口内外明暗差异，还可以降低驾驶员眩晕感，减少明暗交替对驾驶员视觉上的冲击，有利于行车安全。此外，遮光棚设计应与周边环境相协调，可作为洞门建筑、景观工程的一部分，成为隧道标志。在洞口地形陡峻处，其也可以作为隧道洞口防止边仰坡碎石落物影响行车安全的遮挡结构，同时还具有阻隔雨雪、隔离噪声等多重作用。

下面列举出一组我国部分已建成的公路隧道遮光棚式洞口景观。

上海长江隧道

洞门形式	遮光棚式洞门	国家及省份	中国上海
建成通车时间	2000 年 12 月	隧道类型	特长隧道
公路或道路类型	高速公路、双向六车道		
设计单位	上海市隧道工程轨道交通设计研究院		
主体工程施工单位	上海隧道工程股份有限公司		

◆ 工程概况：

上海长江隧道长约 8.9km，隧道按双向六车道高速公路标准设计，并在车道下预留轨道交通空间。隧道工程江中段施工采用 Φ15.43m 泥水平衡盾构掘进，单程掘进距离达 7.5km。同时，隧道沿线地质条件复杂，最大埋深达 55m。隧道江中段剖面呈“W”形，最大纵坡 2.9%。隧道最小平面曲率半径为 R=4000m，最小竖曲线半径 R=12000m。隧道建筑限界净宽 12.75m，车道净高 5.2m。

◆ 简要评价：

设计采用的遮光棚式洞门可以缓和洞口内、外亮度的差异，确保视觉的舒适性和行车安全性；同时起到减光、节能等作用，符合高速公路隧道安全、节能、环保的发展理念。该洞门采用曲线式的线条，显得轻盈、柔和、有动感，给人视觉上的舒适感。隧道洞门名字设置在洞口上方，醒目而大方；隧道洞门形态显得轻盈、明快、简洁，富有节奏感和时代感，充满了现代化气息，展示了上海这座国际化大都市的独特魅力。整个画面布局搭配协调，创造了一个宁静、和谐的行车氛围。

虹梅南路隧道

洞门形式	遮光棚式洞门	国家及省份	中国上海
建成通车时间	2015年6月	隧道类型	特长隧道
公路或道路类型	城市道路、双向四车道		
设计单位	上海市城市建设设计研究总院		
主体工程施工单位	上海城建隧道股份公司		

◆ 工程概况：

虹梅南路隧道是上海中心城环线快速路上重要的越江工程，采用直径14.93m的超大直径盾构施工掘进，其起于浦西永德路北侧，于剑川路北侧入地跨越黄浦江，经西闸公路后出地面，终于金海公路。隧道全长约5.26km。浦西起点至剑川路区段为改建原有地面道路，双向四车道，剑川路匝道南侧至浦东终点为双向六车道，其中圆隧道段长3.39km。

◆ 简要评价：

该隧道设计采用遮光棚式洞门，该洞门可以缓和洞口内、外亮度的差异，降低眩晕感，确保眼睛舒适性和行车安全性，具有景观装饰作用。隧道断面形式为矩形断面，洞口的装饰与周围环境背景融合较好，能给人以视觉上的舒适感。隧道洞门形式简洁大方，可相应地点缀景观；隧道洞门形态显得轻快、柔和、简洁、开阔而个性十足，富有新时代的美感，与上海市的现代化特色相呼应。整个图幅画面显得较为协调，各景观元素搭配和谐。

桃关一号隧道

洞门形式	遮光棚式洞门	国家及省份	中国四川
建成通车时间	2012 年 11 月	隧道类型	中隧道
公路或道路类型	高速公路、双向四车道		
设计单位	四川省交通运输厅公路规划勘察设计研究院		
主体工程施工单位	中国中铁八局		

◆ 工程概况：

该隧道左线长 611m，右线长 670m。地处“5•12”地震重灾区，泥石流、高陡斜坡的滚石、落石、崩塌等各种地震次生灾害严重。隧道进口位于地震崩塌体处，岩体主要由块石、碎石构成，呈松散结构，边仰坡条件极差，进口段偏压现象较为严重。

◆ 工程概况：

洞门在墙式洞门前添加了遮光棚。从安全角度上，该遮光棚可以防止洞口上方落石，保护行车安全。此外，遮光棚的色彩十分丰富，五颜六色的色彩效果与周围环境背景相比，略显突兀，但也给驾乘人员带来了视觉冲击的瞬时美感，增加了旅途景观兴奋点，缓解了驾驶员在高速公路上行驶时的视觉审美疲劳。该遮光棚形态轻盈、明快、柔和，强调造型的韵律美感，临近洞口的路面均采用朱红色修饰，起着强调引导的作用。

狮子山隧道

洞门形式	遮光棚式洞门	国家及省份	中国贵州
建成通车时间	2007 年 12 月	隧道类型	长隧道
公路或道路类型	高速公路、双向六车道		
设计单位	贵州交通规划设计院		
主体工程施工单位	中铁四局电气化公司		

◆ 工程概况：

贵州镇胜高速公路狮子山隧道总长 4036m，为上下分离式四车道隧道，其中左线长 2036m，右线长 1970m，最大埋深 286.72m，属溶蚀、剥蚀中山岭地貌单元，岩溶石芽地貌。该段总体地形为中间高、两侧低，呈马鞍形，地表形态波状起伏较大，施工难度大。

◆ 简要评价：

从结构形式这一角度来看，洞门是受力式墙式洞门。在其前面添加了框架式的遮光棚。从远处看，蓝色的框架式遮光棚给人以活跃、灵动的感觉，可缓解驾驶员进入洞口的心理紧张感，确保眼睛舒适性和行车安全性，其框架上的洞名设计简单醒目。从近处看，洞门采用灰白色进行装饰，颜色与周围背景环境相比，略显明亮。洞口仰坡采用喷射混凝土进行防护，植被恢复良好，已看不出喷射痕迹。仰坡进行防护的同时，强调植被生态的恢复，利用草本植物和矮小灌木进行合理的绿化搭配。

（4）其他形式

随着高速公路的发展，隧道洞口景观设计也愈发显得重要，洞门形式的美观性直接影响着景观设计的好坏。人们也开始逐渐改变这种固化的洞门设计思维模式，开始追求形式上的突破，力图设计出结构形式新颖，同时与周围自然环境相协调的洞门。于是，一些结构形式新颖、打破常规审美的洞门形式应运而生。特殊形式的洞门追求形式上的突破，形式风格新颖而多样化，富有独特的个性化特征，给人视觉上焕然一新的感觉。但是，如果洞门设计的尺度没把握好，过分追求形式的独特性，则有可能会适得其反，不仅影响洞门的视觉效果，更影响行车安全。

南湾隧道

洞门形式	其他形式	国家及省份	中国香港
建成通车时间	2009年12月	隧道类型	长隧道
公路或道路类型	高速公路、双向六车道		
设计单位	香港城市规划设计院		
主体工程施工单位	广东省长大公路工程有限公司		

◆ 工程概况：

南湾隧道（NamWan Tunnel）是香港一条行车隧道，全程1.2km，为一条双洞三车道分离式隧道。隧道穿越青衣岛青衣山，连接青衣西部西草湾及东南部南湾角，直接接驳昂船洲大桥，车速限制80km/h。

◆ 简要评价：

该特殊形式洞门结构形式新颖而美观，富有新时代的设计美感。该洞门可以起到稳定洞口边仰坡，调整入口段亮度，以及防止车辆遭受洞口上方掉落的落石的危害等作用。洞口上方建筑富有时代性，像张开的降落伞，紧紧拥抱着大地，同时起着装饰洞口的作用。从近处看，洞门采用灰白色瓷砖进行装饰，与周围背景协调，整个画面布局雅致。香港是国际化大都市，此洞口景观也体现了当地的某些现代特征元素。

沙田岭隧道

洞门形式	其他形式	国家及省份	中国香港
建成通车时间	2008 年 3 月	隧道类型	长隧道
公路或道路类型	高速公路、双向六车道		
设计单位	香港城市规划设计院		
主体工程施工单位	中国中铁股份有限公司		

◆工程概况：

沙田岭隧道是八号干线长沙湾至沙田段（青沙公路）的主要部分，于 2005 年 10 月贯通，2008 年 3 月 21 日通车，经该隧道从沙田到尖沙咀的时间，较经狮子山隧道节省 15min。

◆简要评价：

该城市隧道洞门结构形式新颖，个性十足，具有较强的时代感。洞口上方建筑富有时代性，其作为隧道运营的场所，充分利用了空间，同时起到装饰洞口的作用。同时洞口边仰坡达到了与自然生态的和谐统一之效，使整个景观设计融入到自然环境中；采用草坪、乔木、灌木等进行合理的植被绿化点缀洞门，实现隧道洞口景观设计与环境保护协调发展。洞门采用灰白色材料装饰，结构形式富有特色，使隧道充分融入周围植被、建筑、山脉等地物中。

在人类历史上，确有这样的阶段，人们为了物质的东西而丢掉精神的追求，为了实利而丢掉审美。但从长远看，随着物质生活的高度发展、繁荣和富裕，精神的享受、审美的追求在人类生活中的比重将会越来越大。人们将迎来一个大审美经济的时代，即体验经济的时代。在这个大审美经济的时代，也就是一个“日常生活审美化”的时代。

——叶朗

隧道洞口景观设计方法

本章基于“安全、实用、环保、美观、经济”的隧道洞口景观设计原则，经过长时间的研究和学习，充分借鉴前人在景观设计流程上的理论与实践研究成果，结合对我国现有公路隧道洞口景观现状的分析，提出一套适用于我国隧道洞口的景观设计方法。

5.1 隧道洞口景观设计理念

提起隧道洞口景观设计理念，就不得不联系到《黄帝内经》中“脏象学说”。“脏象学说”的意思是，若脏腑功能失调、气血不顺、精气不足、阴阳失调，肤色就容易变得暗沉，易产生色斑及皮肤浮肿松弛等症状，人体内部不健康，人的外表也就不会美丽；相反，如果脏腑功能协调、气血顺畅、精气充沛、阴阳和谐、肤色自然美观。也就是说，体内健康，外在自然美好。隧道洞口景观的设计也是同理，隧道工程的建设首先应做到“内实外美”，内实与外美结合才会促进公路隧道功能与美观的一体性。

需要明确的一点是，隧道洞口“景”的优劣，是由内而外、从功能到外观、从选址到各部分细节处理中表达出来的。设计的表达应与不同场地里的不同景观相适应，因为每一处不同的地点都暗含着内在的设计要求，整个场地的形式和特征对表达方案的形成有着巨大而又微妙的影响。因此，隧道洞口景观设计并不是简单地作一些与功能无关的修饰（而这就是我们目前所做的），而是需要隧道洞口景观设计人员们对各个方面进行综合考虑，如考虑驾乘人员的动态视觉特性、洞口自然环境保护、植被绿化设计和洞门装饰等，努力创造和谐、美观、清新的色彩背景，达到洞口景观和公路建筑物相协调，洞口景观与当地文化相结合的良好效果，从而为驾驶员和乘客提供一个舒适优美、安全生态、富有文化内涵的行车环境。

然而，隧道洞口景观设计往往不是从隧道选址开始，而是在洞门位置确定好之后，甚至在隧道贯通之后、通车之前才进行的。更为重要的是，我们的隧道景观设计师未必有土木工程背景和相关的设计经验，设计时可能都未深入了解洞口选址、洞口结构受力特点等方面的内容，导致洞口景观设计与隧道洞口结构设计是相互分离的、独立的，没有进行整体全方位的考虑。

我国伟大的哲学家——老子提出一种哲学思想——“道法自

然”，意思是道效法或遵循自然，即万事万物的运行法则都是遵守自然规律的。道是对自然欲求的顺应，任何事物都有一种天然的自然欲求，谁顺应了这种自然欲求，谁就会与外界和谐相处，谁违背了这种自然欲求，谁就会同外界产生抵触，其最初目的是使社会生活与自然（道）力量和睦相处。

英国著名园林设计师伊安·麦克哈格在园林设计、土地和城市规划的过程中，从人与空间与自然环境相结合的角度，据此进一步提出在尊重自然规律的基础上，建造与人共享的人造生态系统，进而提出生态规划的概念，并发展了一整套从土地适应性分析到土地利用的规划方法和技术，引导我们更好地保护和尊重自然。他还强调土地利用规划应遵从自然的固有价值和自然过程，即土地的适宜性。他认为“对土地必须要充分了解后，然后才能去很好地使用它和管理它，这就是生态的规划方法”。

生态规划方法是一种对地域进行连续的研究，以了解地域基本状况的方法。通过探索和发现，揭示出地域是一个相互作用的系统，是一个宝库和价值体系。这些信息描述了潜在的土地利用，把许多活动看成是连续的而不是单独的存在。生态规划方法是用来了解自然并和自然结合的规划方法，其强调自然价值与社会价值并重，并提倡建立一种价值体系，把社会价值和自然价值放在统一的标尺下衡量。

我国北京土人景观与建筑规划设计研究院的首席设计师俞孔坚教授，提出“天地—人—神”和谐的设计理念，所谓的“天地—人—神”理念意味着景观规划设计要尊重人和人性的本质需求，尊重自然以及自然过程，尊重土地及土地上的人与自然的和谐关系。他倡导现代景观设计必须重新回到土地，归还人与土地的本真，尊重人并注重人的行为，协调人与人、人与自然及人与社会的关系，体现本土文化、大众文化、区域文化。这一设计理念中更渗透着生态可持续发展的思想。设计中保持山水格局的连续性，不干断山断水的蠢事，让生命的自然过程通道畅通，突出以人为本，处理好人和自然的关系，以期更好地为人类服务；设计过程中要注意该地的自然景观特征、生物景观特征和人文景观特征，尽最大可能保留原本运行良好的自然生态系统，保护场地上已经形成的生物群落，然后适当地创造新的语言和形式，显现场所精神，更充分地满足新的功能需求。

俞孔坚教授提出以可持续发展为目的的生态设计，这一设计思路以对环境的影响最小为目的，提倡对资源最少的剥夺、对水土资源最大限度的保护，以期维持植物生境和动物栖息地的质量，以改善人类及生态系统的生态质量。生态主义设计思想实现了从人类中心到自然中心的转变，秉承了可持续发展的思想，它强调以保护自然生态系统为核心、以人类与生物圈和非生物圈相互依赖、相互滋润的关系为出发点，指出人类应当尊重自然法则，遵循生态规律，在满足自身生存和发展的同时，实现人与自然的和谐发展。俞孔坚教授强调的生态设计不只是对自然环境和自然过程的尊重，还强调突出当地文化和乡土特色，是传统设计途径的进化和延续，是试图改变以视觉观赏为主的传统园林景观旧观念的环境修饰和美化方法。他还倡导采取多元化和多样性的方式，将城市溶解在景观板块之中，作为城市有机体的一部分，形成一个人性化的、有机的整体，这样不仅可以节约资源和能源，还能够恢复历史片段，延续城市文脉。

隧道洞口景观设计不同于其他装饰设计，而是集园林艺术、建筑艺术、防护技术及工程建设为一体的综合性工程艺术，洞口景观设计中首先要满足公路的行车功能及驾乘人员的行车要求。隧道洞口景观设计的基本思路是既要吸收园林设计、城市规划、建筑学等学科的设计理念，也要考虑隧道结构的个性特征；不仅要对全线景观有整体考虑，也要将洞口所有要素总体考虑（洞口要素主要包括洞口构筑物、边坡、仰坡、绿化、导引、铭牌、照明等内容）；既要遵循构筑物形式美的基本原则，还必须考虑自然环境、当地文化等内容，另外，从整条线路的角度来讲，还要注意整体风格的统一，以保证隧道洞口景观与周边环境的协调。

从总体上看，隧道洞口景观设计主要由自然景观设计、人文景观设计及工程结构物景观设计三部分组成。

自然景观设计要体现绿色生态的设计理念，设计时以生态环保为主导，以可持续发展为目的，并且注重保护和尊重自然，通过协调人与人、人与自然、人与社会的关系，达到人和自然的和谐发展。“十三五”规划中，我国首次将生态文明建设列为五年规划的目标任务，公路系统的建设势必会影响原有的生态系统，其中隧道工程的施工对隧道洞口边仰坡及地下水系统的影响较大，导致隧道周边一定范围内的自然生态系统受到破坏，因此隧道工程施工过程中更应该注重对生态环境的保护，并运用生态恢复学相关理论使被破坏的部分恢复，使工程构筑物真正地融入当地的环境中。生态恢复学理论提出用抽象联想的设计艺术手法，在构成中作大胆尝试，采用一些先进的技术，包括对周边植被、生物的改造，对自然景观进行合理规划和设计、对被破坏的生态系统进行适当的恢复，通过这种方法使工程构筑物不会被认为是强加于自然，而是融入自然。

人文景观设计强调景观设计要与当地的乡土人情、人文精神相融合，充分体现当地的人文环境（人文环境既包括形、声、色、光等技术层面的物质环境，也包括历史遗产、社会生活、视觉感受、场所特征、形象符号等精神方面的文化环境）。坚持“以人为本”的景观设计原则，以人性化的观念为指导，既要视觉效果柔和、创作理念独特，以给人美的享受，又要把握全局，不致过于繁杂，以免分散驾驶员的注意力，影响行驶安全。人文景观设计是通过将文化符号化、物质化等方法，体现本土文化、大众文化及区域文化的特色，表达文化历史、开拓进取、民风民俗等人文含义，如果当地文化特征不够明显，也可用时代文化和时代潮流来替代。

工程结构物景观设计包括隧道洞门的造型、外部结构设计、色彩的设计，周边建筑小品及隧道口砌筑设施的设计，各景观单元的尺度、比例和整体景观序列的韵律设计以及导引、铭牌的设计等。工程结构物景观设计要求：洞口边仰坡保持稳定，调整洞口亮度，与周边植物、周边建筑等其他环境相协调。

隧道工程结构物景观设计中最主要的是对洞门的设计，公路隧道洞门既是受力结构，又具有造景功能，洞口景观设计时通过将隧道洞门的安全作用和景观作用结合起来，实现洞口结构“稳”与“美”的统一。

5.2 隧道洞口景观设计原则

隧道洞口景观设计与洞口结构的设计、施工同步进行，坚持景观工程与隧道主体结构设计同寿命的原则，在隧道总体设计阶段，通过对隧道洞口景观与周围环境的关系进行总体规划，使隧道洞口景观融入周围自然环境之中；在隧道洞口施工过程中，结合洞口的自然环境条件，进行隧道洞口景观的施工，要求隧道洞口景观工程能经历各种自然环境的侵蚀而不变形、脱落。

隧道洞口的建设不仅是一个工程问题，同时也是一个景观问题。其设计之始，更多关注其功能，即需要满足安全性要求；随着设计的深入，对环境及生态的保护便成为不得不考虑的因素；最后，提升至审美角度，到达美观性适宜的境界，同时兼顾其经济性。因此，隧道洞口景观设计在总体上需满足安全性原则、生态设计原则、整体协调性原则、地域性原则、经济性原则，各原则的关系如图 5-1 所示。

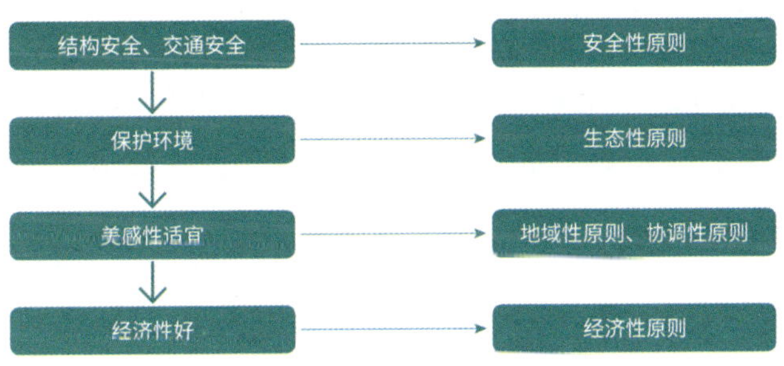

图 5－1　隧道洞口景观设计原则

洞口景观设计原则充分地体现了隧道洞口景观设计中“技”与“美”的统一，即“美”是建立于“技”的基础上，安全永远是景观设计的首要任务；这些原则深刻贯彻了“人与自然和谐发展”和“可持续发展”的理念，不仅要保护自然环境，还要重视绿色植被的恢复，使隧道洞口景观设计与环境保护有机结合，实现隧道洞口景观设计与环境保护协调发展；设计原则中还强调了生态环境空间或视觉景观空间要与当地风土人情、历史传统文化相协调，在洞口景观设计中可适当地添加地方特色、乡土人情、历史典故等文化元素，展现当地的文化内涵与韵味，使生硬的构造物焕发出历史文化气息；隧道洞口景观在与周围生态环境、人文环境相互融合的同时，还要与公路的整体布局相统一，洞口景观设计虽然要兼顾经济性，但重视经济性而不能唯经济性是从。设计原则中同时强调了生态环境空间或视觉景观空间要与当地风土人情、历史传统文化相协调，展现当地的文化内涵与韵味，并符合时代发展的需要，体现时代旋律。

（1）安全性原则

研究表明，人从始至终都对自身的安全有着极高的敏感性，会时刻关注着自己所在的生存环境的安全度，这个重要指标影响着人的行为习惯。随着社会的变化发展，保护人的生命安全已经是人类社会行为的必要因素，安全问题永远都不能轻视，因此在景观设计中，安全性（结构安全、交通运营安全）是首要任务。安全性原则具体包括：

①洞口结构：隧道洞口结构安全是洞口一切其他景观元素存在的基础与前提。

②洞内外亮度：隧道洞口段的洞内外亮度变化会对驾驶员心理产生一定的影响。因此，隧道洞口在洞内外亮度变化处理时，应注意设置明暗过渡段，缓和驾驶员的不安心理，保证行车安全。

③绿化方面：中央分隔带夜间的防眩光种植，植被类型和色彩搭配须适宜，尽量与环境背景相协调，切忌在中央分隔带、边仰坡等对驾驶员影响较大处种植大量色彩鲜艳的花草，以免过度分散驾

驶员的注意力。

④导引及事故预防：在隧道洞口应设置导引系统，提前告知驾乘人员前方出现隧道，提高洞口的显著性，并在洞内外给以缓冲过渡，给驾驶员心理缓冲的空间，为减少事故的损失，在较易出现危险的路段，除设立显著标志外，可设置护栏和成群的灌木。

（2）生态设计原则

自20世纪60~70年代开始，设计师们提出“设计尊重自然”的设计理念以来（Design with Nature），催生了更为广泛意义上的生态设计，任何与生态过程相协调，对环境的破坏影响较小的设计形式都称为生态设计。这种设计理念强调尊重物种多样性，保护植物和动物的生存环境，减少对资源的开发和利用，能够有助于改善人类居住环境。生态设计是一种与自然相作用和相协调的设计方式，设计时对材料的选择、对有害物的节制使用等，均是对自然过程的有效适应。

随着社会对环境景观的日益重视，工程与景观有机地结合是当前工程设计的重要发展趋势。隧道洞口景观设计不仅要求设计者们把洞口设计与隧道洞口美学结合起来，还要求充分考虑生态设计，尽可能地保护当地的自然生态环境，确保工程建设与自然和谐相处。同时，应积极致力于自然植被的恢复，使隧道洞口与洞口两侧原有景色相结合，创造出具有时代感、体现生态设计的洞口景观。

（3）整体协调性原则

整体协调性原则要求隧道洞口景观与公路全线景观相统一，与当地自然、人文自然相协调，在保持全线景观整体性和节奏感的同时进行个体设计。隧道洞口景观设计协调性原则具体可以概括为三个方面：

①洞口景观应该与全线公路景观相协调。作为全线景观的一部分，洞口景观不能将路线景观分成多个区段，而应该成为全线景观的一部分，将全线所有景观作为一个整体考虑。

②洞口景观应该与已有的自然景观相协调。洞门形式的选取应与沿线已有环境，如周围村庄、建筑、风景区、农田、山脉、河流、峡谷、湖泊、森林、草地、沙漠等自然景观相协调。

③隧道洞口景观与当地文化相结合。当地文化可以通过隧道洞口景观充分表达出来，让过往旅客深刻体会到当地独特的历史及人文文化内涵。隧道洞口景观设计还应遵循传统美学及当代流行美学，以更好地满足大众需求。

（4）地域性原则

公路隧道坐落在不同的地理位置时，拥有着不同的地域背景、气候、环境以及地域文化、民间传统和审美偏好等地域元素，在洞口景观设计时，这些元素均应被考虑到。地域性原则其本质是使隧道洞口景观与地方特色，如地域文化、地方自然环境、当地民间传统、个人审美偏好等相结合。

地域性文化的形成是一个继承、积累与发展的过程。但由于文化变革、外来文化的冲击以及人们对利益的追求等，使祖先创造的灿烂历史文化逐渐消失，这值得每一位设计者深思，是否可以通过设计尽可能展现地域的、民俗的、民族的传统文化，以唤起人们对历史传统文化的记忆。

类似于景观设计中的立面设计，隧道洞口能够呈现立体、直观的景观信息，是文化传递的重要载体。通过在洞口边仰坡、路线两侧及中央绿化带等部位进行景观设计，向驾驶员展现当地独具特色的地方文化，达到在景观设计中保护和体现地域及民族文化的目的。由此，隧道洞口景观在空间上成为道路沿线不同地域文化的展现空间，在景观设计中，依据每座隧道洞口自身特点，进行合理布局，一山一石、一草一木旨在烘托人文景观特色，实现“生境、画境和意境”三者有机结合，争取做到“一隧一景”。

（5）经济性原则

经济性原则不仅意味着节省投资，而且应该尽最大的努力，以最小的代价获得更好的视觉效果。与浮华的设计相比，结构简单、用材最少、文化内涵丰富的洞口景观设计才应该是第一选择。隧道洞口景观的建设应兼顾实用性和经济性，确保功能并与周围环境相协调；景观设计应充分考虑建设者的经济承受能力，以环境恢复为主要目的，创造自然生态的环境，尽量降低造价和后期绿化管护费。

隧道洞口多位于野外自然环境，建筑材料应因地制宜，景观设计并不意味着追求大面积的景观效果，花费很大人力、物力的豪华洞口结构设计并不一定是成功的景观设计。

虽有这些指导性原则，但景观设计没有也不可能有绝对的或标准的答案，这是由景观设计的“个性化”决定的。不同设计者本身对美的理解和发挥以及设计的侧重角度不同，因此，不同的设计者设计出来的作品也不尽相同。

5.3 隧道洞口景观设计思路

生理学上认为，人在观察和欣赏某一景物时，得到景物的反馈与视点和距离有关，视点及距离的变化会使景物产生层次感。当由远及近地观察某一景观时，如从远处看森林是一座山，中景是树木和树冠，近景是树冠和树叶，这便是森林的层次结构，其层次感十分明显，而且所有的景观都有自己的层次结构。层次设计是景观设计一步一步走向深入的具体手法，设计过程中，不同的设计阶段对应着不同的设计层次，随着层次的递进，设计者逐渐完成了全部的景观设计。

从大的范围讲，所有的设计过程都要经历三个层次：理性的思维——逻辑；感性的思维——情感；形象的思维——形式。作为使用者，最直观的是形式，因为形式很具象地提供了景观设计空间语言的基本框架，它可以是具体的轮廓、植物的姿态，也可以是设计的物体和空间的相互联系，因而层次设计的主要任务是精准地定义构筑物的形式。

结合隧道洞口的景观特点和景观因素，在充分考虑隧道洞口景观设计基本理念和基本原则的基础上，按照层次设计方法将隧道洞口景观设计分为三个层次，不同的设计层次对应着不同的设计阶段，然后依次确定全线洞口景观总体风格、各洞口类型、洞口边坡与仰坡、导引、铭牌、照明设备、周边建筑小品、绿化参数、装饰硬质景观等不同因素。隧道洞口景观设计可按照如图5-2所示的设计思路进行。

第一层次：在同一景观设计路段中，整体上综合考虑包括道路、隧道桥梁及其附属设施等在内的全线景观。就隧道洞口设计而言，首先要根据目标隧道的景观设计重要性等级，确定全段洞口总体设计风格，定出洞口景观设计基调及总方案。这是景观设计中的方案设计，表达了设计者对景观设计的理解，是设计的指导思想。

总体设计也是概念设计。首先进行洞口影像采集、地表测绘、

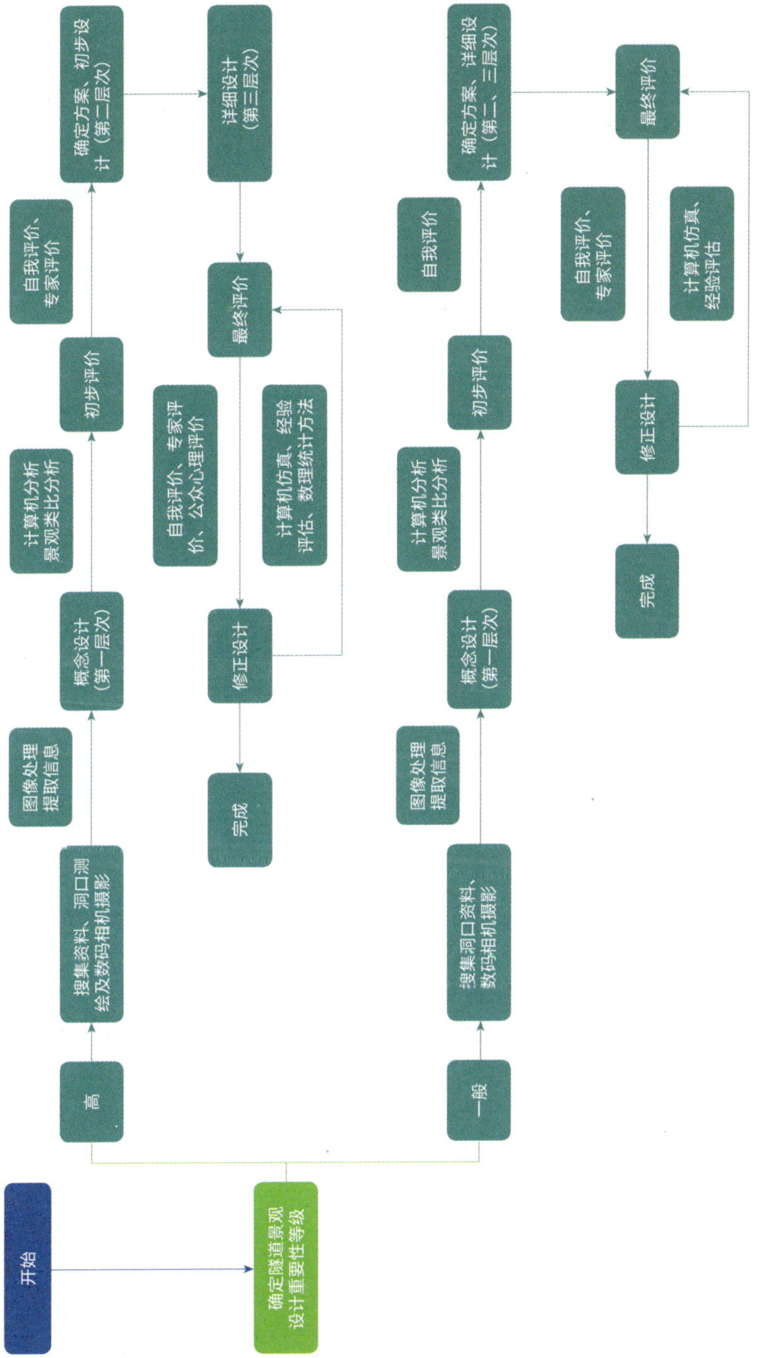

开始

确定隧道景观设计重要性等级

高

搜集资料、洞口测绘及数码相机摄影

图像处理提取信息

概念设计（第一层次）

计算机分析景观类比分析

初步评价

自我评价、专家评价

确定方案、初步设计（第二层次）

详细设计（第三层次）

最终评价

自我评价、专家评价、公众心理评价

计算机仿真、经验评估、数理统计方法

修正设计

完成

一般

搜集洞口资料、数码相机摄影

图像处理提取信息

概念设计（第一层次）

计算机分析景观类比分析

初步评价

自我评价

确定方案、详细设计（第二、三层次）

最终评价

自我评价、专家评价

计算机仿真、经验评估

修正设计

完成

图5-2　总体设计思路

隧道洞口调查，其中隧道洞口调查具体包括地质调查、气候气象水文调查、植被调查、地形地貌调查、环境调查（生态资源、人文资源、自然资源、民风民俗、名胜古迹等）。通过这些调查，再考虑目标隧道景观设计重要性等级，结合自然景观设计、人文景观设计、工程结构物景观设计，确定全段洞口总体设计风格，定出洞口景观设计基调及总方案。

第二层次：按照第一层次中的总体设计要求，确定洞门的具体类型、洞门装饰手法和洞口绿化方法，以及洞口铭牌、过渡段公路及附属设施、隧道附属设施、隧道周边绿化及造景的具体设计等。洞门的形式要根据地形、地质及周边环境等条件进行选择，在地质条件良好的情况下，可选择直接贴壁的环形洞门；环保型洞门的选型除了要考虑洞口与自然环境的协调性外，还应考虑洞口与人文景观的协调性，即洞口景观能否体现出当地风土人情等。洞门形式的设计是洞门作为构筑物的主要设计内容，是设计的血脉和骨架。

第三层次：考虑洞口范围内的整体协调性、色彩协调性等要素，对周边结构物的形体参数、绿化参数等细节进行处理，对色彩进行最终的设计。

这三个层次各有其侧重点，及相应的设计要求。洞口景观设计的第一层次确定了全线洞口景观的设计风格，明确了洞口进行常规设计或个性设计等原则问题。这一设计阶段主次分明、重点突出，强调了洞口景观与自然景观的协调，为驾乘人员提供最大的舒适性，而且在不增加或少增加工程造价的条件下，力求美学与经济学的完美结合。洞口景观设计的第二、第三层次的设计重点是确定洞口的类型，洞口构筑物的形体和材料（包括洞壁材料、洞身材料）参数，周边环境的具体处理方案以及附属设施细节的处理措施等。在该设计阶段需要提出多个方案进行比选，从而得到一个最合适的和最具美观性的设计方案。隧道洞口景观设计讲究“个性化”设计，洞口景观元素在这个隧道口无缝衔接、浑然一体，但将其照搬到另一个洞口，则可能会显得不伦不类，所以每个隧道的洞口景观均要根据洞口的地形及周围景观条件单独进行设计，做到“一洞一门，一隧一景”，力求洞口景观与自然环境、人文环境的和谐。

由上述分析可知，隧道洞口景观设计的各层次所设计的主要内容并不相同，总结各个设计层次的主要设计参数，将其作为洞口景观设计的设计变量，通过对这些设计变量的定量和定性分析，在洞口景观设计原则的基础上，进一步完善洞口的景观设计；通过对各个参数的综合考虑、相互平衡，不独立地突出某一方面，实现人、构筑物和环境三位一体的融洽关系，做到从宏观和微观上把握设计概念和设计方法。其主要参数和确定手段见表 5-1。

隧道洞口景观设计中的层次化　　表 5－1

层 次	主 要 内 容	主 要 参 数	主 要 手 段	原 则
第一层次	全线洞口景观总体风格	环保、协调、淡化、安全、经济	实地勘察调研、经济性分析	围绕全线景观设计的总体思想
		景观突出程度、等级、重要性	线路等级决定	
	技术方案确定	洞门类型（必需部分）	计算、数值模拟、工程经验等	进洞地形地质、水文条件
		导引系统	设备智能化	

续上表

层次	主要内容	主要参数	主要手段	原则
第二层次	洞门类型（可发挥部分）	形体及参数、材料、装饰手法	数码摄影、图像处理和计算机分析、方案比选	与周边环境协调，美观、适应露天环境，经济、维护方便，易于实现
第二层次	洞口铭牌	大小、色彩、材质、造型	参照样本数据库，总体评价比选确定，确保与周边环境背景相协调	朴素、简单或醒目、印象深刻
	过渡段公路及附属设施（照明设备、栏杆等）			安全、舒适、细部美观
	隧道附属设施			安全、醒目、符合规范要求
	隧道周边绿化及造景	边仰坡绿化及造景		经济、易成活、与周边环境协调、体现地方性和“文脉”、保证行车安全、美观
		中间带的绿化及造景		
		洞口周边可视范围内的绿化及造景		
		硬质景观、小品建筑、浮雕、壁画等		体现地域性和表达“文脉”
第三层次	色彩和亮度调配、细节处理（周边构造物体型参数、植被绿化参数等）	舒适度、光亮度、协调性、个性程度	相关专业人士设计、阴影处理，以及方案比选和评价	保证行车安全、整体协调美观

5.4 隧道洞口各部分景观元素的具体设计方法

隧道洞口景观设计在整体上要求与全线景观设计风格和自然环境相协调，而洞口景观在整体上的表达依赖于洞口各部分景观元素的设计及细节处理，只有洞口景观的各部分设计、处理得当，才能起到画龙点睛之效，使各景观元素完美结合，达到理想的整体效果。隧道洞门的结构类型直接影响隧道洞口整体景观的布局，不同的洞口结构所强调的景观元素也有所差异，下面列举墙式洞门和突出式洞门来说明这一点。

墙式洞门景观设计的第一要素（不一定是最重要的因素）是墙的形式，即造型设计，通常有直线形和曲线形两种。一般来说，直线形给人的感觉是雄伟、刚劲、稳重、朴实；而曲线形则显得轻柔、秀美、动感、多情。墙式洞门设计时，需根据洞口场地的地形地貌特征，选择恰当的隧道洞门造型，其中墙的上部形态是景观设计关注的重点。洞门景观设计的第二要素是其装饰和处理方法，洞门的装饰处理一般由专业美术人员或其他专业人员创作完成，有较大的创意空间，可结合当地的自然及人文环境，展现风土人情、民俗文化、历史典故、文化精神等，拓展人们的思维空间和想象力。

突出式洞门的立体形状是洞口景观设计的第一要素。由于突出部独立于周围环境，从理论上讲，突出部设计的自由度比较高，能够设计出各种形状来，各国工程师在这方面也进行了一定的尝试，但目前传统的设计形式仍占主流地位，常采用基于原洞口形状的局部放大、直削、斜削的形式。该类洞口景观设计的第二景观是洞门的体形设计，突出部的面积较大时，会给人以明亮的印象，使洞口具有较大的空间感，构件的空间尺度和线形变化为构件设计的重要因素。

为了方便对各种结构类型的隧道洞口进行景观设计，将隧道洞口景观设计中需要着重考虑的洞口景观元素做有针对性的整理、分析。

5.4.1 洞门造型

隧道洞门是隧道洞口用于支挡边仰坡岩土体的外部结构，也是洞口景观最重要的组成部分，洞门的造型决定了洞口的景观基调，因此在隧道洞口景观设计时首先要对洞门的造型进行设计、选择。

从结构上洞门的造型可分为墙式洞门（端墙式、翼墙式、台阶式、柱式等）、突出式洞门（削竹式、喇叭口式、环框式）、异形洞门、框架式洞门及无洞门等。墙式洞门具有结构简单、工程量小、施工简便的特点，经过一些简易的修饰，墙式洞门就能够形成各种特色景观，是工程实践中运用比较频繁的一种洞门形式。突出式洞门是具有一定结构形式的明洞结构，洞口砌体呈弧形条带状，总体上显得简洁明快、自然顺畅，该类洞门对隧道出入段亮度有很好的过渡作用，也是对自然山体坡面影响相对较小的一种洞门形式。特殊形式是为了满足特殊功能而设计的奇特造型，或做了特殊装饰、美化的洞门形式。无洞门的设计手法是通过“弱化”洞口设计，而将洞口景观融入自然风景，使洞口、隧道、公路、山体景观一脉相承，这类形式的洞门更加简洁、自然，对原有环境破坏较小，是最经济、环保的一种洞门形式。这几种结构形式各有其特点及侧重点，工程实践中应根据当地的地形地质条件、周边环境等方面，进行综合考虑，进而选择恰当的洞门形式。

现代隧道洞口的设计倡导将洞口景观与自然环境融为一体，减少对周边环境和生态系统的破坏，实现生态规划、设计，因此选择隧道洞门形式时，在确保安全的前提下，优先选用“无洞门”、削竹式、喇叭口式等类型的洞门。削竹式和喇叭口式洞门的设计较朴素，均秉承了弱化“洞口”的理念，这种形式的洞门仰坡平缓、洞口结构简单、植被易恢复，且仰坡正面反射光较弱，驾驶员视觉适应时间短，有利于行车安全。当隧道洞口的地形、地质条件较恶劣时，可考虑选择墙式结构，但这种形式的洞门需对结构的形体、壁面颜色、肌理进行处理，以缓解洞门上大面积的硬化面给人带来的压抑感，以及墙面对驾驶员的视觉冲击。

5.4.2 洞门装饰手法

隧道洞门除具有安全等方面的重要作用外，还有一定的艺术价值，这决定了它作为构筑物的特殊性。从美学和生态学角度看，洞门装饰设计是从装饰材料、装饰手法等方面实现构筑物与周围环境的协调，通过形体、色彩、材质等方面的变化来表达道路特征、设计观念等，由此达到缓解驾乘人员的心理压力、保证行车安全的目的，使乏味的旅途变得轻松舒适。目前，常见的隧道洞门装饰手法有建筑式、浮雕式、雕塑式、贴面式、造型式等类型。

①建筑式手法：利用简化的建筑构造来装饰洞门，体现建筑的神韵、展示文化内涵，如二郎山隧道（图 5-3）、嘎拉山隧道（图 5-4）。

②浮雕式手法：浮雕式装饰手法多用于墙式洞门，设计师结合隧道周围的人文、自然环境，在隧道洞门上创作系列主题浮雕，通过这种方法不仅对隧道洞门外墙面进行了装饰，而且还有效地宣传了当地的民俗文化（图 5-5）。

③雕塑式手法：通过将雕塑装饰于洞门的上部或侧部，加强视觉效果，突出洞门的含义，这种将雕塑运用到隧道洞门装饰中的装饰手法，主要用于强调隧道的重要性或纪念意义（图 5-6）。

④贴面式手法：采用水泥、外墙砖或各种外墙贴面材料，通过材料肌理和色彩的搭配构成装饰图案来美化端墙，营造与周围环境

协调、和谐的文化氛围（如图 5-7）。

⑤造型式手法：在不影响结构安全的条件下，结合地形及装饰目的，适当改变端墙上檐口的外形，如可进行直线形、曲线形、台阶形等结构线形的变化，或采用外挂仿岩石、GRC 塑石等方法，达到模仿岩石自然肌理效果，弱化人工开凿痕迹（图 5-8）。

图 5-3　二郎山隧道

图 5-4　嘎拉山隧道

图 5-5　浮雕式手法

图 5-6　雕塑式手法

图 5-7　贴面式手法

图 5-8　造型式手法

洞门装饰所采用的具体装饰手法应根据当地的周边自然环境、风俗民情等进行合理选择，这些装饰手法均可借鉴和结合雕塑、绘画、书法等艺术形式，吸收其良好的艺术成果，提高洞门装饰的艺术效果。

5.4.3 装饰材料及材料肌理和亮度

对隧道洞门装饰时，为减少洞门壁面产生的反射光、降低洞门亮度，应避免选择过浅、过亮的材料，宜选用一些材质粗糙的装饰材料。另外，考虑到可持续发展的理念，应尽量采选用一些新型的耐久材料，特别是一些具有特殊景观效果的新型材料，如蘑菇石、花岗岩、真石漆、仿石漆、人工塑石等，这些新型装饰材料的安全性好、耐久性强、美观性突出，逐渐替代耐久性和景观效果均较差的混凝土材料作为主要洞门装饰材料。

虽然有大量的新型洞门装饰材料出现，但仍有部分隧道洞门采用混凝土进行填补、装饰墙面，当混凝土面积较大时，高亮度的壁面对驾驶员心理造成一定的威逼感。针对这种情况，可通过洞门表面肌理的处理来降低壁面亮度，结构物的肌理主要体现为结构物表面的粗细、坚柔、纹理等，其肌理效果可通过材料本身的特点实现，也可采用人工的方法来进行“创造”肌理效果。工程实践中已探索出多种人工处理方法，凿毛是最简单的一种处理措施，但处理后略显单调、枯燥，而壁画装饰又给人复杂的印象，由于横槽的处理简洁、大方，是一种较适宜的人工处理方法。

墙式洞门是形体较大的一类洞门，洞门所占洞口的面积比较大，因此需要对洞门壁面进行特殊处理，使其更好地适应洞口景观及行车视觉需求。为了使驾驶员较好地适应进洞前后的亮度变化，洞门壁面应采用粗犷、简洁的造型及冷色调的压光或弱反光装饰面，特别要重视细节的处理，尤其是肌理处理时要做阴影处理，从而降低洞门亮度。高大的墙体会使驾驶员产生压抑感，通过对端墙进行分割、分层、错台、凿毛、仿自然石饰面等处理，对洞口周围进行绿化、恢复等，使洞门融入洞口环境，减小端墙的视觉尺度，提高行车安全。

5.4.4 铭牌、标志及灯杆

铭牌和标志是向驾驶员提供道路、交通、警示等信息的标志牌，具有提醒和引导驾驶员操作的作用。为了不影响车辆的行驶，标志牌所载信息应有一定的辨识度，所示信息要简明、清晰、易于识读，在设计这些标志牌时，要结合驾驶员通过标志牌时的生理及心理变化，确定标志牌的尺寸等细节信息。

据相关研究表明，在标志牌字高相同条件下，驾驶员在接近标志牌的过程中，随着车速的增加，驾驶员注视的几何中心向标志牌偏移，且注视范围变小，视线变得更加集中；在相同车速条件下，当字体较小时，驾驶员注视点较分散，判读标志信息的时间长，随着字体变大，驾驶员注视点趋于集中，判读信息所需时间减少；随着行车速度的增加，驾驶员视力下降，视点逐渐退远，视域变窄，周围景物逐渐模糊。因此，在设计铭牌及标志时，应根据不同的设计车速设计其尺度，设计速度越高时，景观尺度应越大。另外，标志牌上所示的信息也要精简，保证所设计的要铭牌及标志牌简明扼要、醒目直观。

相对于洞口，灯杆算是较高、较显眼的构筑物，具有一定的景观效果，通常灯杆对称布置在洞口两侧，特殊情况下也进行单侧布置，洞口景观设计时，要重视灯杆的位置、高度在整个视觉图面上的平衡作用。

5.4.5 隧道附属设施及建筑小品

隧道附属设施及建筑小品是隧道洞口极具表现力的构筑物，通过采用具有一定想象力的线条、形状、结构等，可以充分展现民族文化、地域文化、历史文化、典型景观等。因此，在对隧道附属设施及建筑小品设计时，通过联想、想象等方法将当地的乡土人情、人文精神以及景观元素等抽象为几何线条、造型、图案等符号元素，典型的人文、景观元素如长城、苗寨、吊脚楼、苗鼓、龙舟等，可将其概括、抽象为符号元素，并将其融入附属设施及建筑小品的设计中，以此来传递民族、地域及历史文化。

隧道附属设施以及建筑小品除了能展现地域特色文化和人文景观以外，还可以通过充满想象力和抽象的形状、结构来展示洞口景观的人性化设计，体现以人为本的理念。例如，英国的关节炎研究中心花园，通过植被和花卉的造型，来呼唤社会对关节炎患者的关爱；英国的勿忘草公园，借助勿忘草呼吁人们向非洲莱索托的贫困和艾滋病患者伸出援手。这些人性化设计，值得隧道洞口景观设计借鉴和使用，唤起人们对社会焦点问题的关心和注意。

5.4.6 洞口边仰坡绿化

隧道洞口边仰坡的防护一直以来都是隧道工程师们关注的重点，但以往多采用工程措施对其进行防护，包括灰浆或三合土抹面、喷射混凝土、浆砌片石护墙、锚杆喷浆护坡、挂网喷浆护坡等措施，这些防护措施中所使用的混凝土、片石等会随着时间的推移而逐渐风化、老化，不但防护效果减弱，且越发变得毫无生气，缺乏生态效果。

随着社会环保意识的增强，隧道洞口边仰坡的植被恢复和绿化设计开始受到人们的重视，隧道洞口设计不能仅做单一的结构设计，必须将结构设计与绿化设计相结合，促进工程建设和环境保护的协调发展。

工程实践表明，采用植被对洞口边仰坡进行防护在植被恢复、环境保护、加固坡面浅层岩土体、减少水土流失、营造洞口景观效果等方面均优于工程防护措施。目前适合对隧道洞口边仰坡进行植被防护的措施主要有：铺草皮护坡、植生带护坡、三维植被网护坡、挖沟植草护坡、土工格室植草护坡、浆砌片石骨架植草护坡、有机基材喷播植草护坡等，对隧道洞口进行绿化时，应根据洞口结构洞口地形地质条件及隧道所处位置的气候条件等，选择适宜的绿化方法。

选择绿化植物的种类时，要优先考虑山体原有植被，充分体现适地适树、乡土优先、避免物种入侵的树种选择原则，尽量选用移栽存活率高、人工护养少的树种，并要充分考虑植物要高差、色彩等差异来造景。绿化植物的种类对洞口边仰坡的绿化风格有较大的影响。当选择草本植物作为绿化护坡的目标时，则应以草坪为主景，将乔木、灌木、花卉等按一定比例配置在草坪上，用来加深和衬托草坪主景，但要避免进行大面积绿化和美化，争取做到和原有形态、周围环境相协调。绿化植物的选择还要考虑洞门的类型及洞口地形条件等，洞口顶端及洞口两侧的混凝土面或浆砌片石墙面，可栽植攀缘性和垂吊性藤本植物，如爬山虎、常青藤等，这样不仅美化景观，还可防止硬质壁面反光对行车产生的不利影响；针对明洞式洞口，可供绿化的面积比较大，多采用植草绿化和灌木绿化。为使驾驶员较好地适应隧道洞口亮度的变化，植物栽植时应重视光线的明暗过渡，靠近出入口地段可采用高大乔木进行绿化，并减少树木在洞门附近的栽种间距，由洞门向外逐渐扩大，直到与正常路段株距相同，以使光线亮度过渡自然，提高驾乘人员的视觉适应性。

隧道洞口景观布置时，需综合考虑不同树种的高度、树的间距、枝叶的大小、色彩的选择及与草本植物的搭配方式等因素，最大限度地点缀、美化生态环境，通过融入不同的景观生态元素，达到赏心悦目的美学效应。

5.4.7 中央分隔带

中央分隔带位于高速公路中央，具有分隔交通、防止眩光、诱导视线、美化环境、保障安全等作用。从交通安全的角度考虑，中央分隔带的第一功能是防眩，即防止夜间行驶时，对向车流的车灯造成驾驶员眩目，避免交通事故的发生以及会车时引起的心理不适；第二功能是绿化，中央分隔带内绿色的植物带，通过颜色、形态的变化，吸引驾驶员的注意力，起诱导视线和缓解驾驶员的视觉疲劳的作用；第三功能是美化环境，中央分隔带可给驾乘人员创造愉悦的路域环境，改善行车感受。

隧道洞口有中央分隔带时，可将其好好利用起来，进行单独景观设计，打造出以树木、草本植物、花卉为主景，以植物组团、常青色带为点缀，空间上层次分明，形成生态防护性能优越和植物观赏性突出的生态景观。

5.4.8 色彩处理

不同的色彩传递出来的感觉也不同，一般有冷暖、软硬、胀缩、进退、轻重等感觉。色彩所涉及的学科方向较多，包含美学、光学、心理学和民俗学等，色彩设计时要充分研究与色彩相关的学科知识，结合当地的风俗民情、自然环境等，定出景观设计的色彩基调。景观设计的基色通常用靠近周围环境的自然色，比如植被丰富处采用浅灰绿色，黄土裸露处采用赭色、红棕色等。

隧道洞门壁面装饰所用材料的颜色应以冷色系为主，不宜采用暖色，而且应尽量采用材料的本色，如混凝土的青灰色、毛石的自然色泽、砖的色彩等。色彩的使用宜单纯，要控制在两种以内，不应采用纯度高的明亮色，避免视觉上的突兀感，但突出部的环框可采用强调色，利用色彩突出洞口宽大感，引导车辆的进入，提高交通安全性。

公路隧道洞口景观营造过程中不能忽略色彩的规划，尽量利用公路周边色彩元素作为色彩基础，提取出适合隧道洞口的人工色彩，让整个构筑物画面协调、自然，让色彩在变化中传递出美感来，同时要结合交通安全，在适当位置选择必要的提示色彩，保证行车安全。

5.5 景观设计之思考

5.5.1 中庸之道

四书之一——《中庸》表明，在处理事情过程中，要不偏不倚，认为过犹不及。它也告诫我们要至诚至性，率性而为，行乎当行，止乎当止。那究竟何谓“中庸”？最通俗的解释即，去两端，取中间，即“不偏之为中，不易之为庸”，用四个字概括一下就是“恰到好处”。超过和不足都不可取，什么问题都要在“也认真”“也不认真”之间寻找平衡，实质上是一个寻求平衡的过程。

隧道洞口景观设计时，景观方案不应过于简单，但又不能太过复杂，在简单与复杂中追求一种平衡。根据对驾驶员行车过程的心理和生理特性研究表明，驾驶员在运动状态下，因观察时间受到限制，且车速越快，给驾驶员的观察时间就短，也就是说单位时间内对驾驶员眼睛需接受的信息就越多，导致驾驶员很难对车外信息做出清晰的判断，可能会产生一些反应错误。考虑到驾驶员的心理和生理特性，设计时视觉刺激点不可不设，但是不宜设置过密，以免影响驾驶员的安全驾驶。隧道洞口和路旁的景观较为单调时，会导致驾驶员注意力减低，甚至形成“道路催眠”，不利于交通安全。但随着视觉刺激的增多，驾驶员的注意力越来越被分散在这种刺激上，当过多地关注这些刺激点，也不利于行车安全。

景观设计中洞口的美化程度、标志性洞口的数量等均需要仔细斟酌，就像前面提到的墙式洞门宜采用壁画、图案等进行装饰，但不应设置细腻的图案、雕塑、广告牌等，应采用粗犷、简洁的造型，以免过多地吸引驾驶员的注意力。有时应该弱化洞口构筑物的形态，显示出洞口的轮廓线即可，使洞口两侧的构筑物与山体形态融为一体。隧道洞口、洞口上部山体形态以及两洞口之间的侧向景观等驾驶环境如果对驾驶员的过分吸引，是有悖于安全驾驶宗旨的。色彩的处理，虽然要求色彩上要起到景观的作用，但是色彩又不宜设置过于丰富多彩，造成驾驶员的过于关注，而引发交通事故。

因此，隧道洞口景观设计本质上是一个寻求自然景观设计、人文景观设计、工程结构物景观设计、驾驶员的行车特性之间的平衡问题。

5.5.2 道法自然

道，是中国关于自然秩序最基本的思想，这一伟大的思想产生于古代，是中国伟大的思想家和哲学家——老子通过对大自然的观察得出——日月星辰之出没、昼夜轮回、季节交替都预示着一种规范着天地间一切形式的神圣自然法则的存在。“人法地，地法天，天法道，道法自然”是老子对天、地、人乃至整个宇宙生命的规律精辟概括。

“道”之所讲，老子将其概括为“道法自然”。“道法自然”揭示了整个宇宙的特性，囊括了天地间所有事物的属性，即任何事物都有一种天然的自然欲求，顺应了这种自然欲求就会与外界和谐相处，违背了这种自然欲求，就会同外界产生抵触。“道法自然”的思想指引我们追求“天人合一，顺其自然，与自然相协调”的发展理念，体现了人与人、人与环境、人与社会真正的和谐。

隧道洞口景观设计要体现绿色生态设计，以生态环保为主导，以可持续发展为目的，同时体现本土文化、大众文化、区域文化。景观规划设计要尊重人和人性的本质需求，尊重自然以及自然过程，协调土地及土地上的人与自然的关系。设计过程中要注意洞口所在地的自然景观特征、生物景观特征和人文景观特征，尽最大可能保留原先的自然生态系统，保护原有的生物群落，适当借用新的语言和形式，显现区域精神，更充分地满足新的功能需求。

隧道洞口景观设计时需将景观设计融入施工图设计乃至初步设计中的预规划阶段，随着洞口段环保型施工技术的发展，景观设计将越来越受到重视。隧道洞口景观设计只有不断汲取各方经验，同时进行技术创新、理念创新等，方能设计出优秀的作品。因此，一个优秀的隧道设计师不仅要使隧道建成，还要了解所建场地的特性、分析并平衡各要素之间的关系，以期通过对隧道洞口景观的设计将隧道工程融入当地的自然环境、人文环境，实现工程建设与生态环境的和谐发展。

Reference 参考文献

[1] 罗杰 · 斯克鲁斯 . 建筑美学 [M]. 北京 : 中国建筑工业出版社 ,2003.

[2] 叶朗 . 美学原理 [M]. 北京 : 北京大学出版社 ,2009.

[3] 杜夫海纳 . 美学与哲学 [M]. 北京 : 中国社会科学出版社 ,1985.

[4] 鲍桑葵 . 美学史 [M]. 北京 : 商务印书馆 ,1985.

[5] 郑燮 . 郑板桥集 [M]. 江苏，江苏广陵书社有限公司 ,2011.

[6] 叶朗，朱良志 . 中国文化读本 [M]. 北京 : 外语教学与研究出版社 ,2008.

[7] 巴里 · W · 斯塔克，约翰 · O · 西蒙兹 . 景观设计学——场地规划与设计手册 [M]. 5 版 . 北京 : 中国建筑工业出版社 ,2013.

[8] 关宝树 . 隧道工程设计要点集 [M]. 北京 : 人民交通出版社 ,2003.

[9] 关宝树 . 隧道工程施工要点集 [M]. 北京 : 人民交通出版社 ,2002.

[10] 吕康成 . 公路隧道运营管理 [M]. 北京 : 人民交通出版社 ,2006.

[11] 中华人民共和国行业标准 . JTG/T D70—2010 公路隧道设计规范 [S]. 北京：人民交通出版社 ,2010.

[12] 中华人民共和国行业标准 . TB 10003—2005 铁路隧道设计规范 [S]. 北京：中国铁道出版社 ,2005.

[13] 陈望衡 . 科技美学原理 [M]. 上海 : 上海科学技术出版社 ,1992.

[14] 杨辛 , 甘霖 . 美学原理新编 [M]. 北京 : 北京大学出版社 ,1996.

[15] 盛洪飞 . 桥梁建筑美学 [M]. 北京 : 人民交通出版社 ,2009.

[16] 张阳 . 公路景观学 [M]. 北京 : 中国建材工业出版社 ,2004.

[17] 叶朗. 胸中之竹 [M]. 合肥：安徽教育出版社,1998.

[18] 李祝龙. 公路环境与景观设计咨询要点 [M]. 北京：人民交通出版社,2011.

[19] 刘朝晖,秦仁杰. 公路环境与景观设计 [M]. 北京：人民交通出版社,2003.

[20] 关向群. 隧道洞口景观设计实用方法的研究 [D]. 成都：西南交通大学,2004.

[21] 关向群. 隧道洞口景观设计研究 [J]. 土木工程学报,2003,36（10）:36－40.

[22] 关向群. 隧道洞口景观设计实用方法和工程应用 [J]. 铁道学报,2005,27（1）.

[23] 俞孔坚,刘东云. 美国的景观设计专业 [J]. 国外城市规划,1999,（2）:1－10.

[24] 熊世龙. 浅议公路隧道洞门设计 [J]. 公路,1999,（10）:22－25.

[25] 关向群. 隧道洞口景观设计的要素和手法 [J]. 中国勘察设计,2001,（8）:38－40.

[26] 何伟宏,杨航卓. 兴奋点设计在高速公路隧道群景观中的应用 [J]. 公路交通技术,2005,（2）:10－13.

[27] 高新强,仇文革,张会斌. 一种特殊型式公路隧道洞门的设计 [J]. 公路,2002,（7）.

[28] 蔡伟. 隧道洞口绿化研究 [D]. 成都：西南交通大学,2003.

[29] 贾玲利,赵东平. 隧道洞口景观现状及发展趋势研究 [J]. 土木工程学报,2008,（1）.

[30] 中华人民共和国行业标准. JTG B04—2010 公路环境保护设计规范 [S]. 北京：人民交通出版社,2010.

[31] 中华人民共和国行业标准. JTG B03—2006 公路建设项目环境影响评价规范 [S]. 北京：中国标准出版社,2006.

[32] 俞孔坚. 风景资源评价的主要学派及方法 [J]. 青年风景师（文集）,城市设计情报资料,1988,31－41.

[33] 陈望衡. 环境美学的当代使命 [J]. 学术月刊,2010,（7）:94－99.

[34] 叶飞,何川,王士民. 公路隧道洞口景观的构造与分析 [J]. 现代隧道技术,2009,46（2）:15－21.

[35] Ye Fei,He Chuan,Wang Shi-min.Landscape design of mountain highway tunnel portals in China[J].Tunnelling and Under ground Space Technology.2012,29:52－68.

[36] 王永安,蒋树屏. 公路隧道环保型洞口工法设计与施工 [J]. 中南公路工程,2006.31（1）:145－149.

[37] 张兴来. 公路隧道的美学设计与体会 [J]. 铁道工程学报,1996,增刊:115－118.

[38] 张成明. 小河至安康高速公路隧道群洞口景观规划设计的研究 [D]. 西安：西安建筑科技大学,2008.

[39] 熊光荣. 谈谈隧道洞口工程的设计问题 [J]. 铁道工程学报,1991,（6）:67－71.

[40] 罗阳明. 隧道洞口边、仰坡绿化技术研究 [D]. 成都：西南交通大学,2004.

[41] 蔡伟,周德培. 论隧道洞口段的绿化设计 [J]. 中国地质灾害与防治学报,2005,

16（2）:92–96.

[42] 周德培．隧道洞口绿化设计及工程实例 [J]. 水土保持科学 ,2006,4（增）:52 – 55.

[43] 钟国，仇文革，高新强 .3D 动画和 Photoshop 渲染图在隧道洞口景观设计中的应用 [J]. 公路 ,2001,（10）:9 – 13.

[44] 白国权，仇文革．铁路隧道新型洞门景观设计与计算机 3D 模拟技术 [J]. 现代隧道技术 ,2004（增）:47 – 51.

[45] 程刚．新型铁路隧道门受力特征研究 [D]. 成都：西南交通大学 ,2003.

[46] 曾艳．高速公路隧道洞口景观设计 [D]. 成都：西南交通大学 ,2006.

[47] 贾玲利，赵东平．隧道洞口绿色景观及其评价体系研究 [J]. 公路交通科技 ,2009, 26（9）:154 – 158.

[48] 余顺，肖博，王建华．基于环保理念的山区隧道进洞设计探讨 [J]. 公路隧道 ,2013,（2）:32~36.

[49] 蒋树屏，刘元雪，黄伦海．隧道出口段环保型结构稳定性分析 [J]. 岩土工程学报 ,2005,（5）:577 – 581.

[50] 蒋树屏，刘元雪．傍山隧道的一种新型结构研究 [J]. 现代隧道技术 ,2004,（增）: 19 – 23.

[51] 黄伦海，蒋树屏，张军．公路隧道洞口环保型设计施工现状及展望 [J]. 地下空间与工程学报 ,2005,1（3）:455 – 459.

[52] 蒋树屏，刘元雪，黄伦海．环保型傍山隧道结构研究 [J]. 中国公路学报 ,2006, 19（1）:80 – 83.

[53] 蒋树屏，李建军．公路隧道前置式洞口工法与工程实践 [J]. 现代隧道技术 ,2005, 42（2）:49 – 52.

[54] 陈鹏．“零仰坡”进洞法与盖挖法在环保型隧道施工中的应用 [J]. 铁道建筑技术， 2009,（6）:75 – 78.

[55] 韩剑．小康高速公路隧道进洞技术研究 [D]. 西安：长安大学 ,2009.

[56] 胡平，陈超．贯彻环保理念努力实现隧道进洞施工“零开挖”[J]. 隧道建设 ,2007, 27（4）:23 – 25.

[57] 王长春．公路隧道洞口景观设计探讨 [J]. 公路隧道 ,2012,（01）:6 – 9.

[58] 贺霄鹏．高速公路隧道洞口景观设计与效果评价 [J]. 公路交通科技 / 应用技术版， 2012,（7）:318 – 321.

[59] 韩飒．山区高速公路隧道路段驾驶员眼动特性研究 [D]. 西安：长安大学 ,2008.

[60] 丁光明，刘浩学，赵炜华．高速公路长隧道出口段驾驶人视觉特征变化规律 [J]. 长安大学学报（自然科学版）,2011,（3）:77 – 81.

[61] 潘晓东，宋永朝，杨轸．基于视觉负荷的公路隧道进出口环境改善范围 [J]. 同济学学报（自然科学版）,2009,（6）:777－780.

[62] 杜志刚，潘晓东，杨轸．高速公路隧道进出口视觉震荡与行车安全研究 [J]. 中国公路学报 ,2007,（9）:101－105.

[63] N.Koronakis,et al.Special design methods for construction of tunnel portals in areas with extremely steep morphology [J].Tunnelling and Underground Space Technology,2004,19: 493－502.

[64] ITA.General report on conventional tunneling method–ITA Report N1 WG[R].2009.

[65] 庞明伟，龙波，许传军．"天人合一"——景观生态设计的现代理念 [J]. 长春大学学报 ,2006,16（2）:97－100.

[66] D.Peila，S.Pelizza.Criteria for technical and environmental design of tunnel portals [J]. Tunnelling and Underground Space Technology,2002,（17）:335－340.

[67] 俞孔坚．自然风景质量评价研究— BIB — LCJ 审美评判测量法 [J]. 北京林业大学学报 ,1988,10（2）:1－11.

[68] 戴芳．公路设计新理念在小康高速公路中的应用研究 [D]. 重庆：重庆交通大学，2008.

[69] 柏松平，李德宏．山区公路隧道洞门美学效果设计 [J]. 公路隧道 ,2005,（02）:1－4.

[70] 王春华．山区高速公路隧道洞口景观设计研究 [J]. 现代隧道技术 ,2013,50（01）: 16－22.

[71] 王东方，叶飞，等．山岭公路隧道洞口景观问题分析探讨 [J]. 地下空间与工程学报 ,2012,（04）.

[72] 梁鹏昆．公路隧道洞门形式的分类及其适用条件的研究 [D]. 西安：长安大学 ,2012.

[73] 赵柏文．隧道洞口设计原则探讨——施工便道引入对隧道洞口设计的影响 [J]. 隧道建设 ,2013,（03）.

[74] Cino Zucchi Architetti, 何永乐．阳光的木梳瑞士某隧道入口景观建构 [J]. 室内设计与装修 ,2013,（5）:76－79.

[75] 白国权，李德宏．融入藏文化元素的公路棚洞隧道景观设计 [J]. 现代隧道技术，2013,50（3）：101－107.

[76] 费雯．隧道端墙式洞门景观设计浅析 [J]. 公路交通科技（应用技术版）,2014,（6）: 208－212.

[77] 谢敬颖．地域性文化在景观设计中传承与发展研究 [D]. 西安：西安建筑科技大学，2010.